Eva Mändl Roubíčková
»Langsam gewöhnen wir uns an das Ghettoleben«
Ein Tagebuch aus Theresienstadt

Eva Mändl Roubíčková 2007 in Prag

Eva Mändl Roubíčková

»Langsam gewöhnen
wir uns an das Ghettoleben«

Ein Tagebuch aus Theresienstadt

**Herausgegeben von Veronika Springmann
unter Mitarbeit von
Wolfgang Schellenbacher**

KONKRET LITERATUR VERLAG

© 2007 Konkret Literatur Verlag, Hamburg
Lektorat: Nicole Petersen
Umschlaggestaltung: Peter Albers, Hamburg
Satz: satzbau GmbH, Hamburg
Druck: Westermann Druck, Zwickau
ISBN 978-3-89458-255-5
www.konkret-literatur-verlag.de

Inhalt

Vorwort
von Eva Mändl Roubíčková

Ich wurde am 16. Juli 1921 in eine deutschsprachige jüdische Familie hineingeboren. Wir lebten in Nordböhmen, damals Teil des Sudetenlandes, heute gehört das Gebiet zur tschechischen Republik. Mein Vater unterrichtete am Gymnasium in Žatec (Saaz) Latein und Altgriechisch, meine Mutter war Hausfrau und arbeitete ehrenamtlich als Organistin in unserer Synagoge. Ich ging in die Schule, an der mein Vater unterrichtete. Wir wohnten in einem großen Haus zusammen mit der Mutter meiner Mutter und ihrem Bruder Gi. Ich verbrachte viel Zeit mit meiner Großmutter, sie hatte großen Anteil an meiner Erziehung, da meine Mutter zum Zeitpunkt meiner Geburt erst einundzwanzig Jahre alt war. Ich war wohl relativ verwöhnt, als Einzelkind und einziges Enkelkind. Meine Kindheit war wunderbar, ich verbrachte meine Tage mit Tennisspielen und Schwimmen im Sommer und Skifahren im Winter zusammen mit meinen zahlreichen jüdischen und nicht jüdischen Freunden. Aber mein sorgenfreies Leben endete mit der Machtergreifung Hitlers. Als sich die Nazipropaganda in Böhmen zu verbreiten begann, bemerkte ich, wie meine nicht jüdischen Freunde mehr und mehr auf Distanz zu mir gingen und mich mit Argwohn zu betrachten begannen.

Im Sommer 1938 besuchte ich Verwandte in Plzeň (Pilsen), wo ich in einem jüdischen Tennisclub viele neue Bekanntschaften schloss. Unter ihnen befand sich Richard Roubíček, mein zukünftiger Ehemann. Ich war gerade siebzehn, und da er elf Jahre älter war und bereits seinen Juraabschluss in der Tasche hatte, sah ich in ihm lediglich einen guten Freund. Monate später erzählte mir seine Schwester, dass er bei einem Besuch seiner Familie in Prag angekündigt hätte, er habe ein Mädchen getroffen, das er heiraten wolle. Mir hatte er nichts davon gesagt.

In der Zwischenzeit war ich nach Žatec zurückgekehrt, doch mit Beginn des neuen Schuljahres wurde das Leben unerträglich. Frühere Freunde – Mitschüler genau wie Lehrer – betrachteten alle Juden als minderwertig. Sie sprachen nicht mehr mit uns. Wir mussten ganz hinten sitzen. Hitler sprach jede Woche im Radio, seine Reden wurden auf die Straße übertragen, und nach jeder dieser Reden marschierten Männer auf der Straße, riefen antisemitische Hassparolen und warfen Steine gegen die Fenster jüdischer Wohnhäuser und Geschäfte. Es wurde lebensgefährlich, auf die Straße zu gehen. Ich weinte jeden Morgen bei dem Gedanken, einen weiteren Tag in der Schule überstehen zu müssen, und ich weinte jeden Abend bei der Erinnerung an die schrecklichen Erlebnisse des Tages. Meine Eltern bestanden darauf, dass ich meine Ausbildung fortsetzte, und mein Vater fuhr fort zu unterrichten, obwohl er der einzige jüdische Lehrer an der Schule war und seine Kollegen und seine Schüler ihn sehr schlecht behandelten.

Mitte September reisten meine Mutter und meine Großmutter nach Prag, um ein Zimmer für uns anzumieten für den Fall, dass die Dinge noch schlimmer werden würden. Am Tag nach ihrer Rückkehr – ich kam wie üblich weinend von der Schule nach Hause – sagten sie mir, ich solle ein paar Sachen in meine Schultasche packen, wir würden für einige Tage nach Prag fahren. Ich freute mich riesig über diesen, wie ich dachte, kurzen Urlaub. Ich kehrte nie mehr nach Žatec zurück. Ich fuhr mit meiner Mutter und meiner Großmutter, mein Vater und mein Onkel folgten uns ein paar Tage später. Durch das Münchner Abkommen, das im September 1938 geschlossen worden war, wurde aus einem geplanten Kurzurlaub ein Daueraufenthalt.

Eva Glauber und ihre Familie tauchen häufig in meinem Tagebuch auf. Ich lernte Eva Ende 1940 in Prag kennen. Ich war noch neu in der Stadt und kannte niemanden; wir wurden sofort gute Freunde. Unsere Freundschaft bedeutete mir sehr viel. Eva war intelligent, sensibel und ein sehr hübsches Mädchen. Sie war gütig, taktvoll und künstlerisch sehr begabt. Sie war die Seele und der Mittelpunkt einer Gruppe junger Leute, die ich im Tagebuch oft erwähne. Diese Gruppe traf sich regelmäßig und wir halfen uns gegenseitig durch diese schreckliche Zeit. Aus unserer Freundschaft schöpfte ich meine Kraft, zuerst in Prag, später in Theresienstadt. Neben mir und Eva bestand die Gruppe aus Danny und Benny Grünberger, Peter und Zwi Holzbaum.

Da wir in unserem Zimmer weder kochen noch Wäsche waschen durften, mussten wir uns bald nach unserer Ankunft in Prag nach einer neuen Unterkunft umsehen und fanden schließlich ein Zimmer mit Küche und Bad. Freunde sammelten für uns, organisierten für uns so einfache Dinge wie Küchengeschirr und Winterkleidung. Eines Tages traf ich Richard auf der Straße. Es stellte sich heraus, dass er nach mir gesucht hatte. Wir waren glücklich darüber, uns gefunden zu haben und versuchten, ein normales Leben zu führen: Ich ging wieder zur Schule, Richard arbeitete in der Kanzlei seines Vaters.

Zu dieser Zeit versuchten alle Juden zu emigrieren. Richards Heiratsantrag war ein Produkt dieser Zeit. Anstatt zu fragen: »Willst du mich heiraten?«, fragte er: »Willst du mit mir emigrieren?« Aufgrund meines Alters antwortete ich: »Ich muss meine Eltern fragen.« Daraufhin stattete Richard meinen Eltern einen offiziellen Besuch ab. Meine Eltern stimmten der Hochzeit natürlich zu. Richard stellte mich auch seiner Familie vor, seinen Eltern und seiner Schwester Lotte mit ihren Kindern. Ich verstand mich sehr gut mit ihnen, und sie waren sehr lieb und hilfsbereit mir und meinen Eltern gegenüber.

Lange Zeit waren unsere Bemühungen, Visa für ein sicheres Land zu bekommen, vergeblich. Endlich jedoch, eine Woche nachdem die Tschechoslowakei von Nazitruppen eingenommen worden war (15. März 1939), erhielt Richard die Erlaubnis, nach England zu gehen. Seine Absicht war es, alles dafür vorzubereiten, unsere beiden Familien nachkommen zu lassen. Wir alle kamen zum Bahnhof, um ihn zu verabschieden. Meine Großmutter war untröstlich; sie befürchtete, ihn nie wieder zu sehen. In dieser Nacht, getrieben von der Sorge, uns aufgrund ihres Alters zur Last zu fallen, nahm sie sich das Leben.

Richard schaffte es, in England eine Arbeitsstelle für mich zu finden. Ich sollte als Kindermädchen bei einer englischen Familie anfangen. Da ich jedoch noch nicht achtzehn war, verweigerten mir die Briten eine Arbeitserlaubnis und ich konnte Prag nicht verlassen. Richard fand auch einen Platz für seine Nichte und seinen Neffen (die Kinder seiner Schwester Lotte); sie sollten bei einer englischen Familie unterkommen. Sie hätten Prag am 1. September 1939 verlassen sollen. An diesem Tag begann der Zweite Weltkrieg. Sie reisten nicht ab und starben zusammen mit ihrer Mutter in Auschwitz.

Die Jahre zwischen dem Ausbruch des Krieges und unserer Deportation nach Theresienstadt brachten viele Restriktionen für die Juden mit sich. Seit Januar 1939 durfte ich die Schule nicht mehr besuchen und lernte stattdessen zu kochen und Hüte anzufertigen. Jeglicher Kontakt mit dem Ausland war verboten, und mit Ausnahme einiger Nachrichten aus der Schweiz oder den USA brach der Kontakt zu Richard ab. Juden durften nicht länger Geschäfte führen, Geld verdienen oder öffentliche Plätze wie Theater oder Parks besuchen. Sie mussten sich einen gelben Judenstern auf ihre Kleidung nähen und ständig tragen.

Im Oktober 1941 wurden die ersten Prager Juden nach Polen deportiert. Alle Juden mussten sich registrieren lassen und die Stimmung unter uns war erfüllt von Angst und Panik. Die jüdische Gemeinde musste die Transporte auf deutschen Befehl hin organisieren. Immer, wenn jemand den Befehl erhielt, sich im Messepalais einzufinden, gingen Mitglieder der Gemeinde, Freunde und Familie zu dessen Haus und versteckten alle Wertsachen oder verteilten sie an vertrauenswürdige Personen. Sie brachten den für den Transport Bestimmten Essen und notwendige Utensilien wie Kleidung und Schlafsäcke. Die Gerüchteküche brodelte – im positiven wie im negativen Sinn; niemand wusste, was er noch glauben sollte. Im Frühherbst des Jahres 1941 wurden mehrere tausend junge Männer nach Theresienstadt geschickt, angeblich, um dort ein jüdisches Ghetto zu errichten. Einige Tage später fuhren die ersten Transporte mit jeweils eintausend Menschen Richtung Theresienstadt. Meine Mutter und ich verließen Prag mit dem Transport am 17. Dezember 1941.

Nie habe ich daran gedacht, mein Tagebuch zu veröffentlichen. In Theresienstadt war ich oft so voll von Eindrücken, dass ich mich einfach jemandem anvertrauen musste. Es hat 20 Jahre in meinem Wäscheschrank gelegen, bis die Kinder auf der Suche nach Weihnachtsgeschenken eines Tages die vollgeschriebenen Hefte fanden. Ich sagte zu ihnen, es sei nichts Interessantes, nur einige Erinnerungen an den Krieg. Auf keinen Fall wollte ich sie mit meinen Erfahrungen traumatisieren. Aber mein Mann wollte unbedingt, dass ich ihm das Tagebuch vorlese. Meine deutsche Stenografie konnte kaum jemand lesen. Und weil die Kinder kein Deutsch verstanden, übersetzte er alles ins Tschechische. Dann blieb alles noch einmal 20 Jahre liegen.

Bis wir zufällig Besuch von zwei amerikanischen Historikern bekamen. Sie fanden keine Unterkunft in Prag und wohnten deshalb bei uns. Mein Sohn erzählte nebenbei, dass ich ein Tagebuch geschrieben habe. Sie zeigten großes Interesse daran und nahmen es mit nach Amerika, ließen es ins Englische übersetzen und fanden einen Verlag.

So ist das Tagebuch zur Welt gekommen, aber in Europa wurde es bisher nicht veröffentlicht. Jetzt erscheint es zum ersten Mal in Deutschland. Seit der Zeit in Theresienstadt sind mehr als 60 Jahre vergangen. Die meisten Augenzeugen leben nicht mehr oder sind schon zu alt und nicht mehr imstande, die Erinnerungen weiterzugeben. Inzwischen sind zwei Generationen aufgewachsen und ich habe meine damalige Meinung geändert und mich entschlossen, das Tagebuch zu veröffentlichen. Vielleicht interessieren sich tatsächlich Menschen für das von mir Niedergeschriebene. Vielleicht gibt es etwas, was sie daraus lernen können. Was damals geschehen ist, sollte niemals vergessen werden.

Eva Mändl Roubíčková   Prag, im Juni 2007

Zur Edition

Das Tagebuch von Eva Mändl Roubíčková existiert in unterschiedlichen Transkriptionen. Die vorliegende Edition basiert auf der von Richard Roubíček verfassten Übertragung. Das in Theresienstadt geschriebene Original befindet sich im Archiv des Holocaust Memorial Museums in Washington. Den Teil des Tagebuchs, den Eva Roubíčková bereits in Prag verfasst hat, überließ sie uns im Herbst 2005. Bis zu diesem Zeitpunkt dürfte unbekannt gewesen sein, dass es diesen Teil, der die Besatzung in Prag dokumentiert, überhaupt gibt. Leider gelang es Eva Mändl Roubíčková und uns nicht, alles zu entziffern.

Der in Prag geschriebene Teil wurde in einem zusammenhängenden Heft auf Deutsch geschrieben, während das in Theresienstadt verfasste Tagebuch in einzelnen Heften in Gabelsberger Kurzschrift verfasst wurde. Diesen Teil diktierte Eva Mändl Roubíčková ihrem Mann Richard Roubíček in den 60er Jahren. Diese Transkription wurde von ihr mit Anmerkungen versehen, die in der vorliegenden Ausgabe mitaufgenommen wurden und mit E.R. gekennzeichnet sind.

Das Tagebuch weist vor allem im Theresienstädter Teil Fehler in den Datumsangaben auf, die bereits im Original gemacht wurden, vor allem aber dann bei der durch Richard Roubíček erstellten Transkription. Wir haben die Daten anhand der im Tagebuch erwähnten Ereignisse rekonstruiert und entsprechend geändert.

Die Verwendung der Kurzschrift im Theresienstadt-Tagebuch spiegelt sich auch im stenografischen Stil des Textes wider. Dort, wo die Eintragungen dadurch nur schwer verständlich waren, sind Wörter eingefügt worden.

Das Prager Tagebuch wurde leicht gekürzt. Stellen, die unleserlich waren, haben wir in eckige Klammern gesetzt.

Veronika Springmann/Wolfgang Schellenbacher im Juni 2007

DAS TAGEBUCH
Teil I: Prag

Mittwoch, 1. Januar 1941

Früh lange geschlafen, es schneit, schneit ununterbrochen. Wir sollten nachmittags zu Mama[1] kommen, sind aber mit Mutti Ski gelaufen, herrlicher Schnee! Auf einer schönen Wiese, sehr steil. Wir haben nicht mal so viel verlernt, wie ich mir vorgestellt habe. Die Elektrischen fahren sehr unregelmäßig, man muss oft lange warten und dann kommen alle auf einmal. Roosevelt hielt zum Neujahr eine wunderbare Rede, dass sie England unter allen Umständen unterstützen müssen und dass der Krieg nicht beendet werden darf, ohne dass Europa befreit ist. Überall herrscht Optimismus. Auch Hitler hielt eine Neujahrsrede, dass das Jahr 41 entscheidend ist, hoffentlich auch für die Juden!

Donnerstag, 2. Januar 1941

Mama früh angerufen – ein Brief von Onkel Richard![2] Endlich nach ungefähr zwei Monaten die erste Nachricht aus Amerika! Der Brief ging fünf Wochen, es geht ihnen schon gut und sie leben sich ein. Dass unser R.[3] noch vor Weihnacht hinkommt. Dass Freeman[4] ein ziemlich großes Unternehmen hat, dass er sicher R. beschäftigen wird und dass er sich um meine Sachen gekümmert hat. Englisch, nachmittags Dr. Stein[5] bei uns, Bridge gespielt.

Freitag, 3. Januar 1941

Endlich durchgesetzt, dass das Zimmer umgestellt wird. Es hat einen großen Kampf gekostet. Große Arbeit, aber es hat sich gelohnt, es ist viel besser als früher. Einen Sprung zu Mama, mir den Brief anschauen. Nur Lotte[6] und die zwei Kinder waren zu Hause. Toni krank. Nachmittags kamen Bass,[7] sie sind schon aus der Villa übersiedelt, wohnen jetzt in Holešovice.[8] Schöne 4-Zimmer-Wohnung, Zentralheizung, sie sind sehr zufrieden. Abends eine 3/4 Stunde auf die Elektrische warten müssen. Es schneit immerfort.

Montag, 6. Januar 1941
Vormittags Ski laufen. Mit Mutti bei Frau Grün[9] eingeladen, Bridge gespielt.

Dienstag, 7. Januar 1941
Nachmittags Bass-Kinder.[10] Mama will auch Ski laufen.

Mittwoch, 8. Januar 1941
Vormittags Englisch. Mit Gi[11] in der Stadt einkaufen für Muttis Geburtstag. Ein Kastrol[12] aus Jenaglas gekauft und Kleinigkeiten.

Freitag, 10. Januar 1941
Früh Brief an R. geschrieben – zur Flugpost gebracht. Man muss sich ausweisen, wenn man einen Brief ins Ausland schickt, die Marke darf man nicht aufkleben. Hoffentlich bekommt er ihn und antwortet bald. Nachmittag Bass-Kinder.

Samstag, 11. Januar 1941
Vormittags für Muttis Geburtstag eingekauft. Nachmittag war Mutti eingeladen, das passt gerade, da kann ich alles vorbereiten. Nachmittags allein Ski gelaufen in Košiře,[13] Ski von Hans [Ederer?] ausprobiert – schwer und groß. Bald zurückgefahren, Geschenke eingepackt, Mutti hatte eine Riesenfreude. Durch Glasers[14] eine gute Gans bekommen.

Sonntag, 12. Januar 1941
Geburtstag gefeiert. Mit Lotte und ihrer Bekannten Ski gelaufen. Ein Arier mitgekommen. In Krč[15] viel Schnee, nur kurze Hügel, aber schöner Wald. Essen mitgenommen. Nachmittags bei Kreìman. Seine Mutter ist Nazi, auch seine ganze Verwandtschaft. Er ist ganz aus der Art geschlagen und verkehrt nur mit Juden. Der Neue ist aus Teplitz, schwärmt vom Skifahren, auch von guter Musik, kommt grade aus dem Arbeitslager. Ist nicht so schlimm, man muss halt arbeiten. Mit Mama telefoniert, dass wir später kommen. Dort herrschte große Aufregung, wo wir sind. Lotte wollte absichtlich nicht, dass Frau Grün erfährt, wo wir sind. Aus Blödsinn diese Heimlichkeit. Lotte Lindner[16] ist jetzt in unserer Gesellschaft.

Montag, 13. Januar 1941

Nachmittags Bridge mit Frau Grün, M. Stein, Herr [Neumann?], wollte mit Dr. Glaser sprechen. Es müssen wieder Angaben für die Kultusgemeinschaft gemacht werden, sie verlangen alles Mögliche.

Dienstag, 14. Januar 1941

Vormittags mit Mutti und Mama in Košíře Ski laufen. Mama ist zwar an Besseres gewöhnt, aber wir sind froh, dass wir das haben. Es sind keine großen Touren, nur kleine. Englischstunde.

Mittwoch, 15. Januar 1941

Nachmittags mit den Kindern zwei englische Sendungen gehört, nichts los. Hauptthema Amerika. Sie liefern ihnen die Hälfte ihrer ganzen Produktion, Flugzeuge, Schiffe; diese Haltung, als wären sie selbst im Krieg. Über Griechenland etwas – die Italiener behaupten, das Mittelmeer zu beherrschen. Aufstände in Abessinien und Albanien.

Donnerstag, 16. Januar 1941

Englisch. Nach dem Essen mit Lotte und Kretschmann[17] getroffen, auf Skiern eine hübsche Tour gemacht. Auf dem Heimweg hat es dick geschneit.

Freitag, 17. Januar 1941

Mit Mutti Ski gefahren. Pulverschnee, aber darunter Eis. Nachmittags Kinder.

Samstag, 18. Januar 1941

Vormittags gründlich aufgeräumt. Nachmittags Konirschs[18] bei uns. Sie müssen Not haben, klagen sehr, dass sie sparen müssen.

Sonntag, 19. Januar 1941

Vormittags mit Mutti und Mama Ski laufen, Nachmittag bei Mama, Frau Grün und Lotte Lindner dort.

Montag, 20. Januar 1941

Frau Grün und Doktor Stein bei uns. Juden können jetzt keine Semmeln mehr kaufen, oder sie bekommen kein Mehl. Butter kostet 120 Kč (unter der Hand), auf Karten gibt es nicht genug.

Fett 1/2 Pfund pro Woche und Person. Hauptsache das Brot reicht, Kartoffeln gibt es nirgends. In Košíře sind welche, die bringen wir immer vom Skilaufen mit nach Hause. Obst gibt es nur für arische Kinder bis 14 Jahre. Schlagsahne gibt es auch nicht mehr.

Dienstag, 21. Januar 1941
Der Schnee verschwindet, schade. Mit Mutti zu Fürths[19] gegangen. Jiří hat sich den Fuß gebrochen. Er ist herzig und vernünftig. Tante Alice und Onkel Walter sind gekommen, er nimmt Gesangsstunden bei einem Klavierspieler. Man ist wieder in die alte Zeit versetzt, sie leben noch genauso, wie sie immer gelebt haben, obwohl sie klagen, wie schlecht es ihnen geht. Sie haben doch noch gar nichts verloren. Sie haben erzählt, dass Hans Wolf[20] nach Schweden gefahren ist, er ist unglücklich und will sich scheiden lassen. Alle sind empört.

Mittwoch, 22. Januar 1941
Vati schreibt unglücklich, hat aber zugenommen.[21] Nachmittags hat Eva uns eine wunderschöne selbstgemachte Tasche gebracht, das hat sie im Kurs gelernt. Habe die Kinder angerufen, dass ich hinkomme. England gehört.[22] Tobruk in englischem Besitz, Churchill sprach von Offensive, Beneš von Verbindung ČSR – Polen, Bürgerkrieg in Rumänien.

Donnerstag, 23. Januar 1941
Vormittags Englisch, nachmittags bei Eva[23], zwei Buben gekommen, ganz nett.

Samstag, 25. Januar 1941
Vormittags mit Frau Erber[24] eine Uhr für Mutti zum Geburtstag gekauft, die wir ihr versprochen und nicht bekommen hatten. Mutti gefällt sie sehr. Nachmittags Konirschs bei uns, sie sind so unpraktisch. Ich lese jetzt ein Buch von Vachek[25] – jemand, der sich nie als Jude gefühlt hat und vielen Beschimpfungen ausgesetzt ist.

Dienstag, 28. Januar 1941
Frau Erber bei uns, Gi hat ihr beim Vermögensbekenntnis gehol-

fen, Mama hat uns Butter gebracht. Auf Schwarzhandel ist Todesstrafe. Alle haben jetzt Angst. Brief von Onkel Richard und Emil
aus Amerika, war sieben Wochen unterwegs. Sie erwarten Richard noch immer. Doktor Glaser muss auch Schnee schaufeln
gehen wie alle Juden.

Mittwoch, 29. Januar 1941
Von Vati ein Packet mit Strümpfen bekommen, sehr schön und
gar nicht teuer. Nachmittags Kinder, Hana und Ludvík krank.

Donnerstag, 30. Januar 1941
Englisch. Nachmittags mit Eva.

Freitag, 31. Januar 1941
Frau Goldschmied mit Frau [Bachenski?] und Doktor Stein bei
uns. Frau G. sehr nett und gescheit, ihre Freundin still, aber auch
nett. Keine Neuigkeiten. Libyen von Italienern geräumt.

Samstag, 1. Februar 1941
Bei Konirschs, sie diesmal nett, aber bei ihnen große Wirtschaft[26]
und Schmutz. Sie müssen auch mit Heizung sparen.

Sonntag, 2. Februar 1941
Es schneit, wir werden vielleicht wieder Ski fahren. Mama kann
nicht mit uns kommen, beide Kinder[27] und Mädchen krank. Große Grippeepidemie. Wir waren in Krč, der Schnee war schlecht.
In ein Gasthaus gegangen, wir waren uns nicht bewusst, dass der
Wald und das Gasthaus für Juden verboten sind. Bei Glasers, sie
hatten auch Grippe.

Montag, 3. Februar 1941
Juden dürfen nur noch von 3–5 Uhr am Nachmittag einkaufen.
Frau Grün und Dr. Stein bei uns. Mama angerufen, Bass hat aus
Amerika geschrieben, dass er vor seiner Abreise mit R. gesprochen hat. Er hat angeblich viel von uns gesprochen, er hofft bald
zu heiraten: Das heißt wahrscheinlich, dass er bald nach Amerika
fährt. Von Vati unglücklicher Brief, er will nach Hause, aber das
ist nicht möglich.

Dienstag, 4. Februar 1941

Paket Äpfel und Orangen von Vati bekommen, Dorle Fürth[28] und Eva eingeladen. Taussigs, Herr Pick und [...] mit Mutter gekommen, dann Frau Glaser und Eva. Musste für alle Jause machen, hab nur mit drei Personen gerechnet. Kam noch eine Kusine von Tante Alice. Mutti war nicht da. Tante Alice und Dorle weggegangen. Großmutter hat Grippe, Mama sehr erkältet und Mutti bei ihnen. Dorle war sehr nett, wir müssen uns öfter treffen, aber als Freundin ist sie zu oberflächlich.

Sonntag, 9. Februar 1941

Mit Gi in der Kirche, wunderschönes Konzert. Am Nachmittag wollten wir zu Mama, aber beide Kinder und Großmutter krank. Mama vorgeladen zum Devisenschutzkommando, weil sie Schmuck und Devisen versteckt habe – eine Anzeige wahrscheinlich. Sie war sehr aufgeregt, ich bin gleich zu Šindelářs[29] gefahren, dass die eventuell vorbereitet sind.

Mittwoch, 12. Februar 1941

Seit drei Wochen keine Kartoffeln. Nachmittags bei den Kindern. Radio gehört, aber nichts Besonderes.

Donnerstag, 13. Februar 1941

Englisch. Vati will unbedingt nach Hause, aber er wäre auch hier unglücklich und zurück könnte er nicht mehr.

Freitag, 14. Februar 1941

Bei Eva, sie hat sehr schöne Broschen gemacht aus Kupfer und Zinn. Wir machten Stoff aus Bandagen, ganz hübsch.

Samstag, 15. Februar 1941

Vati hat geschrieben, der Arzt hat gesagt, seine Lunge ist noch nicht in Ordnung, er soll noch dort bleiben. Nach Košíře gefahren, endlich Kartoffeln bekommen. 10 kg nach Hause geschleppt. Zu Konirschs kommen täglich Leute die Wohnung anschauen, sie erwarten täglich ihre Kündigung. Angeblich in Wien schreckliche Zustände. Bis Frühjahr müssen alle Juden draußen sein, es gehen dort Transporte nach Polen, lauter alte Leute. Um ein Uhr Flugalarm. Aufgestanden, angezogen, aber nichts hat sich gerührt.

Geld und Essen vorbereitet, aber wieder niedergelegt, um drei Uhr nochmal Alarm. Deutsche Flugzeuge gehört, dann Schießen, erst weit, dann ganz in der Nähe. Zum Hausmeister gegangen, er hat geschlafen. Auf der Straße versammelt, auf der Treppe, dann hat alles aufgehört, wieder schlafen gegangen.

Sonntag, 16. Februar 1941
Niemand weiß, was in der Nacht war. Nachmittag bei Mama. Die meisten Leute waren im Keller, nur unser blöder Hausmeister wusste nichts. Frau Grün, Dr. [...] und Lotte auch bei Mama.

Montag, 17. Februar 1941
Teppiche geklopft, gründlich aufgeräumt, nachmittags Frau Grün, Lotte und M. Stein bei uns. Sind alle so freundschaftlich zu uns, sogar unsere Wohnung gefällt ihnen.

Dienstag, 18. Februar 1941
Mama angerufen, Marie Šindelář hat Nachricht vom Sanatorium in Ples über Vati. Überraschend gut, sein Zustand hat sich gebessert (hurra). Hat zwei Monate Verlängerung. Nach Košíře gefahren, etwas Schmetten[30] bekommen. Mutti im Krankenhaus Besuch gemacht, dann Frau Erber gekommen, genäht. Abend mit Glasers.

Mittwoch, 19. Februar 1941
Nachmittags bei den Kindern. Frau Bass hat mich gebeten, über Nacht zu bleiben, sie und das Mädchen mussten weggehen. Vormittags Mehlspeise gemacht. Hans ist unglücklich, er geht in eine andere Schule und kann sich nicht gewöhnen, ihm ist schlecht. Fast alle Züge bis auf einige sind eingestellt, vielleicht für die Offensive. Wir wollen am Sonntag Vati besuchen. In Englandsendungen gar nichts los. Masaryk[31] in der Nacht gesprochen.

Donnerstag, 20. Februar 1941
Englisch. Frau Bass hat sich mit mir über vieles ausgesprochen, ich habe sie sehr gern. Schönes Wetter. Mit Mutti und Gi spazieren.

Freitag, 21. Februar 1941
Vati glaubt dem Arzt nicht, der über seinen Zustand geschrieben hat.

Samstag, 22. Februar 1941

Mit Mutti in die Stadt gegangen, dann bei Professor [Lieben] wegen eines lateinischen Buchs. Große Wirtschaft und Schmutz dort, eine Menge Juden – das reinste Ghetto. Auf dem Rückweg bei Mama, Großmutter immer noch krank.

Mittwoch, 26. Februar 1941

Nachmittags bei den Kindern. Alles wartet gespannt auf die Offensive Deutschlands, auch England. Es wird wahrscheinlich auf dem Balkan losgehen.

Donnerstag, 27. Februar 1941

Englisch mit Dr. Stein, dann bei Eva.

Freitag, 28. Februar 1941

Vati hat Sehnsucht, aber die Zugverbindung ist so schlecht, es ist fast unmöglich, rechtzeitig zurückzukommen.

Samstag, 1. März 1941

Nachmittags Konirschs bei uns, das bissl Schlagsahne für alle aufgeteilt. Von Else Mändl[32] Kleiderkarte bekommen, ich brauche dringend einen Regenmantel. In vielen Geschäften gesucht, dann einen dunkelblauen mit Kaputze gekauft.

Sonntag, 2. März 1941

Nachmittags bei Mama. Großmutter schon gesund.

Montag, 3. März 1941

Nachmittags bei Käthe Mändl[33] in der neuen Wohnung. Sie sind dort unglücklich. Ich machte ihnen auf die Schränke Aufsätze wie bei uns, damit sie etwas mehr Platz haben. Doktor Stein beleidigt – ich hab zu ihm gesagt, wann sehen wir uns wieder – er glaubt, dass er zu oft kommt. Das ist doch Unsinn. Warum dreht er einem das Wort im Mund um? Vorerst soll er eben nicht kommen. Wir müssen doch nicht alle seine Launen ertragen. Er soll froh sein, dass er wohin gehen kann, er hat doch sonst niemanden.

Mittwoch, 5. März 1941

Bei Mama, ein Brief von Emil[34] gekommen. Er schreibt, er hat einen Brief von R. bekommen, hat ihn an Onkel Richard weitergeschickt, ohne ihn aufzumachen. Also wissen wir wieder nichts. Es ist unbegreiflich, er muss doch wissen, wie wir auf jedes Wort warten, es wird wieder Gott weiß wie lange dauern, bis wir eine Nachricht bekommen. Nachmittags bei den Kindern.

Donnerstag, 6. März 1941
Englisch. Mit Mutti bei einer Frau Hirsch erkundigt, wie die Züge fahren. Sie ist Arierin. Wir wollen doch am Sonntag zu Vati fahren. Der Zug fährt um halb sechs Uhr früh von Prag.

Freitag, 7. März 1941
Die Frau aus Eidlitz[35] bei uns, Tante [...] grüßt. Sie ist Deutsche, aber ihr Mann Tscheche, sie scheinen Kommunisten zu sein. Hat uns viele interessante Sachen erzählt aus deutschen Kreisen. Nachmittags Staberl[36] gekommen, zufällig auch Mama, dann noch Eva.

Samstag, 8. März 1941
Juden wurden jetzt Telefone weggenommen. Bulgarien hat sich Deutschland angeschlossen, aber sie haben es schon vor vier Wochen besetzt. Engländer verhandeln mit der Türkei. In Libyen Engländer siegreich. [...] geschrieben, hatte Brief von R., er fährt in den nächsten Tagen nach Amerika. Es geht ihm gut, wir sollen uns keine Sorgen machen. Gott sei Dank!

Sonntag, 9. März 1941
Um vier Uhr aufgestanden und doch fast zu spät zum Zug gekommen. Zum Glück hatte der Zug Verspätung. Um halb neun waren wir in Ples. Das Sanatorium war noch zu, wir sind dann von rückwärts in die jüdische Abteilung. Vati hatte große Freude, es geht ihm gut. Sie haben eine Menge Essen, die Leute sind nett, das haben wir uns nicht vorstellen können. Vati hat uns zum Bahnhof begleitet. Hatten große Angst, dass uns jemand anzeigt, ihn kennt doch jeder. Im Zug haben alle Leute Mengen vom Land gebracht, in Prag ist es schlimm mit der Versorgung. Kein Fleisch, kein Fett, einmal in der Woche Fleisch, 3 1/2 dkg Butter für 14 Tage, stattdessen Kunsthonig. Wie kann Vati da satt werden, wenn er nach Hause kommt?

Mittwoch, 12. März 1941

Nachmittags bei den Kindern. Für Butter zahlt man jetzt 130 Kč, wir kaufen aber keine. Überall Flugzeuge, wir wissen nicht woher. Große Angst, dass die Türkei auch noch von Deutschland besetzt wird. Große Flugangriffe auf Deutschland.

Donnerstag, 13. März 1941

Englisch. Dr. Stein ist noch beleidigt. Er kann sagen, was er will, aber wenn man ihm etwas sagt, ist er gleich beleidigt. Polentransporte von Wien aus eingestellt. Dort muss es furchtbar sein, großer Hunger, überall wird um Essen gebettelt, Hungertyphus. Für wie lange ist Ruhe? Markensammlungen mussten abgeliefert werden, wohin sollen wir unsere geben? Mit Mutti in der Stadt. In der Nacht Flugalarm, auch in unserem Haus Alarmglocke geläutet. Nach anderthalb Stunden zu Ende.

Samstag, 15. März 1941

Zwei Jahre Protektorat![37] Alles geschmückt. Wir haben uns nicht aus dem Haus gerührt, am Wenzelsplatz große Feiern. Viele Deutsche hier. Es wurde allgemein erwartet, dass auch Jugoslawien dran kommt, aber es wurde ein Nichtangriffspakt geschlossen. Falls die Deutschen die Grenze überschreiten, würden sie sich wehren. Das amerikanische Hilfsgesetz wurde verabschiedet und es sind Unmengen von Flugzeugen, Schiffen und schwimmenden Tanks unterwegs. Größere Luftangriffe auf Deutschland. 1500 Flugzeuge fünf Stunden über Berlin. Konirschs bei uns, wären am liebsten über Nacht geblieben.

Mittwoch, 19. März 1941

Gestapo bei Kohns.[38] Mehl weggenommen, nur nach Vorräten gesucht. Nachmittags unsere Marken zu Bass gegeben, sie dürfen sie bei uns nicht finden. Mit den Kindern gelernt.

Donnerstag, 20. März 1941

Überall große Aufregung, überall Hausdurchsuchungen. Bei jedem suchen sie etwas anderes.

Freitag, 21. März 1941

Fußboden geputzt, Hut gemacht. Abends Vorräte versteckt.

Samstag, 22. März 1941
Weiteren Teppich geklopft, Hausmeister Krach gemacht, andere wollten auch Teppiche klopfen, haben sich beschwert, aber wir haben vorher gefragt, trotzdem hat die Hausmeisterin geschimpft und war ordinär, ob wir die jetzt für die Deutschen so saubermachen. Sie hat dann die Stiegen geputzt und sich beruhigt. Gi schaffte einige Sachen zu Kramers.

Sonntag, 23. März 1941
Um sechs Uhr aufgestanden, mit dem Zug ins Sanatorium gefahren. Wir waren die Ersten, Vati war nicht zu finden, er war spazieren. Alle sind sehr nett dort. Nachmittags in der Liegehalle, Vati ging mit uns bis zum Bahnhof.

Montag, 24. März 1941
Am Vormittag bei Bass. Habe mich mit Frau Bass gut unterhalten. Hab ihr weitere Sachen gegeben. Dort Mittag gegessen und ihr mit dem Bücherschrank geholfen. Nachmittags mit Mama und Frau Dr. Sgalitzer[39] bei einer Schneiderin. Die Hausdurchsuchungen sollen weitergehen. Sie gehen aber dabei ganz verschieden vor. Bei manchen nehmen sie alles, was sie in die Hände bekommen, manche lassen sich nur alles zeigen und nehmen nichts.

Dienstag, 25. März 1941
Frau Grün, Lotte Lindner und Hilde Hammerschlag bei uns. Die Letzte hatte Hausdurchsuchung, sie nahmen aber nichts mit.

Mittwoch, 26. März 1941
Todestag von Großmutter.[40] Wir waren auf dem Friedhof. Nachmittags Kinder. Ich habe ihnen wieder Sachen, auch Vorräte, gegeben. Jugoslawien dem Drei-Mächte-Pakt[41] beigetreten.

Donnerstag, 27. März 1941
Englisch. Nachmittags mit Eva. Am Abend Glasers bei uns. In Jugoslawien Aufstand.

Freitag, 28. März 1941
Der Aufstand geht weiter. Radio aus England spielte tschechische Lieder, alle waren begeistert. Der junge König hielt eine kurze Rede.

Ob es ein politischer Erfolg war, wird sich zeigen. Die Deutschen haben ständig behauptet, wie sehr Jugoslawien den Pakt gewünscht habe. Mama bei uns, dann Dr. Stein und Kohn, mit Mama und Mutti zum Friedhof gegangen. Abends Frau Erber bei uns. Habe Halsschmerzen, aber kein Fieber. In der Nacht wenig geschlafen.

Samstag, 29. März 1941
Im Bett geblieben. Brief von Bedřich, Richard ist noch nicht in Amerika, er hat schon ein Visum, aber noch keine Schiffskarten. Es geht ihm gut.

Sonntag, 30. März 1941
Mit Eva und ihrer Gesellschaft. Mir geht es schon wieder gut. Drei Mädchen und fünf Jungen, alle fast gleichaltrig. Zum ersten Mal wieder mit Jüngeren zusammen.

Montag, 31. März 1941
Ich möchte mir Dauerwellen machen lassen. Bei Karel – der in Saaz einen Salon hatte, hier einen sehr bescheidenen. Lauter Saazer gehen dorthin, auch Arier, lauter Emigranten. Es ist ein sehr ungewöhnliches Gefühl.

Dienstag, 1. April 1941
Nachmittag bei Mama, Tante Kamilla Bass geht es schlecht, sie hat Lungenentzündung.

Mittwoch, 2. April 1941
Hetze gegen Jugoslawien. Nachmittags bei den Kindern.

Sonntag, 6. April 1941
Deutschland hat Jugoslawien und Griechenland den Krieg erklärt, einmarschiert. Der Optimismus hat sich gelegt, militärisch ist Deutschland weitaus stärker, sie werden es bestimmt besetzen. Wir wollten mit Eva und ihrer Gesellschaft einen Ausflug machen, aber es hat geregnet, so waren wir bei Eva allein.

Montag, 7. April 1941
Nachmittags bei den Kindern. Radio gehört, sehr deprimierend. Die Deutschen rücken schnell vor in [...], Rede von Churchill,

sehr sehr ernst. Bengasi von Deutschen zurückerobert, Jugoslawien wird sich vielleicht halten. Sind die Engländer so schwach?

Dienstag, 8. April 1941
Mit Frau Erber zu einer Hochzeit gegangen, die hat sieben Minuten gedauert. Juden dürfen nur Dienstag vormittags heiraten. Nachmittag mit Eva auf dem Hagibor,[42] es war aber sehr kalt.

Freitag, 11. April 1941
Weitere Hausdurchsuchungen, jeder hat Angst. Man kann nichts dagegen machen. Drei Karten von Vati bekommen. In der Kirche bei einem Konzert. Frau Erbers Geburtstag, wir haben sie eingeladen. Herr Kohn hat uns Grammophonplatten vorgespielt. Frau Erber zum Nachtmahl eingeladen, sie hat sich geniert, aber dann hat es ihr gefallen. Ich habe ihr Strümpfe gegeben, sie wollte sie nicht nehmen.

Samstag, 12. April 1941
Früh ist Vati gekommen. Brief aus Amerika von Freeman an mich gekommen. Richard ist noch nicht dort. Ob er etwas für mich machen kann. Vati sieht gut aus. Mit ihm spazieren gegangen, er ist gleich müde. Otto Mändl bei uns.

Sonntag, 13. April 1941
Bei Frau Erber geschlafen. Sie hat Besuch aus Gablonz. Doktor Glaser bei uns. Nachmittags bei Mama, die ganze Familie war beisammen.

Dienstag, 15. April 1941
Vati ist in schlechten Zug eingestiegen, den Schnellzug nach Budweis. In Beneov ausgestiegen und hatte zum Glück gleich Verbindung. Er ist erst in der Nacht angekommen. In der Politik sind nur noch wenige Optimisten. Es ist dumm, gleich wegen Jugoslawien den Kopf hängenzulassen. Aber die Engländer sind sehr ernst. Frau Grün bei uns, Lotte krank.

Freitag, 18. April 1941
Mit Eva in der Altstadt rumgetummelt. Zwei Bekannte von ihr getroffen, wunderschöne alte Häuser. Großmama getroffen – Lot-

te hat ein Telegramm von Freeman bekommen, dass er ihr ein Affidavit schickt mit Buchung, dass ihre Schiffskarte bezahlt ist von [...]. Ich habe eine Vorladung zur Kultusgemeinde wegen [...] Was soll ich tun?

Samstag, 19. April 1941
Vormittag bei Mama Fragebogen ausgefüllt, Lotte geholfen. Sie hat einen Verwandten dort, fährt am Nachmittag hin. Inzwischen mit den Kindern spazieren gegangen. Am Karlsplatz waren wir schaukeln und dann habe ich ihnen etwas gekauft. Der Bekannte von Lotte konnte eigentlich auch nichts sagen, wir sind mittellos und uns kann nichts passieren. Aber ich will die [...] nicht einreichen, sie schicken mich dann womöglich noch nach Polen. Nachmittags bei Frau Erber, dort zwei Kinder, die bei ihrer Schwester wohnen, sie sind aus Sudeten gekommen, der Vater Jude, die Mutter Deutsche.

Sonntag, 20. April 1941
Hitlers Geburtstag. Auf Glasers Rat bin ich nicht in die Kultusgemeinde gegangen, Mutti war dort. Für sie und Vati erledigt – ich bin krank. Ich hätte [...] einreichen müssen. Mutti in die Feierlichkeiten hineingeraten, musste dort bis zum Ende bleiben. Nachmittag bei Mama.

Montag, 21. April 1941
In Košíře bei Mändls. Furchtbare Wirtschaft dort, das Kind ist bestimmt nicht normal. Tante Anni und Käthe mit mir. Bei Taussigs, dort sind immer Katastrophen. Sie ist schwer krank, es geht ihr schon etwas besser. Beide sind herzensgute Menschen.

Samstag, 26. April 1941
Mit Moskovicová und Mutti nach Liben gefahren, wir haben gehört, dass Sachen beschlagnahmt werden. M. will etwas zu sich nehmen. Furchtbare Wirtschaft dort, kein Licht, keine Leute, die einem etwas helfen, ich musste alles allein machen, Koffer ausleeren mit Geschirr und alter Wäsche. Ganz schmutzig nach Hause gekommen, es hat gegossen. Jugoslawische Armee kapituliert, die griechische in einigen Tagen. Die Engländer melden ganz offen ih-

re Befürchtungen. Eva bei mir, gut unterhalten. Bei dem Wetter kann man am Sonntag keinen Ausflug machen, habe alle zu uns eingeladen.

Sonntag, 27. April 1941
Vormittag Glaubers bei uns. Sie wollten Mutti kennenlernen, weil wir so brav zu Eva waren, sie wollten sich bedanken. Nachmittag Eva und vier Jungen bei uns. Wir haben uns wirklich gut unterhalten. Zwei Brüder Grünberger,[43] gleichaltrig wie wir, und Ernst und Peter, alle sehr lustig, gescheit, aber jünger als ich. Peter hat mir Gesichtswasser gebracht, das er selbst gemacht hat. Am Abend kam Frau Erber ganz aufgeregt zu uns, im Haus waren Deutsche, wollten ihre Wohnung sehen. Sie war nicht zu Hause, so haben sie sich die gleiche anderswo angeschaut. Sie ist ganz außer sich, die Arme.

Montag, 28. April 1941
Nachmittag bei Taussigs, sie ist noch krank. Besprachen Kurs, den ich in der Kultusgemeinde machen will – Kosmetik oder Spielwaren.

Dienstag, 29. April 1941
Auf der Kultusgemeinde habe ich mich nach Kursen erkundigt, die sind sehr weit weg und teuer. Nachmittags bei den Kindern. Jetzt auf Dienstag verlegt.

Mittwoch, 30. April 1941
Vati hat noch keine Verlängerung bekommen, vielleicht kommt er am Samstag. Mit Mutti im Park, schönes Wetter. Dann Geschenk für Vati zum Geburtstag gekauft. Doktor Stein bei uns.

Freitag, 2. Mai 1941
Vati hat einen Monat Verlängerung erhalten. Nachmittag bei Mama, mit ihr spazieren, gut unterhalten. Dann sind Mutti und Gi gekommen. Für Dr. Glaser Verschiedenes besorgt. Briefe von Emil und Bedřich, R. geht es gut. Er ist noch in England und verdient gut. Schuhe gekauft am letzten Tag ohne Bezugschein. Lange Schlangen. Für Fleisch standen Schlangen die ganze Straße entlang, auch für Bonbons. Wetter sehr kalt und Regen.

Samstag, 3. Mai 1941

Kindersachen aufgeräumt. Nachmittags mit Eva getroffen. Sie ist weitaus besser als alle anderen Mädchen. Bruder von Frau Glaser war hier, mit Hakenkreuz. Vati und Frau Glaser haben Geburtstag. Gemischte Gefühle wegen des Bruders.[44] Er ist kein Nazi und nicht zufrieden mit den Verhältnissen dort. Die Mädchen hier haben nur Kleider, Jungen, Unterhaltung im Kopf. Schneesturm, Konirsch und Dr. Stein bei uns. Es wird nicht mehr geheizt, wir heizen selbst in der Küche.

Sonntag, 4. Mai 1941

Vormittags in der Kirche, Dvořáks Messe, wunderschön. Nachmittags mit Eva bei einem der Jungen, Ernstl Pick. Ganz moderne Wohnung, den ganzen Tag Grammofon gehört.

Montag, 5. Mai 1941

Im Haus Desinfektion gegen Wanzen. Tag und Nacht müssen die Fenster offen sein. Große Kälte und Gestank. Man kann sich zu Hause nicht aufhalten. Dr. Stein hat kein Wort gesagt, dass wir zu ihm kommen sollen. In die Stadt kann man auch nicht. Abends bei Frau Erber, aber auch dort Gestank.

Dienstag, 6. Mai 1941

Noch Desinfektion bei der Schauspielerin. Nachmittags bei Mama, dann bei den Kindern. Amerika hat Waffenlieferungen nach Russland eingestellt. Die Deutschen haben bereits Griechenland, in Libyen deutscher Vormarsch langsamer. Die Felder noch nicht angebaut wegen schlechtem Wetter, abnormal kalt, Regen mit Schnee. J. Bass hat Röteln.

Mittwoch, 7. Mai 1941

Eva hat auch Röteln. Bei Mama zum Mittagessen. Dr. Stein und Frau Glaser bei uns, Bridge gespielt.

Donnerstag, 8. Mai 1941

Englisch. Mit Mutti in der Stadt. Es gibt nur noch wenige Optimisten, die glauben, dass der Krieg bald und gut endet, sie sagen höchstens, dass es noch lange dauern wird, bis die Engländer siegen werden. Was aber mit uns inzwischen geschieht ... Das ist auch meine Meinung. Es gibt aber auch viele, die behaupten, Deutschland werde siegen. Nur das nicht! Lotte kümmert sich sehr um ihre Auswanderung, vor September wird aber keine Schiffspassage zu haben sein. Vielleicht ein [portugiesisches?] Schiff, das ist sehr klein.

Freitag, 9. Mai 1941
Glasers sind fast jeden Abend bei uns, ich jeden zweiten Abend bei Frau Erber. Lebensmittelzuteilung wieder kürzer, für Geld ist aber alles zu haben. Vatis Rückkehr nähert sich.

Samstag, 10. Mai 1941
Mit Mutti und Frau Erber im Prokopstal.[45] Ich spreche mit Frau E. nur tschechisch, aber für Mutti ist das schwer. Frau E. ist sehr nett, aber sie hat immer Angst aufzufallen. Moskovicová bei uns.

Sonntag, 11. Mai 1941
Vormittag wieder mit Gi in der Kirche, wunderbar. Muttertag. Habe für Mutti Blumen gekauft, auch für Mama. Nachmittags alle dort.

Montag, 12. Mai 1941
Ich suche eine Modistin, bei der ich arbeiten könnte, damit ich noch weiter lernen könnte, zu Hause kann man nichts lernen. Nachmittags bei Konirschs Bridge gespielt.

Dienstag, 13. Mai 1941
Bei den Kindern. Frau Bass sollte Mutti kennenlernen, so hat Mutti mich von dort abgeholt. Rudolf Hess, Stellvertreter von Hitler, ist nach England geflogen.[46] Wir konnten es nicht glauben, die Deutschen meldeten, dass er verunglückt ist, aber am Nachmittag mussten sie zugeben, dass er in England ist. Sie sagen, er ist wahnsinnig, aber er will vielleicht Frieden vermitteln. Ein Bauer hat ihn im Feld gefunden, er war verletzt, man hat ihn ins Krankenhaus geschafft, angeblich ist er ganz wund. – Nun hat sich herausgestellt, wer es ist, eine Sensation für die ganze Welt. Warum er geflohen ist, weiß bis jetzt niemand. Bei Bass Hausdurchsuchung, aber nichts genommen. Bei Vati wurde eine neue [...] gefunden, also wird er wahrscheinlich nicht so bald entlassen. Vor

14 Tagen wollten sie ihn als geheilt nach Hause schicken, das ist unverständlich. Frau Bass hat mir die Adresse ihrer Modistin gegeben, sie nimmt mich vielleicht.

Mittwoch, 14. Mai 1941
Noch ständig Aufregung wegen Hess. Die Deutschen tun das ab, als wenn er niemand gewesen wäre. Bei der Modistin von Frau Bass in den Narodni, ein schöner Laden, sie ist aber wenig nett. Hat viel zu tun und wenig Mädchen. Ihr passt nicht, dass ich kein Zeugnis habe, dass ich angelernt bin, ich muss eine Prüfung machen. Bei Mama lange, dann bei Grün und Lotte Lindner. Im Nebenhaus wurde ein schwarzer Sender gesucht, mit großem Aufwand.

Donnerstag, 15. Mai 1941
Englisch. Mit Mutti auf dem Friedhof, Blumen gesetzt, dann im Krematorium bei Papa,[47] er hat morgen Geburtstag.

Samstag, 17. Mai 1941
Prüfung bei der Modistin. Zuerst war sie nicht zu Hause, eine Stunde gewartet. Sie ist nicht sehr freundlich, hat gesagt, es ist nicht möglich, noch hin und her – ich war die einzige Jüdin usw. Neun Stunden täglich Arbeitszeit. Ich müsste Englisch und die Kinder aufgeben, also ist es besser so. Zu Hause in der Sonne gelegen, dann bei Grün. Ein unsympathischer Jüngling und Hilde Hammerschlag dort. Noch auf einen Sprung bei Mama.

Dienstag, 20. Mai 1941
Mit Mutti bei Tante Flora, sie sollte mit ihrer Modistin sprechen, ob sie mich nimmt. Tante Flora ist krank, kann schlecht gehen und bekommt keine Luft. Nachmittags Kinder. Hüte gemacht, sie sind billig und gut. Auch Frau Bass einen geschenkt.

Mittwoch, 21. Mai 1941
Taussigs bei uns. Ich hab mich entschlossen, doch zu der Modistin von Bass zu gehen, es sind neun Stunden täglich. Ich werde dort doch etwas lernen und sie ist erstklassig. Frau Erber bei uns, sie geniert sich immer so, etwas zu essen. Aber bei uns ist doch das alles ungeniert, auch Dr. Glaser bei uns zum Nachtmahl.

Donnerstag, 22. Mai 1941
Englisch. Nachmittag mit Mutti im Park, wunderschönes Wetter.
Dann sind Frau Mosauer, Frau Grün, Lotte Lindner, Hilde ge-
kommen, ich habe eine Menge Hüte zu machen.

Freitag, 23. Mai 1941
Noch bei einer anderen Modistin gefragt, ob sie mich nimmt. Ohne Zeugnis ist es sehr schwer. Im Park gesessen, obzwar es verboten ist, aber niemand kümmert sich darum. Mit Lebensmitteln ist
es immer schwieriger. Fleisch gibt es höchstens zwei Mal in der
Woche, meist schlechtes Rindfleisch, ein Mal im Monat Schweinefleisch. Butter unter der Hand 200 Kč, Margarine 80, Eier 3,50.
Von den Wiener Juden, die nach Polen geschafft wurden, kommen herzzerreißende Briefe. Großer Hunger, sie sind vollkommen abgeschlossen, können nichts mit Ariern tauschen.

Sonntag, 25. Mai 1941
Mit Mutti und Gi im Kinski-Garten. Große Angst, über Strachov
– Hradschin[48] zu Mama. Frau Grün dort. Vati wird wahrschein-
lich noch Verlängerung bekommen, Pfingsten kommt er nach
Hause. Wolle zu Weiskopf[49] gegeben, sie soll mir ein Kleid weben.

Montag, 26. Mai 1941
Angriff auf Kreta. Das ist gefährlich für England. Wieder bei einer
Modistin, die mich auch nicht nehmen will. Die Modistin von
Bass wollte mich zuerst nehmen, hat aber dann eine andere ge-
nommen. Schade. Ich werde wahrscheinlich nichts mehr bekom-
men.

Dienstag, 27. Mai 1941
Wieder zu einer Modistin gefahren, keine nimmt mich – ohne
Zeugnis und als Jüdin ist es fast ausgeschlossen. Nachmittags Kinder. Radio gehört. Mit Kreta ist es schlimm, gestehen die Engländer selbst. Große Seeschlacht, Engländer haben noch 23 Schiffe.
Brief von Freeman an mich gekommen, mein Affidavit ist bereits
nach Wien gegangen. Schreibt sehr nett.

Mittwoch, 28. Mai 1941
Auf der Kultusgemeinde erkundigt, wie es mit Schiffskarten aus-

sieht, ob Joint[50] etwas bezahlt, sie amtieren aber nicht, so bin ich umsonst gegangen.

Donnerstag, 29. Mai 1941
Zu Mama gegangen. Brief von Onkel Richard, R. arbeitet in einer Fabrik, wenn ich nach Amerika komme, wird er vielleicht auch dort sein. Das ist rätselhaft. Es kann nur heißen, dass er in einer kriegswichtigen Fabrik arbeitet und sie ihn nicht aus England weglassen. Englisch. Dann auf der Kultusgemeinde, aber wieder mit niemandem gesprochen. Dort herrscht eine schreckliche Wirtschaft, niemand kennt sich aus. Ich wollte mit Hannah Steiner[51] sprechen, die ich kenne, aber sie war weg und man kommt schwer zu ihr. Habe mich angemeldet, aber ob ich zu ihr gelassen werde, ist fraglich. Nachmittags mit Mutti, Gi und Dr. Stein im Strachover Garten. Der ist privat und nur während der Baumblüte geöffnet, für Juden nicht verboten, viele Juden dort. Es ist ein großer Garten mit Aussicht auf Prag. Zurück über die Kleinseite, Wenzelsplatz.

Freitag, 30. Mai 1941
Auf die Kultusgemeinde gegangen, dort Bekannte getroffen, schon etwas freundlicher. Vor mir warteten neun Leute, die schon alles erledigt haben und trotzdem nicht fahren können. Ich habe eigentlich noch gar nichts. Bis sieben Uhr gewartet, dann endlich an der Reihe. Furchtbare Wirtschaft, aber Hannah Steiner ist ganz ruhig, freundlich zu jedem, gibt jedem Auskunft. Ich soll Freeman schreiben, er soll sich dort mit [...] in Verbindung setzen, wie viel er zahlen kann. Das ist die beste Lösung.

Samstag, 31. Mai 1941
Vati sollte früh kommen, ist aber erst um zwei Uhr gekommen. Mit ihm und Mutti einkaufen gegangen. Vati sieht gut aus, braungebrannt.

Montag, 2. Juni 1941
Bei uns großer Trubel, wenn Vati da ist, Tante Käthe und [Anna/Anne] bei uns. Dann noch eine Eidlitzerin gekommen, die uns Eier gebracht hat. Nachmittags um drei Uhr ist Vati weggefahren. Der letzte freie Tag. Im Strachov, viele Juden und Bekannte dort.

Dienstag, 3. Juni 1941
Brief von Freeman, Antwort auf meinen Brief. Die Post mit R. geht bereits wieder. Nachmittag bei den Kindern.

Donnerstag, 5. Juni 1941
Früh in die Englischstunde gegangen. Meine Lehrerin sehr aufgeregt, ihre Schwester musste in der Nacht operiert werden. Sie wusste nicht, an was und wo sie liegt. Auf der Post Karten aufgegeben. Es war der Blinddarm, Frau Erber wusste schon davon, es geht ihr gut. Mit Eva am Hagibor getroffen. Janička mit Tony und [Franklin?] auch dort. Geturnt.

Freitag, 6. Juni 1941
Mit Mutti in der Stadt, abends mit Glasers auf dem Balkon. In der Politik nichts Neues, die tschechischen Zeitungen schimpfen auf Juden, es gibt eine Menge Antisemiten auch hier. Große Angst, dass die Deutschen Prag besetzen.

Samstag, 7. Juni 1941
Wir wollten nach Braník, es hat aber gegossen. Nachmittags Dr. Stein, Frau Grün und Glasers bei uns. Frau Grün ist nicht normal oder trinkt oder nimmt etwas, spricht ständig und nur von sich.

Montag, 9. Juni 1941
Von Otto Mändl Fleisch bekommen, 68 Kč das Kilo, das ist billig, anderswo zahlt man über 80 Kč. Butter 160, Mehl 30, Fett 160. Mit Mutti und Gi in Baba.[52] Entlang der Moldau gegangen.

Dienstag, 10. Juni 1941
Nachmittags Kinder. Regen, windig. Mit ihnen spazieren gegangen. Sie sind sehr gut erzogen, lustig, aber wollen nicht Deutsch lernen. Besonders Ludvík ist faul.

Mittwoch, 11. Juni 1941
Dr. Stein bei uns, Bridge gespielt. Brief von Onkel Richard, R. geht es gut. Anscheinend ist es aussichtslos, herauszukommen. Alle Emigranten mussten in England einrücken. R. arbeitet wahrscheinlich in einem Kriegsunternehmen.

Donnerstag, 12. Juni 1941
Englisch. Brief nach Amerika abgeschickt. Mit Mutti und Gi getroffen, einen langen Ausflug gemacht. Von Redlitz nach Jinonice, Wald, durch Wiesen, nach Hernov, über den Weißen Berg, dort einige Saazer getroffen. Den Park Stern[53] von draußen angeschaut, hinein darf man nicht.[54] Abends im Hagibor geturnt.

Freitag, 13. Juni 1941
Brief nach Amerika aufgegeben.

Samstag, 14. Juni 1941
Schlechte Laune, hab alles satt. Mit Mutti und Gi bei Lotte Lindner, Mama und Omi auch dort. Später mit Lotte zu Frau Dr. Klausner aus Zlín gegangen. In Mähren gibt es viel weniger Essen als hier, kein Gemüse, in der Großstadt ist es doch besser.

Dienstag, 17. Juni 1941
Wieder etwas Fleisch und Fett bekommen. Dr. Stein bei uns, ihm auch etwas gegeben. Nachmittags Kinder. Alle deutschen Konsulate, Reisebüros, Informationsbüros usw. in Amerika gesperrt, die Beamten müssen bis 10. Juli das Land verlassen. Für uns ist das schlecht, weil das amerikanische Konsulat in Wien auch gesperrt wird. Am Sonntag verfällt mein Affidavit. Ich brauche nur etwas anzufangen, schon ist wieder Schluss damit. Fleißig mit den Kindern gelernt.

Mittwoch, 18. Juni 1941
Viele Gerüchte wegen Russland, aber niemand weiß etwas Bestimmtes, man kann nicht alles glauben. Ich glaube, Russland wird nichts machen und Zeit gewinnen. Schönes Wetter. Abends bei Glasers.

Sonntag, 22. Juni 1941
Russland mit Deutschland im Krieg! Seit vier Uhr früh, Hitler gab den Befehl an seine Soldaten und sie marschieren in Russland ein. Es kam ganz überraschend, wir hatten keine Ahnung. Noch vorgestern große Freundschaft in allen Zeitungen. Mit Eva, Vera und Peter rudern. Wir sind guter Laune, das ist ein Schlag für die Deutschen. Jetzt schimpfen sie auf die Bolschewi-

ken und die Juden zusammen. Der Kommunismus muss ausgerottet werden. Nachmittags bei Peter, er hat uns seine Erzeugnisse aus Kosmetik und Essenzen gezeigt, sehr interessant. Ich habe Mama versprochen, noch vorbeizukommen. Alle sind hoffnungsvoll.

Donnerstag, 26. Juni 1941
Englisch. Mit Eva und Peter. Es war lustig, wir haben uns gut unterhalten wie schon seit Jahren nicht mehr. Ich bin glücklich, wieder mal mit jungen Leuten zusammen zu sein und nicht nur mit Erwachsenen. Von der russischen Front hört man von deutscher Seite wenig.

Samstag, 28. Juni 1941
Mit Eva vormittags nach Podbaba. Liesl Konirsch und Mutti sind auch hingekommen. Vati hat wieder zwei Monate Verlängerung bekommen. Ich glaube, für ihn ist es besser so. Hier wäre er unglücklich, würde sich langweilen, kann nicht in die Sonne, hat gutes Essen dort.

Sonntag, 29. Juni 1941
Vormittags mit Eva und der Gesellschaft Kahn fahren, der Arier mit uns, er muss sich legitimieren. Nachmittags bei Mama. Die Deutschen haben große Erfolge in Russland, gleich in der ersten Woche sind sie ein großes Stück in das ehemalige Polen eingedrungen. Zwar mit großen Verlusten, aber die Russen ziehen sich zurück. Im Radio große Propaganda, alle Erfolge werden im Radio zwischen Märschen bekanntgegeben. Der Lärm auf den Straßen ist zum Verrücktwerden.

Montag, 30. Juni 1941
Mit Mutti einkaufen. Haben Trainingsanzug bekommen als Geburtstagsgeschenk. Auch auf Punkte schwer zu haben.

Dienstag, 1. Juli 1941
Bei den Kindern. Es sind schon Ferien, nur Spiele gespielt. Alle drei sehr gute Zeugnisse, auch Deutsch alle Einser, Hana hat sogar als Beste ihrer Klasse vom Direktor ein deutsches Buch bekommen.

Freitag, 4. Juli 1941

Bei Mama. Ein Deutscher hat sich ihre Wohnung angeschaut und will sie nehmen. Alle sehr aufgeregt. Für sieben Personen ist das ein großes Problem, wenn sie übersiedeln müssen bei der Wohnungsnot. Frau Sgalitzer bei uns, am Montag muss sie übersiedeln und hat keine Aussicht auf eine Wohnung. Habe zufällig von Frau Erber von einem Zimmer erfahren und ihr gleich die Adresse gegeben.

Samstag, 5. Juli 1941

Mit Eva und Peter spazierengegangen am Moldau-Ufer. Viele Juden dort.

Sonntag, 6. Juli 1941

Mit Eva und Gesellschaft Kahn fahren in zwei Kähnen je drei. Mutti mit Gi in Braník, ich bin später gekommen. Liesl Konirsch mitgenommen. Sie ist zu bedauern, aber sie hat kein Interesse sich zu unterhalten und schweigt nur.

Montag, 7. Juli 1941

Nachmittag in Podbaba. Liza mit Benny schon dort, dann Danny, Peter, Eva gekommen, dann [Jarka], ein Arier, etwas älter.

Dienstag, 8. Juli 1941

Für alles muss man jetzt Schlange stehen, es gibt keine Kartoffeln. Obst hie und da zufällig.

Donnerstag, 10. Juli 1941

Vormittag bei Mama, Nachmittag in Podbaba, Benny, Danny, Eva, Vera, Jarka dort. Mamas Wohnung haben sich noch weitere Deutsche angeschaut, vorläufig sind sie noch dort.

Freitag, 11. Juli 1941

Verbot, frei außerhalb der Badeanstalt zu baden. In Braník wurde allen die Legitimationen abgenommen, Juden mussten 1000 Kč zahlen. Auch mit Podbaba ist jetzt Schluss. Mit Eva und Liza in Podbaba einen neuen Platz ausfindig gemacht, an einem Bach, ganz versteckt. Ich lerne jetzt allein Englisch.

Samstag, 12. Juli 1941

Mit Benny und Peter Ping Pong gespielt. Es ist verboten, aber wir waren die Einzigen, niemand hat sich um uns gekümmert. Ich war froh, habe fast nichts verlernt. In [...] einen Teich entdeckt. Keine Juden, aber auch keine Fragen dort. Geschwommen. Es war herrlich, man hatte nur fast Angst, dass alles im nächsten Augenblick verschwindet.

Dienstag, 15. Juli 1941

Nachmittags ist Vati gekommen, er hat sich zu meinem Geburtstag frei genommen. Bei Mama, sie haben die Kündigung bekommen. Mamas Geburtstag. Sie muss jetzt schnell eine Wohnung suchen. Dann bei Otto Mändl.

Mittwoch, 16. Juli 1941

Mein Geburtstag. Bei Frau Erber geschlafen, eine Menge Geschenke bekommen. Pullover, gewebter Stoff für ein Kleid, Bluse aus reiner Seide, Schuhe aus Stroh, Bleistifte, von Peter Creme, von Mama Parfum, Handschuhe, zwei Paar Strümpfe, 100 Kronen, eine Tasche, von Eva ein Buch. Viele Besuche bei uns. Am Nachmittag ist Vati weggefahren. Eva bei uns geschlafen.

Freitag, 18. Juli 1941

Mit Eva Geschenke für Benny einkaufen, es ist nichts zu haben, wegen jeder Kleinigkeit herumgelaufen. Benny sollte aufs Land auf Hachschara,[55] aber dann ist nichts daraus geworden. Bei Grünbergers.

Samstag, 19. Juli 1941

Im Bett, bissel Fieber geholt, aber keine Schmerzen. Kann nur wenig essen, hab in letzter Zeit abgenommen. Mama hat immer noch keine Wohnung. Konirschs müssen binnen vier Tagen ihre Wohnung verlassen, werden wahrscheinlich ein paar Tage bei uns wohnen.

Sonntag, 20. Juli 1941

Habe noch Fieber, wollte aber nicht absagen und so sind Eva, Peter und Ernst bei mir, dann noch Benny und Danny. Mir war gar nicht gut, aber es war trotzdem lustig.

Montag, 21. Juli 1941

Habe über 38 Grad Fieber. Dr. Glaser sagt, es ist ein verdorbener Magen und meine Leber ist davon angegriffen. Strenge Diät.

Dienstag, 22. Juli 1941

Insulininjektion bekommen, nachher und vorher musste ich Traubenzucker trinken. Ekelhaft. Eva täglich zweimal bei mir. Konirschs gekommen, bleiben bis Freitag. Beide sehr nervös. Sie haben nach furchtbaren Erlebnissen eine Wohnung bekommen. Auf dem jüdischen Wohnungsamt herrschen schreckliche Zustände. Mit großer Protektion bekommt man eine Wohnung zugeteilt. Konirschs sind glücklich bei uns, haben sich schon etwas erholt.

Mittwoch, 23. Juli 1941

Dr. Glaser hat festgestellt, dass ich Streptokokken-Angina habe. Erst jetzt habe ich richtige Halsschmerzen. Dr. Stein, Mama, Tante Anni – neun Personen bei uns. Mama hat endlich eine Wohnung, zwei große Zimmer. Probleme mit Konirschs. Mutti hat viel Arbeit mit ihnen, ich muss im Bett liegen und kann ihr nicht helfen. Beide sind schrecklich unordentlich, wo sie sitzen und stehen ist Schmutz. Beide sind große Esser und es ist schwierig, so viel Essen zu besorgen. Sie haben nichts mitgebracht. Ich habe Widerwillen gegen jedes Essen. Das einzige Thema ist die Wohnungsfrage.

Donnerstag, 24. Juli 1941

Muss noch im Bett bleiben, habe aber schon fast kein Fieber mehr. Eva und Peter bei mir.

Freitag, 25. Juli 1941

Frau Erber bei uns, am Nachmittag sind Konirschs übersiedelt. Wir haben aufgeräumt, wunderbare Ruhe bei uns. Überall große Propaganda mit V. Viktoria. Angeblich wegen einer Churchill-Rede, in der er gesagt hat, dass alle besetzten Gebiete das Zeichen V haben sollen. Die Deutschen drehen das jetzt um und schreiben selbst auf alle Elektrischen, Autos, Plakate usw. das V.[56] Liesl Konirsch mit ihrem Bruder bei uns. Ich habe überhaupt keinen Appetit, bin ständig müde, bin abgemagert, aber das macht mir nichts.

Samstag, 26. Juli 1941
Vera Glauber auch krank, Angina. Mit Eva, Benny und Fredy[57] in Podbaba.

Sonntag, 27. Juli 1941
Bei Mama. Habe die Kinder mit nach Podbaba genommen. Alle waren zu ihnen sehr nett, haben mit ihnen gespielt, und beide waren überraschend brav. Trotzdem ist man mit ihnen ständig beschäftigt.

Dienstag, 29. Juli 1941
Bekomme jetzt eine Arsen-Kur und habe schon mehr Hunger. Ständig Kämpfe an der russischen Front, die Deutschen weiter vorgerückt, Kämpfe um Smolensk.

Mittwoch, 30. Juli 1941
Bei Mama beim Packen geholfen. Porzellan und Glas, alles ist schrecklich umständlich, bei jedem Stück wird überlegt, was macht man damit. Bis zum Abend dort.

Donnerstag, 31. Juli 1941
Mit den Kindern bei Singers, sie hatten große Freude. Lotte ist für paar Tage nach Zlín gefahren. Dr. Klausner ist im Konzentrationslager gestorben. Die arme Frau! Gott weiß, was sie mit ihm gemacht haben, ein junger gesunder Mensch, vielleicht haben sie ihn verhungern lassen.

Freitag, 1. August 1941
Mit den Kindern am Hagibor. Eva auch dort.

Samstag, 2. August 1941
Frau Dr. Glaser zurückgekommen vom Sudetenland, sie hat ihren Neffen, einen Hitlerjungen, mitgebracht. Die Begeisterung dort ist angeblich nicht mehr so groß wie voriges Jahr. Essen ist etwas mehr als hier, von Volksgemeinschaft ist wenig zu hören. Viele Gefallene. Mit Kindern am Hagibor. Mutti auch hingekommen, dann zu Grünbergers gegangen, packen geholfen.

Sonntag, 3. August 1941

Wieder mit den Kindern. Benny, Danny und Peter haben uns mit ihnen geholfen. Sie sind von zu Hause verwöhnt, ich bin streng, aber bei mir sind sie brav. Ich glaube, sie wären zu erziehen, aber man darf nicht in allem nachgeben.

Montag, 4. August 1941

Mit den Kindern am Hagibor. Nachmittags ist Großmutter zu uns gekommen, Mutti hat sie abgeholt. Ich schlafe bei Frau Erber. Gi hat Geburtstag.

Dienstag, 5. August 1941

Wenn Großmutter nicht so laut wäre, würde sie nicht sehr stören. Sie schläft viel und beschäftigt sich ständig mit sich. Sie spricht ständig und man muss mit ihr schreien, jedes Wort ist im ganzen Haus zu hören. Politisch nichts Neues, die Juden sind sehr deprimiert.

Mittwoch, 6. August 1941

Vormittags Kinder abgeholt, zu uns gegangen. Bei ihnen wird desinfiziert. Mit Eva, den Jungen von Glasers und den Kindern.

Donnerstag, 7. August 1941

Vormittags wieder zum ersten Mal Englisch nach den Ferien. Mit den Kindern am Hagibor.

Freitag, 8. August 1941

Eva hat den Auftrag, eine Menge Bilder in Farbe zu malen. Ich habe ihr geholfen, ganz hübsche Arbeit.

Samstag, 9. August 1941

Mit den Kindern am Hagibor. Es hat geregnet, dann bei uns zu Hause.

Sonntag, 10. August 1941

Muss jeden Tag um halb sieben aufstehen, die Kinder abholen. Sie sind gewöhnlich noch nicht fertig. Dann mit ihnen zum Hagibor. Nachmittag bei Liese Biener,[58] die ganze Gesellschaft dort. Ihr Vater ist deutscher Arier, aber sie fühlt sich mehr zu den Juden gehörig, Sie war auf Arbeitsdienst, hat aber etwas mit dem Knie und kam nach Hause.

Montag, 11. August 1941
Großmutter immer noch bei uns. Sie stört eigentlich nicht viel, nur das Geschrei. Und Mutti ist sehr gebunden und nervös. Aber sie sind inzwischen schon übersiedelt. Abends die Kinder in die neue Wohnung gebracht. Die Wohnung ist schön, der Architekt hat eine Menge Möbel untergebracht, sehr geschickt. Jeder hat einen Platz für sich, ich aber hätte einiges anders gemacht. Nachmittags mit Mutti und dem deutschen Jungen in der Stadt.

Dienstag, 12. August 1941
Wieder mit den Kindern am Hagibor. Nachmittags Großmutter in die neue Wohnung gebracht, ohne Problem. Für ihr Alter ist es unglaublich, wie sie noch geistig rüstig ist. Sie weiß von allem, hat für alles Interesse und merkt sich alles. Noch abends bei Konirschs in der neuen Wohnung, hatten große Freude. Unter den Juden wieder wilde Gerüchte. In Polen schreckliche Zustände, viele sterben an Hunger. Wir stehen Schlange für Kartoffeln, Obst, Zigaretten, aber Hunger haben wir noch keinen.

Donnerstag, 14. August 1941
Englisch. Vorladung auf die Kultusgemeinde wegen der [Mappe]. Muss ein ärztliches Zeugnis bringen.

Freitag, 15. August 1941
Mit Tony am Hagibor. Lotte ist auch schon übersiedelt.

Samstag, 16. August 1941
Wieder mit den Kindern am Hagibor. Hurka dort getroffen, meinen ehemaligen Mitschüler aus Saaz. Ich war so froh. Er ist Halbarier, aber begeisterter Jude. Unsere Klasse hat sich sehr schlecht ihm gegenüber benommen. Er war später noch dort. Im Stepansker Gymnasium haben sie sich dagegen Juden gegenüber sehr gut verhalten. Nachmittags Eva und Liese getroffen. Kartoffeln und Zigaretten auf Karten. Ein kg Kartoffeln pro Person und Woche. Es ist mehr als bisher, bis jetzt konnte man sie nur in Front und auch nur selten bekommen. Die Deutschen sind in Russland sehr

weit vorgedrungen, mit großen Verlusten. Das Land hilft ihnen nicht viel, die Russen vernichten alles hinter sich.

Sonntag, 17. August 1941
Mit Mutti und Gi in Podbaba, dann über Suchdol, sehr schöner Weg. Es ist zwar außerhalb von Prag, aber nicht sehr gefährlich, dass uns jemand anhält und nach unserer Legitimation fragt.

Mittwoch, 20. August 1941
Mit Manfred und Peter Kahnfahren. Es ist selbstverständlich verboten, aber M. gibt seine Legitimation, so ist es sicher. Es hat gegossen, wir sind bis auf die Haut nass geworden.

Donnerstag, 21. August 1941
Mit Eva, Peter, Benny, Danny in Podbaba. Vera mit den Eltern gekommen. Es ist dort auch verboten, aber nicht sehr gefährlich. Aber Evas Eltern haben es ihr verboten. Zum letzten Mal wahrscheinlich auf unserem Platz. Schade.

Freitag, 22. August 1941
Hana Bass hat angerufen, sie sind schon wieder zurück. Bei Mama, Nachmittag bei Bass. Noch nicht gelernt, nur unterhalten. Radio gehört, in Russland schrecklich. Kampf um Leningrad, die größte Festung der Welt, hat begonnen. Frauen und Kinder sind bewaffnet zur Verteidigung der Stadt, jede Straße, jedes Haus wird verteidigt. Es wird wahrscheinlich doch fallen. Auf beiden Seiten enorme Verluste.

Samstag, 23. August 1941
Mit Eva und Peter, Benny ist krank. Schon wieder große Durchsuchungen. Acht Leute gehen von Haus zu Haus und nehmen alles, was sie finden. Überall große Aufregung, niemand weiß, wohin wir unsere Sachen geben sollen. Sie nehmen hauptsächlich Lebensmittel, aber auch Schreibmaschinen, Nähmaschinen, Operngucker, Wäsche, Kleider, kurz alles.

Sonntag, 24. August 1941
Mit Kindern am Hagibor. Nachmittags mit Mutti und Gi bei Mama. Großmamas[59] Geburtstag. Die Wohnung ist schon ganz ein-

gerichtet, der Architekt hat es sehr geschickt eingerichtet, ich hätte allerdings Verschiedenes anders gemacht.

Montag, 25. August 1941
Mutti nicht zu Hause und viel Besuch bei uns. Mit Manfred und Peter rudern. Die Hausdurchsuchungen sind angeblich eingestellt.

Dienstag, 26. August 1941
Ich frage alle Bekannten wegen einer Stelle als Modistin, ich möchte so gern eine normale Beschäftigung haben. Aber es ist schrecklich schwer, als Jüdin und ohne Zeugnis eine zu bekommen. Dabei werden Modistinnen gesucht, aber niemand will riskieren, eine Jüdin zu nehmen. Nachmittags ist Vati gekommen, zu Hause, habe die Verdunkelung neu bespannt. Vati schaut ausgezeichnet aus, war beim Zahnarzt. Bei Frau Erber geschlafen.

Mittwoch, 27. August 1941
Vati mit Mutti Besuche gemacht, ich mit Eva Schuhe gekauft. Man muss alles in den zwei Stunden einkaufen,⁶⁰ das ist sehr kompliziert. Abends Frau Erber und Kohns bei uns. Sehr nett und gemütlich.

Donnerstag, 28. August 1941
Englisch. Nachmittags in der Stadt schnell noch Verschiedenes für Vati besorgt, dann nach Hause geeilt, Vati um sechs Uhr weggefahren. Mit Mutti und Gi spazieren, am Hagibor. Eva hat eine Stelle in einem Taschengeschäft, sie ist sehr zufrieden.

Freitag, 29. August 1941
Bei Lotte Lindner, sie soll auch ihre Modistin wegen einer Stelle für mich fragen. Dann Hana Bass bei mir, auch Dr. Stein, Bridge gespielt. Hausdurchsuchungen gehen weiter.

Samstag, 30. August 1941
Bei einer Modistin wegen Stelle gefragt. Nichts. Eine Weile bei Mama.

Sonntag, 31. August 1941
Mit Manfred, Benny, Eva rudern. Leider muss Manfred wegfah-

ren. Schönes Wetter, gute Laune, man hat das Gefühl, dass uns in dem Moment nichts fehlt, man vergisst alles. Nachmittags Mama, Tante Anni und Großmama bei uns.

Montag, 1. September 1941
Frau Grün bei uns. Eva von der Arbeit abgeholt. Frau Grün hat mir die Adresse einer Modistin gegeben, die mich bestimmt nimmt.

Dienstag, 2. September 1941
Bei der Modistin, sehr nobler Salon, habe lange warten müssen, dann hat sie gerade gestern eine Modistin aufgenommen. Ich hab mich schon so gefreut, und wieder nichts. Jüdinnen und noch ohne Zeugnis haben eben keine Chance. Immer dieselbe Frage und immer dieselbe Antwort. Ich habe es mir nicht so schwer vorgestellt. Mit Mutti in der Stadt.

Mittwoch, 3. September 1941
Mit Mutti den ganzen Tag genäht. Habe ein von Mama handgewebtes Kleid – ist gut ausgefallen. Vati schreibt wieder unglücklich, verträgt sich schlecht mit Patienten.

Donnerstag, 4. September 1941
Meine Englischlehrerin ist krank. Wieder den ganzen Tag mit Mutti genäht, einen Rock, eine Bluse und verschiedene Änderungen.

Freitag, 5. September 1941
Wir bekommen jetzt drei Monate kein Fett auf Karten, Kartoffeln sind knapp, langsam aber sicher wird alles weniger. Die Sachen beim Spediteur werden wahrscheinlich beschlagnahmt, einige wurden schon, also unsere sind so gut wie weg. Hana Bass bei uns. Später Eva, Peter, Benny, Fredy gekommen.

Samstag, 6. September 1941
Wieder bei einigen Modistinnen, nichts. Mit Eva und Benny in Podbaba.

Sonntag, 7. September 1941
Nachmittag am Hagibor, aber dort haben Arier Fußball gespielt,

also sind wir zu uns gegangen. Habe Zwi kennengelernt, er ist sehr nett.

Montag, 8. September 1941
Wieder bei einigen Modistinnen, nichts. Nachmittags bei Bass. Im Radio nichts Besonderes, der Kampf um Leningrad geht weiter. Hana will das gleiche gewebte Kleid haben wie ich.

Dienstag, 9. September 1941
Hana und Frau Bass bei uns. Bei Weißkopfs Kleid bestellt. Zweimal bei Eva, sie war aber nicht zu Hause.

Mittwoch, 10. September 1941
Ein Kilo Butter kostet schon über 200 Kč, ein Ei 10 Kč, Kunstbutter 110. Wieder bei einigen Modistinnen, zum Schluss bei einer, die mir sagte, ich soll morgen kommen. Ich weiß nicht, will sie es sich überlegen oder will sie mich prüfen oder gleich nehmen? Es ist ein Modellhaus, Kleider und Hüte – ein nobles Geschäft. Na, ich bin neugierig. Nachher bei Mama. Dann bei der Schwester von Frau Erber in der neuen Wohnung geholfen Sachen auszupacken.

Donnerstag, 11. September 1941
Früh gleich zu der Modistin gegangen, sie hat mich in die Werkstatt geführt und ich musste gleich arbeiten – ohne Prüfung und ohne ein Wort. Ziemlich komplizierte Arbeit, die ich noch nie gemacht habe, trotzdem habe ich gesagt, dass ich selbstständige Modistin bin. Ich musste mich sehr bemühen und schnell arbeiten. Anderthalb Hüte fertig gebracht. Es wird über Mittag bis viertel vor fünf gearbeitet. Es sind dort 14 Mädels beisammen, eine Jüdin außer mir, die anderen sind ganz nett zu uns.

Freitag, 12. September 1941
Den ganzen Tag intensiv gearbeitet, fast keine Zeit zum Essen, fortwährend die gleichen Hüte, besonders schwer, wenn man nicht weiß, wie es gemacht werden soll und nicht fragen will. Die anderen machen das schon länger, nicht alle das Gleiche, jede hat ihre bestimmten Hüte. Mit der Chefin noch nicht gesprochen. Die andere Jüdin hat 100 Kč wöchentlich, das ist sehr wenig.

Samstag, 13. September 1941
Meine Chefin hat mich gefragt, wie viel ich haben will, ich habe 180 verlangt. Gegen Mittag ist sie von der Gestapo geholt worden, wahrscheinlich irgendeine Anzeige. Bis ein Uhr gearbeitet und nicht bezahlt worden. Nachmittags mit Eva und der ganzen Gesellschaft getroffen. Es war wieder sehr nett und lustig.

Sonntag, 14. September 1941
Käthe Neumann[61] getroffen. Wir hatten uns so viel zu erzählen, haben uns seit Saaz nicht mehr gesehen und haben beide so viel erlebt. Die Zeiten und wir haben uns sehr geändert. Käthe gibt Stunden und arbeitet bei einer Schneiderin, ist ganz auf sich selbst angewiesen, ihre Eltern sind noch in Wien. Ihre ganzen Verwandten haben sich sehr schlecht ihr gegenüber benommen. Sie hat oft nicht gewusst, wovon sie leben soll. Nachmittags bei Eva. Wir haben jetzt nur sonntags Zeit, um uns zu treffen, die ganze Woche Arbeit, da sieht man erst jetzt, wie wichtig es ist, dass man sich auf den Sonntag freuen kann.

Montag, 15. September 1941
Den ganzen Tag fleißig gearbeitet. Es ist keine angenehme Arbeit, für alle Mühe hört man kein angenehmes Wort, nur Kritik und schlechte Laune. Ich bemühe mich wirklich, habe keine freie Minute und bekomme keine Anerkennung. Die Chefin ist schrecklich unangenehm. Sie zahlt allen, auch den Ariern, furchtbar wenig, aber die sagen nichts und die Jüdinnen will sie besonders ausnutzen. Mutti hat mich von der Arbeit abgeholt.

Dienstag, 16. September 1941
Ich gehe nicht gern zur Arbeit. Die Mädchen sind zwar nett, aber es ist keine Zeit, mit ihnen zu sprechen, keine Zeit zum Essen und man hört nur Kritik. Nach der Arbeit mit Mutti spazieren.

Mittwoch, 17. September 1941
Immer dieselbe Arbeit. Die Chefin hat mich gar nicht bei der Krankenkasse angemeldet, auch nicht beim Verband. Ab Freitag müssen alle Juden Abzeichen tragen! Wir haben sie schon zu Hause. Ein gelber Magen David[62] mit »Jude«. Man hat schon lan-

ge davon gesprochen und doch hat man nicht daran geglaubt. Das wird sehr, sehr unangenehm sein.

Donnerstag, 18. September 1941
Die Chefin regiert schrecklich, entweder will sie mich hinausekeln oder wird mich so ausnutzen, dass ich fast umsonst arbeiten muss. Ich weiß wirklich nicht, ob ich das nötig habe, ob das, was ich dort lerne, im Verhältnis steht zu dem, was ich dort aushalten muss. Ich arbeite so intensiv, bin nervös, habe einen Ausschlag und höre kein Wort der Anerkennung. Heute hat sie die andere Jüdin hinausgeworfen, also werde ich auch nicht mehr lange bleiben. Der letzte Tag ohne Stern, noch einmal durch die Stadt gegangen, das wird jetzt wahrscheinlich nicht mehr möglich sein.

Freitag, 19. September 1941
Um halb acht mit dem Stern zur Arbeit. Die Leute haben es entweder ignoriert oder gelächelt, jedenfalls haben sie sich anständiger benommen, als ich es erwartet hätte. In der Werkstatt haben sich alle gewundert, dass ich Jüdin bin und waren sehr anständig. Nach der Arbeit bei Mama, Lotte zu Hause. Dann Benny getroffen, mit ihm bei Eva. Ernst und Danny waren auch dort. Man hört überall, wie anständig sich die Leute benommen haben. Von England kam die Aufforderung, dass die Tschechen jetzt besonders freundlich zu ihren jüdischen Mitbürgern sein sollen, und dass sie ihnen diese Erniedrigung möglichst erleichtern sollen. Viele grüßen Juden auf der Straße, sprechen sie an, gehen absichtlich ein Stück mit ihnen, das ist natürlich eine Provokation gegen die Deutschen.

Samstag, 20. September 1941
Krach mit der Chefin. Sie hat meinen Hut auf die Erde geworfen, zerknüllt, geschrien. Ich wollte sofort gehen, habe aber dann bis Mittag zur Auszahlung gewartet. Bis zwei Uhr gewartet, dann eine halbe Stunde verhandelt. Ich verlangte meine Anmeldung bei der Krankenkasse. Dann hat sie mir 120 Kč gegeben dafür, dass ich mich täglich neun Stunden geschunden habe, keine freie Minute hatte. Die andere Jüdin hat 50 Kč bekommen. Sie hat uns solche Gemeinheiten gesagt, dass ich sehr niedergeschlagen um drei Uhr nach Hause kam. Dr. Stein bei uns, dann noch Konirschs.

Sonntag, 21. September 1941
Mit Käthe Neumann getroffen, zu dritt mit Eva spazieren. Am Nachmittag die ganze Gesellschaft bei mir. Mit den Abzeichen kann man nirgends mehr hingehen. Wunderschönes Wetter, aber eine größere Gruppe von Juden wäre zu auffällig.

Montag, 22. September 1941
Jüdische Feiertage. Ich bin natürlich in die Arbeit gegangen. Dann bei Mama, große Gesellschaft dort.

Dienstag, 23. September 1941
Wieder Krach mit der Chefin, sie weiß nicht mal meinen Namen. Angeblich habe ich ihr nicht meine Legitimation gegeben. Sie hat sie ja nicht verlangt, aber ich kann gehen. Das wollte sie auch nicht. Im Gegenteil, am Nachmittag hat sie mich vor allen gelobt, wie schön ich die letzten Hüte gemacht hätte. Mutti hat mich abgeholt. Von Vati wieder unglücklicher Brief, hat Magenschmerzen und kann nichts essen.

Mittwoch, 24. September 1941
Ich arbeite jetzt nicht mehr so intensiv, für das Geld muss ich mich nicht so hetzen.

Donnerstag, 25. September 1941
Eine Menge Sachen von den Mädeln sind verschwunden. Es muss jemand von uns sein. Einer Deutschen, die dort wohnt, sind Kleider gestohlen worden. Auf der Polizei gemeldet. Alle mussten ihre Adresse angeben, und wenn nichts festgestellt wird, machen sie bei allen Hausdurchsuchung. Jeder ist aufgeregt, weil jeder etwas zu Hause hat, Vorräte, Masaryk-Bilder, usw. Für mich wäre das ganz besonders unangenehm. Alle haben mich beruhigt, meine Adresse wurde überhaupt nicht angegeben. Das ist unglaublich anständig von den Mädeln. Überhaupt benehmen sie sich kolossal anständig zu mir. Ich bin jetzt die einzige Jüdin. Nachmittags wurden einige Mädel verhört, von mir war keine Rede, obwohl ich als Letzte angetreten bin und sie mich eigentlich nicht kennen. Alle haben behauptet, dass ich vollkommen unschuldig bin. Herrliches Wetter wie im Frühling. Mutti hat mich abgeholt, ein bissel spazierengegangen.

Freitag, 26. September 1941

Bei einer von den Mädeln wurden in der Wohnung die verschwundenen Sachen gefunden. Eine Frechheit von dem Mädel, die die ganze Zeit geschwiegen hat. Sie hätte alle in eine schlimme Lage bringen können, der Verdacht lag auf allen. Ihre Mutter und Großmutter sind gekommen und haben sich noch aufgeregt, als wenn jemand von uns verantwortlich wäre. Die Chefin hat sich wieder aufgeregt, dass ich zu wenig Hüte mache, dabei gibt sie mir kein Material. Den Mädchen gibt sie kein Geld – eine furchtbare Wirtschaft. Bei Mama nach der Arbeit. Gi verdient sich was mit Pediküre, aber natürlich wenig. Vati schreibt, wir sollen sparen, aber das Geld wird in kurzer Zeit überhaupt keinen Wert mehr haben. Bahnhöfe, öffentliche WC, Telefonzellen, Hauptpost sind für Juden nicht zugänglich.

Samstag, 27. September 1941

Krawall mit der Chefin, sie gibt mir kein Material und regt sich auf, dass ich nicht genug Hüte mache. Alle Mädel halten einstimmig zu mir, sagen, dass es ungerecht ist, dass ich fleißig bin und dass es ihnen keine Freude macht zu arbeiten, wo solche Ungerechtigkeit herrscht. Da war sie wie ausgewechselt, hat mir Material gegeben und war wie Butter. Ich war ganz gerührt, dass die Mädel so anständig sind und zu mir halten. Bei der Auszahlung hat sie mir was für die Krankenkasse abgezogen, aber ich bin froh, dass ich gemeldet bin. Ein Mädel ist besonders nett, sie hat mir gesagt, ich solle mir nichts gefallen lassen und wenn ich gehe, geht sie auch, und wir werden uns zusammen eine Stelle suchen. Ich war sehr gerührt.

Sonntag, 28. September 1941

Mit Käthe getroffen, in der Stadt, auf einmal wurde gemeldet: Ausnahmezustand in allen größeren Städten des Protektorats. Niemand weiß den Grund, es müssen Dinge vorgehen, von denen man nichts erfährt. Sabotage. Ein neuer Reichsprotektor, Heydrich, ist gekommen, Stellvertreter Himmlers. Der wird viel schärfer vorgehen. Das bedeutet, dass nicht alles so klappt, wie die Deutschen behaupten. Am Friedhof in der Altstadt, im jüdischen Museum, dann Käthe bei uns, dann mit Eva und Benny bei Peter. Sehr gut unterhalten.

Montag, 29. September 1941

Viele Leute wurden eingesperrt, Minister Elias[63] zum Tode verurteilt und ca. 20 weitere Personen, steht in der Zeitung. Wie viele es wirklich sind, weiß niemand. Streik in einigen Fabriken, aber es wird radikal dagegen vorgegangen, die Leute werden sofort erschossen. Angeblich in Rumänien, Bulgarien, Jugoslawien, Belgien und Frankreich Standrecht. Eva hat mich in der Werkstatt besucht, dann bei Benny Grammofon gehört. Es ist so gut, wieder mal Musik zu hören.

Dienstag, 30. September 1941

Die Chefin wieder schlecht gelaunt, hat den ganzen Tag geschimpft. Verurteilungen gehen weiter, Männer, meist Intellektuelle, auch einige Juden. Mutti hat mich abgeholt. Morgen ist Versöhnungstag.[64] Frau Erber und Dr. Glaser bei uns.

Mittwoch, 1. Oktober 1941

In der Arbeit. Der Tempel wurde geschlossen, Schlüssel mussten abgegeben werden. Peter und Benny haben mich abgeholt, dann bei Glaubers.

Donnerstag, 2. Oktober 1941

Meine Chefin hat gesagt, dass ich nicht mehr dort arbeiten kann. Gut, also komme ich nicht mehr. Aber dann sagte sie, ich soll noch einmal kommen, einige Sachen fertig machen. Jeden Tag werden Leute erschossen, ohne Gericht, ohne Grund, nur aufgrund des Standgerichts. Werden erschossen oder aufgehängt. Alle Theater und Kulturstätten geschlossen. Das Grabmal des unbekannten Soldaten abgerissen. Große Hetze gegen Tschechen und Juden und Leute, die mit Juden auf der Straße gesehen werden, bekommen auch Sterne. In den Zeitungen steht, dass die Juden endlich aus Prag heraus müssen. Juden dürfen nicht mehr an der Moldau entlanggehen, nicht beim Palais Petscheck,[65] nicht beim deutschen Haus, deutschen Theater, usw. Man weiß gar nicht mehr, was man darf und was nicht. Es geht bloß alles von Mund zu Mund, so dass man wirklich nicht mehr weiß, was wahr ist und was nicht. Die Mädel in der Werkstatt sind rührend brav, direkt und heimlich, sie helfen, wo sie können, und zeigen ihre Sympathie. Das ist eigentlich das Einzige, was mich immer noch dort hält, sonst bin ich froh, dass ich nicht mehr hingehen und die Launen der Chefin ertragen muss. Es ist ihr vollkommen egal, ob ihre Vorwürfe berechtigt sind oder nicht. Es ist eine Schinderei, wenig bezahlt und kein Wort der Anerkennung.

Freitag, 3. Oktober 1941
Ich habe alles fertig gemacht und wollte gehen. Aber nein, ich soll noch bleiben, auf einmal war sie schrecklich freundlich. Ich sollte mich bei einer anderen Modistin vorstellen, einer Bekannten von Tante Alice. Also bleibe ich vorläufig noch dort. Bei Mama. Großmama wurde von einem Radfahrer angefahren und sieht schlimm aus. In der Nacht Flugalarm, man hörte Schüsse, aber nur Abwehr. Das ganze Haus auf der Treppe, alle waren gut gelaunt.

Samstag, 4. Oktober 1941
Bis Mittag gearbeitet. Nur 100 Kč bekommen, das ist gemein. Nachmittags Eva, Benny, Danny, Peter, Ernst und Zwi bei mir. Hagibor noch geschlossen, solange Ausnahmezustand ist.

Sonntag, 5. Oktober 1941
Vormittags Käthe getroffen, nachmittags bei ihrem Freund eingeladen, zehn Leute dort. Schöne Wohnung mit sechs Untermietern, ein Ehepaar, zwei Pärchen. Sehr nette Leute, mal etwas anderes.

Montag, 6. Oktober 1941
Wieder normal in der Arbeit, bei einer neuen Kundschaft. Vera, Grün und Dr. Stein bei uns. In Stešovice neue Registrierung[66] aller Juden, täglich 300. Man spricht davon, dass wir weg müssen, aber niemand weiß etwas.

Dienstag, 7. Oktober 1941
Nach der Arbeit bei Eva. Todesurteile gehen weiter, Fleischer, Schuster, auch Juden, das soll alle abschrecken.

Mittwoch, 8. Oktober 1941
Wieder Krach mit der Chefin, vollkommen grundlos wütete sie, ich habe keine Ahnung, warum. Sie hat mich als Jüdin beschimpft. Ich war so aufgeregt, dass ich ihr überhaupt nicht geantwortet ha-

be, ich werde wahrscheinlich nicht mehr hingehen. Nach der Arbeit bei Mama. Großmama liegt noch, hat Schmerzen. Bei Lotte große Gesellschaft, lustig, ich war nicht in Laune, konnte mich nicht beruhigen. In meinem Leben bin ich nicht so beschimpft worden. Niemandem etwas gesagt. Ich werde doch wieder hingehen, nur um Geld abzuholen, da war sie wieder sehr nett, es hat ihr wahrscheinlich auch leid getan. Ich weiß, ich finde nichts anderes, und man muss sich eben heute alles gefallen lassen, auch die größte Ungerechtigkeit.

Donnerstag, 9. Oktober 1941
Wieder in die Arbeit gegangen. Sie riesig freundlich, und die Arbeit geht weiter. Eva, Benny, Danny, Liza bei uns nach der Arbeit.

Freitag, 10. Oktober 1941
In der Werkstatt Ruhe. Nachher bei Mama. Ein Transport Juden geht von Prag, niemand weiß wohin, manche sagen nach Polen.[67] Es ist unvorstellbar. Montag, müssen schon die ersten 1000 Leute bereit sein. Nur nicht den Kopf verlieren! Es ist grauenhaft, wir müssen hoffen, dass wir auch das überleben werden, man hält viel aus. Überall ist Panikstimmung.

Samstag, 11. Oktober 1941
Niemand weiß, was man mitnehmen soll, jeder erwartet stündlich, dass man vorgeladen wird. Bis jetzt schon 1000 Leute. Mit der Chefin eine halbe Stunde gestritten, sie hat mir wieder nur 100 Kč gegeben. Nachmittags die ganze Gesellschaft bei mir, alle in schlechter Stimmung. Die Hausmeisterin hat sich aufgeregt, jemand hat beobachtet, dass so viele Juden zu uns kommen. Das muss eingestellt werden.

Sonntag, 12. Oktober 1941
Wir bereiten uns auch schon langsam vor – Decken, warme Wäsche, wir haben fast nichts und nichts ist zu haben. Man darf 50 kg mitnehmen, außerdem Essen für fünf Tage. Etwas in Rucksack und Koffer. Ob man die Koffer je wieder sehen wird, ist die Frage.

Montag, 13. Oktober 1941

Politische Lage ziemlich schlecht für die Russen. Einige Divisionen von den Deutschen eingeschlossen. Aber jetzt ist für uns wichtig, was sie mit uns machen werden. Die armen Leute im ersten Transport konnten sich überhaupt nicht vorbereiten, nichts einkaufen, heute müssen sie im Messepalais[68] antreten, werden einige Tage dort interniert sein, bevor sie abtransportiert werden. Sie werden untersucht, die Haare werden ihnen abgeschnitten und das Gepäck wird durchsucht. Wieder in der Arbeit, nachher alle bei Benny, Grammofon gehört. Zwi ganz niedergeschlagen, er hatte Hilfsdienst bei dem Transport, musste den ganzen Tag Gepäck schleppen. Er hat schreckliche Szenen gesehen.

Dienstag, 14. Oktober 1941

In der Arbeit, die Mädel sind unglaublich nett zu mir. [...] hat etwas Geld gebracht, um das wir gebeten haben. Wir bereiten uns auf die Abreise vor.

Mittwoch, 15. Oktober 1941

Doktor Stein und Frau sind im nächsten Transport, müssen Samstag gestellt sein. Mutti hat ihnen den ganzen Tag geholfen, sie sind ganz ratlos.

Donnerstag, 16. Oktober 1941

Früh hat die ganze Werkstatt vor der Tür gewartet, die Chefin hat nicht aufgemacht. Die Mädels sind ins Kaffeehaus gegangen, ich nach Hause. Bei Steins etwas mitgeholfen, nicht mehr in die Arbeit gegangen. Mit Frau Erber einkaufen, viel Geld ausgegeben. Dann bei Mama. Großmama hat noch immer Schmerzen und liegt im Bett. Auch dort wird alles für die Abfahrt vorbereitet.

Freitag, 17. Oktober 1941

Wieder normaler Betrieb in der Werkstatt. Habe ein paar hohe Filzschuhe für Mutti gekauft, sie hat nichts Warmes. Gi hat von Mama warme Wäsche bekommen. Den ganzen Tag fleißig gearbeitet, den Tag nachgeholt. Benny wird mir helfen, das Klappbett nach Košíře zu bringen, sie wollen es zurück. Mutti den ganzen Tag bei Steins. Die zwei alten Leute können nicht mal einen Rucksack tragen.

Samstag, 18. Oktober 1941

Bei der Auszahlung hat mir die Chefin den Tag abgezogen, obwohl es ihre Schuld war und ich noch alles nachgeholt habe. Gemein wie immer. Nachmittags mit Benny das Klappbett auf einem Wagen nach Košíře befördert. Dort haben Mändls gesagt, ich hätte es nicht bringen sollen. Sie haben sich wieder gestritten, waren dann beleidigt, ich musste aber doch dort bleiben. Dann waren sie auf einmal klug und tüchtig, weil sie sich mit mir beraten konnten und es war sehr gut, dass ich das Bett gebracht habe. Ich glaube, sie sind nicht normal. Die Leute in unserem Haus sind auf einmal schrecklich nett, jeder will etwas haben. Man kann sich aber nicht wundern, was man nicht weggibt, das bekommen dann die Deutschen und das ist noch schlimmer. Selbstverständlich ist das streng verboten und es muss in der Nacht heimlich geschehen.

Sonntag, 19. Oktober 1941

Wir hausen jetzt wieder wie richtige Emigranten, aber das ist nebensächlich, ohne Teppiche, die haben wir bereits weggegeben, und alle besseren Sachen, wir haben uns nur das Notwendigste gelassen. Nachmittags bei Eva, sehr interessante Debatte. Man lebt wieder etwas auf nach der nervösen, panischen Stimmung überall, wenn man von etwas anderem als von Polen sprechen kann.

Montag, 20. Oktober 1941

Wieder in der Arbeit. Nachher zu Hause, wieder eine Menge zu erledigen, dabei fortwährend Besuche.

Dienstag, 21. Oktober 1941

Nach der Arbeit zum Zahnarzt.

Mittwoch, 22. Oktober 1941

Tante Anni im Transport. Mit Mutti bei Mama, uns von Tante Anni verabschiedet. Sie ist sehr tapfer, trägt alles wenigstens nach außen sehr gut und macht sich und anderen den Abschied leicht. Mama und Großmama sehr aufgeregt.

Donnerstag, 23. Oktober 1941

In der Arbeit ist es jetzt direkt eine Erholung gegenüber der Stimmung überall. Man arbeitet intensiv, denkt an nichts, alle sind lustig, es wird gesungen, wirklich, ich gehe jetzt direkt gern zur Arbeit, die Mädel sind sehr nett. Nachher wieder bei Mama, Tante Anni ist schon weg, Mama sieht schrecklich aus, Großmama ist noch krank und hat Schmerzen. Beim Zahnarzt, alles wieder in Ordnung. Bennys Geburtstag, eine Weile bei Grünbergers.

Freitag, 24. Oktober 1941
Nach der Arbeit zu Hause, aber vor lauter Besuch konnte man sowieso nichts machen. Vati schreibt, dass er unbedingt mit uns fahren will, aber es wäre für ihn und für uns viel komplizierter. Frau Kohn ist unglaublich anständig, sie opfert sich direkt auf für die Juden.

Samstag, 25. Oktober 1941
Bei der Auszahlung wieder weniger bekommen, die Chefin aber diesmal sehr nett, ich werde das Geld später bekommen. [Hanna?] muss schon Dienstag weg. Wieder Verschiedenes vorbereitet, Waschsachen und Medikamente. Bei Eva, die ganze Gesellschaft dort, Wein getrunken.

Sonntag, 26. Oktober 1941
Aufgeräumt, schon etwas in Rucksäcke gepackt. Liesl Konirsch bei uns, dann die ganze Partie.

Montag, 27. Oktober 1941
Gearbeitet. Eva und Zwi haben mich abgeholt, Eva muss zur Registrierung. Viele Leute müssen binnen 24 Stunden aus ihrer Wohnung, auch Peter. Das Schlimmste ist aber, dass sie keine andere Wohnung bekommen. Wenn sie keine Wohnung haben, fahren sie mit dem nächsten Transport, auch nicht Registrierte – ganz willkürlich. Auch wir haben Angst um die Wohnung. Das würde uns noch fehlen, jetzt zu übersiedeln. Die Nervosität steigt ständig, ich bin nicht zur Arbeit gegangen, um wenigstens alles vorbereitet zu haben.

Dienstag, 28. Oktober 1941
Einige Sache zu Kramerova[69] getragen, dann in der Werkstatt. Die Chefin riesig nett. Dann bei Mama, dort geht das Leben wieder

weiter ohne große Änderungen, es geht eben nicht anders, jemand muss sich um die Kinder und Großmutter kümmern.

Mittwoch, 29. Oktober 1941
Koffer gepackt, alles eingeteilt, was mitgenommen wird, und Verzeichnis gemacht.

Donnerstag, 30. Oktober 1941
Wieder in der Arbeit, Mädels weiter sehr nett, aber ich habe keinen Kopf mehr für die Arbeit. Man hat jetzt ganz andere Sorgen als Hüte zu machen. Habe den Mädels einige Sachen aus Glas und Porzellan gebracht, sie waren begeistert. Holzknöpfe und Krempen weggegeben.

Freitag, 31. Oktober 1941
Gearbeitet, am Abend bei Grünbergers.

Samstag, 1. November 1941
Die Chefin ist krank, sie wurde von ihrem Mann verprügelt. Keine Auszahlung bekommen, er wollte mir 60 Kč geben, die habe ich nicht genommen. Die Parta[70] bei uns, haben sich die Sterne zugeklebt, damit die Hausmeisterin sie nicht sieht. Sie hat uns den Keller leer gestohlen und hat noch die Frechheit, von uns Bettwäsche zu verlangen. Überhaupt kommen viele Leute und wollen ewas, teils wollen sie es für uns aufheben, aber meist wollen sie es für sich. Ich habe Zwi ein paar Stiefel besorgt, er hat dafür eine Hose für Gi gebracht.

Sonntag, 2. November 1941
Rucksack und Koffer gepackt. Nachmittag bei Käthe. Sie hat vor einer Woche geheiratet, heißt jetzt Fuchs. Sie wohnt in derselben Wohnung, auch mit ihrer Schwester. Er ist sehr nett, auch dort wird gepackt.

Montag, 3. November 1941
Zwei neue Modistinnen aufgenommen, ältere Frauen. Die Chefin hat an mir ständig etwas auszusetzen gesucht, aber nichts gefunden – kurz: Sie braucht mich nicht mehr. Es wäre sympathischer, mir das aufrichtig zu sagen, anstatt Fehler zu suchen. Kurz und

gut, ich brauche nicht mehr zu kommen. Ich bin ganz froh, habe jetzt sowieso keinen Kopf dafür, man denkt ständig daran, was zu Hause passiert. Die Mädel haben sich sehr über sie geärgert, mir ist es ziemlich egal.

Dienstag, 4. November 1941
Vormittag zu Hause eine Menge zu tun. Nachmittags in der Werkstatt Geld abholen, das sie mir schuldig ist. Sie war wieder gemein, hat 40 Kč abgezogen für die Krankenkasse. Hat auf Juden geschimpft, dass ich frech gewesen sei und dass die Deutschen Recht hätten. Mir ist das jetzt wirklich schnuppe.

Mittwoch, 5. November 1941
Jemand ist gekommen, sich die Wohnung anzuschauen, angeblich sollen wir mit dem nächsten Transport gehen und kein Interesse mehr an der Wohnung haben. Wir waren perplex, weil wir noch nicht registriert sind. Er war sehr erstaunt, hat unsere Adresse aus der Liste derjenigen, die Dienstag weggehen sollen. Er war zuerst im Vorzimmer, dann hat er sich ins Zimmer gesetzt und ist länger bei uns geblieben. Er hat uns einen Rat gegeben, wir sollen ihm ein ärztliches Zeugnis von Vati geben, dass er nicht transportfähig ist und so könnten wir das umgehen. Ob wir nicht etwas bei der Kultusgemeinde ausrichten können, wir verneinten. Wenn wir einen Rat brauchen, können wir uns an ihn wenden und er hat uns seine Adresse gegeben. Mutti war ganz ruhig, ich habe mich gewundert. Alles ist sehr unwahrscheinlich und seltsam, aber wir müssen auf jeden Fall vorbereitet sein. Gi ist sehr aufgeregt. Wir haben gedacht, wir sind schon fast vorbereitet, aber es ist immer noch schrecklich viel zu tun. Alle Juden im Haus sind aufgeregt. Nachmittags Zwi getroffen, in die Werkstatt gegangen, den Mädels einige Sachen gebracht. Ich fühle mich ganz leer, unterhalte mich, aber alles ist nur oberflächlich, als wenn jemand anderes in mir wäre. Ich kann es noch nicht begreifen, dass ich in einer Woche nicht mehr hier bin. Abends alle jüdischen Parteien bei uns, wie eine Familie, jeder hat geholfen.

Donnerstag, 6. November 1941
Wieder Vorbereitungen getroffen. Nachmittags die ganze Partie bei uns. Frau Kohn hat den ganzen Tag geholfen, genäht.

Freitag, 7. November 1941

Zwei Schlafsäcke fertig. Liesl Konirsch hilft fleißig, auch Frau Glauber. Von der Kultusgemeinde noch nichts bekommen, niemand weiß von einem Dienstag-Transport, wahrscheinlich war der Mann ein Schwindler oder ein Spitzel, oder er wollte Geld, es gibt viele Möglichkeiten.

Samstag, 8. November 1941

Mama bei uns, sie ist sicher, dass es ein Schwindler war. Heutzutage ist es gar nicht so ausgeschlossen, dass jemand kommt und sagt, wir gehen mit dem nächsten Transport. Aber jetzt glauben wir langsam auch nicht mehr, dass wir Dienstag gehen. Vati schreibt schrecklich aufgeregt, er will unbedingt mitkommen. Zum Glück ist das nicht so einfach, er würde hier alles auf den Kopf stellen. Von den Transporten sind einige indirekte Nachrichten hier, dass sie arbeiten, gut angekommen sind, sie dürfen nicht schreiben. Nachmittags kurz bei Grünbergers.

Sonntag, 9. November 1941

Ganze Partie bei mir. Dann sind noch Liesl Konirsch, Käthe und ihr Mann gekommen, elf Personen.

Montag, 10. November 1941

Es müssen Verzeichnisse gemacht werden. Jedes Kleid, jeder Strumpf, Wäsche, Porzellan, Glas, Küchengeschirr, kurz: Alles, was man besitzt, muss angegeben werden. Man weiß nicht, was man angeben soll, viel oder wenig, was man mitnehmen will, muss bestimmt angegeben werden. Einige Sachen will man noch weggeben. Von allem die Preise, soll man hohe oder niedrige angeben? Niemand weiß es, wahrscheinlich ist niedrig besser.

Dienstag, 11. November 1941

Den ganzen Tag wieder Verzeichnisse gemacht, etwas zugegeben, weggenommen. Nachmittags bei Mama.

Mittwoch, 12. November 1941

Bei Eva, dort geht alles drunter und drüber, ihre Mutter ist krank. Sie hat Vitaminmangel, ist nervös, Eva muss den ganzen Haushalt machen, kochen, aufräumen, in die Arbeit gehen, jetzt noch die

Vermögensaufstellung machen. Dabei hat sie Zahnschmerzen und die Wange geschwollen. Ich muss ihr helfen. Gi hat jetzt alle Hände voll zu tun, jeder braucht Pediküre. Auch muss er Frau Weißkopf helfen, sie ist ganz ratlos und unselbstständig.

Donnerstag, 13. November 1941
Mit Mutti einkaufen, Toilettensachen, auch etwas eventuell zum Verkaufen. Am 19. soll der nächste Transport gehen. In der Nacht ist jemand von der Kultusgemeinde gekommen, Eilregistrierung für Gi. Eigentlich ist nichts passiert, nur sind sie im Rückstand mit der Registration und mussten schnell einige Leute für früh bestellen. Dienstag müssen wir zur Gestapo, auch zur Registrierung.

Freitag, 14. November 1941
Bei Konirschs, Leintücher und Tischwäsche bekommen, dafür Flanell für Pyjamas besorgt, das ist jetzt sehr kostbar. Dann bei Mama, wir haben uns wieder mal ausgesprochen, sie beklagt sich schrecklich über beide Großmütter, jetzt ist sie mit ihnen allein und muss sich um alles sorgen.

Samstag, 15. November 1941
Bei Eva.

Sonntag, 16. November 1941
In der Nacht sechster Transport einberufen worden. Meist alleinstehende Männer und Frauen, auch Alte, müssen mit Schaufel und Spaten antreten. Eine Kusine von Fürths bei uns, Walter geht es schlecht, Leukämie im letzten Stadium. Bei Grünbergers, Grammofon gespielt.

Montag, 17. November 1941
Von Vati wieder unglücklicher Brief. Er hat keine Ahnung, wie es hier aussieht. Gott sei Dank hat er dort Ruhe und Pflege, die er hier nicht hätte. Mutti ist verkühlt, Halsschmerzen, ist im Bett. Zwi hat mir ein Paar Stiefel gegeben.

Dienstag, 18. November 1941
In Stešovice zur Registrierung. Wir waren die Letzten. Zuerst waren wir bei Juden, die sich aufgeregt haben, dass wir Vatis Hei-

matschein nicht mitgebracht haben und nur sein ärztliches Zeugnis hatten. Dann bei Beamten, die miteinander Tschechisch gesprochen haben, aber mit uns Deutsch. Verschiedenes gefragt, Alter, Beruf usw. Dann zum Allerheiligsten gekommen. In einem Saal hinter einem hohen Schreibtisch gethront, absichtlich – weil er klein ist. Neben ihm einer in Uniform, zur Bewachung, damit kein Jude ihm etwas antut, dann waren wir fertig. Am anderen Ende des Saales stand ein Jude mit dem Gesicht zur Wand, weil er seinen Stern nicht anständig angenäht hatte. Wichtig ist, dass man von dem Heiligen drei Schritte entfernt ist, wenn nicht, schiebt einen der in Uniform zurück. Mutti hat sich auf einmal erinnert, dass wir das ärztliche Zeugnis nicht zurückbekommen haben, und wollte es zurück. Er winkte aber ab und wir mussten hinaus. Wir gingen noch mal in die jüdische Abteilung. Dort schimpfte ein Jude und ging nach großer Vorbereitung wieder zum Heiligen. Er kam mit einem Stoß Mappen zurück, aber ohne ärztliches Zeugnis. Mutti bemerkte auf einmal, dass sie es in der Hand hatte. Wir schauten schnell, von dort wegzukommen. In der Aufregung hat Mutti vergessen, dass er es ihr zurückgegeben hatte. Nachmittags Frau Erber gekommen, da angeblich Transporte eingestellt sind. Morgen sollte einer gehen und wurde im letzten Moment abgesagt. Jubel unter allen Juden.

Mittwoch, 19. November 1941
Einzelne Nachrichten aus Polen, ziemlich verzweifelt, Hunger, man soll ihnen Essen und hauptsächlich Geld schicken. Jeder schickt, aber niemand bekommt den Empfang bestätigt. Man darf zehn Pfund Lebensmittel schicken. Gi hat Frau Weißkopf zu uns gebracht, sie ist noch einfältiger, als ich sie mir vorgestellt habe. Bei Eva, die ganze Partie dort.

Donnerstag, 20. November 1941
Mit Mutti einkaufen, dann bei Mama. Ein Transport von jungen Männern geht nach Theresienstadt, angeblich Baracken bauen. Ob für uns, weiß niemand. Vorläufig gehen 350 am Montag weg.[71]

Freitag, 21. November 1941
Auf der Kultusgemeinde gehört, dass am 27. der Transport geht, der eingestellt wurde. Da gehen auch bestimmt weitere. Liesl

Konirsch bei uns, dann Zwi. Evas Geburtstag, wir gehen aber erst morgen hin.

Samstag, 22. November 1941
Die ganze Partie bei Eva.

Sonntag, 23. November 1941
Wieder alle bei uns. Acht Leute, Liza auch dabei. Wir haben Capek gelesen.

Montag, 24. November 1941
Halstuch für Zwi bekommen. Abends bei Konirschs, sie hatten große Freude. Transport für den 27. einberufen.

Dienstag, 25. November 1941
Janička hat Geburtstag. Nachmittags bei Mama, viele Kinder dort. Dann noch eine Weile bei Eva.

Mittwoch, 26. November 1941
Zwi hat Brief von seinem Freund bekommen, sehr ausführlich und verzweifelt. Großer Hunger. Bei Otto Mändl, der lebt noch ganz unverändert, als wenn ihn das Ganze nichts anginge. Er ist geschieden, lebt aber weiter in der Villa mit seiner Familie. Das Leben geht weiter, es hat keinen Sinn, sich die letzten Tage hier zu verderben. Vorläufig sind wir noch hier, und wenn wir weg müssen, gehen wir eben, wir werden es schon durchhalten, wir sind jung und können arbeiten. Schlimmer ist es für die Älteren.

Donnerstag, 27. November 1941
Der sechste Transport muss antreten.

Freitag, 28. November 1941
Alle arbeitsfähigen Männer von 18–40 Jahren müssen nach Theresienstadt. Benny und Zwi fahren Montag.[72] Ich bin wieder zu Bass gegangen, normal unterrichten, aber ohne Laune. Mitleid von Bass macht es noch schlimmer.

Samstag, 29. November 1941
Bei Grünbergers, Eva ist unglücklich. Geholfen zu packen, nähen,

flicken, usw. Benny ist ganz ruhig, gar nicht aufgeregt. Dann zu Zwi gegangen, auch helfen. Dort waren viele Helfer, er wollte nur, dass ich ihm etwas Geld einnähe. Sein Bruder ist auch dabei. Sie haben nichts vorbereitet. Die Stimmung war gar nicht so deprimiert. Wenn alle gehen, ist das nicht so schlimm. Ob Benny nur Komödie spielt, weiß niemand. Mir tut schrecklich leid, dass unsere Partie zu Ende ist, es waren so gute Freunde, die man selten findet.

Sonntag, 30. November 1941
Mit Eva bei Zwi, er ist schon vollkommen vorbereitet, dann bei Benny, noch etwas geholfen. Zum letzten Mal war die ganze Partie beisammen. Zwi war bei den Obersten der Gemeinde, alles Mögliche wurde besprochen. Die Situation sieht nicht gut aus, viele werden es wahrscheinlich nicht überleben, man soll nicht verzweifeln, die Jungen werden es sicher überleben. Man soll nichts den Eltern sagen. Die zwei Guten sind wirklich sehr tapfer und mutig. Noch Essen eingepackt, Frau Grünberger ist unfähig, etwas vorzubereiten. Eva sehr unglücklich, sie hat es nie gezeigt, aber wahrscheinlich hat sie doch Zwi am liebsten. Alles ist so traurig.

Montag, 1. Dezember 1941
Mit Eva. Dann bei Mama, mit Janička gespielt.

Dienstag, 2. Dezember 1941
Bei Grünbergers, alles in Ordnung, sie sind ganz ruhig. Karte von Zwi und Benny bekommen, noch aus dem Messepalais. Gute Laune. Große Freude, Tante Alice bei uns. Walter im Krankenhaus, ganz unheilbar.

Mittwoch, 3. Dezember 1941
Ich habe mich entschlossen, mit Eva in der Arbeitsgruppe zu arbeiten. Gleich angefangen, im Akkord Taschen zu kleben. Ganz nette Leute dort. Ich bin froh, dass ich wieder eine Arbeit habe.

Donnerstag, 4. Dezember 1941
Den ganzen Tag gearbeitet.

Freitag, 5. Dezember 1941
Bei Mama, nachmittags bei Bass, wieder normal mit den Kindern
gelernt.

Samstag, 6. Dezember 1941
Vormittags wieder gearbeitet. Nachmittags mit Mutti bei Fürths
geholfen Schlafsäcke nähen. Neue Transporte werden ausgetragen, ich fürchte mich vor der Nacht. Nichts passiert, wir sind
nicht auf der Liste.

Sonntag, 7. Dezember 1941
Mit Eva bei Grünbergers, Peter auch dort, alle sind sehr traurig.

Montag, 8. Dezember 1941
Mit Eva zur Arbeit gegangen, aber nicht gearbeitet, Frau K. fährt
auch. Nachmittag bei Mama.

Dienstag, 9. Dezember 1941
Schade, dass ich nicht mehr arbeiten kann. Liza, Danny und Eva
bei uns.

Mittwoch, 10. Dezember 1941
Vormittags zu Hause, nachmittags einkaufen gegangen, heimge-
kommen. Eine halbe Stunde darauf ruft Tante Else an, wir sind im
nächsten Transport. Ich war ganz ruhig, bin sofort mit Mutti auf
die Gemeinde gefahren, ob sich nichts wegen Vati machen lässt.
Niemand wusste etwas, niemand konnte uns raten. Mutti ziemlich verzweifelt. Abends Glasers, Kohns bei uns, schrecklich aufgeregt. Um elf Uhr kam der von der Gemeinde und hatte es
schwarz auf weiß gebracht. Bloß Mutti und ich. In der Nacht
überhaupt nicht geschlafen.

Donnerstag, 11. Dezember 1941
Ab vier Uhr wieder gearbeitet. Schlafsäcke gemacht. Vormittags bei Mama, noch eine ganze Menge Wege. Nachmittags
zu Hause gearbeitet, massenhaft Leute bei uns. Karel Reiner[73]
setzt sich sehr für uns ein, ob es ihm gelingt, ist eine große Frage.

Freitag, 12. Dezember 1941

Den ganzen Vormittag auf der Gemeinde. Nummer bekommen: 69. Die Stimmung ist nicht mal so furchtbar und verzweifelt, wie ich es mir vorgestellt habe. Alle sind gleich dran. Gi will sich freiwillig melden, vorläufig geht aber unser Gesuch noch. Auf dem Ambulatorium wurde ich durchleuchtet, wenn bei mir etwas gefunden würde, wäre das auch eine Möglichkeit. Man weiß allerdings nicht, ob man Schicksal spielen soll. Die nächsten Transporte gehen wahrscheinlich nach Neujahr nach Polen und nach Theresienstadt ist doch viel besser.

Den ganzen Nachmittag wieder herumgelaufen, von einem Ambulatorium zum anderen, wahnsinnige Aufregung überall. Überall Fronten stehen,[74] wo man doch zu Hause so viel zu tun hat. Wir sind schon überall bekannt, als besonderer Fall wegen Vati, wir sind in diesem Transport die Einzigen, und es liegt ganz an der Gestapo, ob sie uns mit Vati hier lassen. Alle unsere Bekannten rührend nett, Mama, Glasers, Frau Kohn, die unerhört viel Arbeit hat. Wir haben Tag und Nacht gearbeitet, da dachte man immer, dass man ziemlich fertig ist und dann hatten wir die eigentliche Arbeit noch vor uns. Die ganze Wohnung aufgelöst, alle Sachen arisiert; das Essen einteilen, das ist die meiste Arbeit. Und dabei die furchtbare Unsicherheit, ob wir fahren oder nicht. Wir müssen aber damit rechnen, dass ja. Gi, der Arme, ist am meisten aufgeregt.

Samstag, 13. Dezember 1941

Früh ab vier Uhr wieder gearbeitet. Um sieben Uhr haben Peter und Danny bei uns die Waage geholt, alle Sachen gewogen.[75] Wir haben mehr als 50 kg. Früh von der Kultusgemeinde erfahren, dass unser Gesuch abgelehnt wurde, wir müssen fahren. Gi hat sich sofort freiwillig gemeldet. Vormittags ist das ganze Gepäck abgeholt worden. Nachmittags die ganze Speis[76] ausgeräumt, das war die größte Arbeit. Abends noch viel weggeschafft, alle Teppiche, Möbel ausgetauscht. Ich war den ganzen Tag wie gelähmt. Gott sei Dank kam man nicht zum Nachdenken, mir ist, als ob ich eine Injektion bekommen hätte, ich weiß, dass es weh tun muss, bin aber vollkommen gefühllos. Mama fortwährend bei uns, von Richard Bilder bekommen, über Onkel Richard aus Amerika.

Sonntag, 14. Dezember 1941

Früh nochmal gebadet, Kopf gewaschen, furchtbar viel Besuch und immer noch zu tun. Mutti ist schrecklich aufgeregt, weint fortwährend, hauptsächlich wegen Vati. Ihm einen langen Brief geschrieben, der aber erst weggeschickt wird, wenn wir im Messepalais sind. Es ist furchtbar für ihn, wie ein Blitz aus heiterem Himmel, er soll sich nur um Gottes willen nicht freiwillig melden. Das wäre für ihn eine Katastrophe. Otto Mändl ist auch bei uns. Frau Glauber hat uns jeden Tag das Essen geschickt, heute hat Mama bei uns gekocht. Obwohl wir jetzt alles in Massen haben, kann man nichts essen, zwingt sich zu jedem Bissen. Mittags zum Messepalais gefahren. Gi auf der Kultusgemeinde, er hat noch keine Nummer und weiß noch immer nicht, ob er eingereiht wird. Mama, Eva, Danny und noch eine Menge Leute mit uns gefahren.

Abschied von Prag. Nur nicht nachdenken. Um ein Uhr einrücken müssen. Der Abschied von allen sehr schnell. Das Tor wurde hinter uns geschlossen und wir sind von jetzt ab gefangen und keine freien Menschen mehr. Der Messepalais ist ein furchtbar großer Messesaal mit verschiedenen Abteilungen. Der erste Eindruck ist schrecklich. Ich durfte es wegen Mutti nicht zeigen und schien reichlich vergnügt. Die ganze Erde mit Matratzen belegt, nur kleine Wege dazwischen. Auf den Matratzen befindet man sich Tag und Nacht. Die Leute sind zum Teil ganz gut gelaunt, zum Teil schrecklich aufgeregt, unglücklich in sich zusammengesunken. Wir gehören zu den Ersten, gingen gleich auf Entdeckungsreise. Ich habe eine Menge Bekannte getroffen. Egon Forscher, den ich zweimal bei Benny getroffen habe. Ein guter Freund von Zwi,[77] Pacovsky, mit dem ich in Saaz in die Schule ging, ein Neffe von Taussigs. Um vier Uhr wurde plötzlich ein todkranker Mann mit einer weinenden Frau und einem schreienden Kind eingeliefert, gerade neben uns, wir schauten näher hin, es war Paul Mändl. Nach kurzer Zeit hatten wir heraus, dass er nur eine Komödie spielte, um eventuell nach Hause geschickt zu werden. Neben mir auf der anderen Seite ein Mädel[78] in meinem Alter, anscheinend sehr nett, habe mich gleich mit ihr angefreundet. Sie ist seit sechs Wochen verheiratet und meldet sich freiwillig, um ihrem Mann nachzufahren. Vor der Messehalle auf der einen Seite sind große Rohre mit Wasserhähnen zum Waschen, auf der anderen Seite offen die Küche, bloß nach oben gedeckt. Eine kleine Bretterbude mit Lavoir für

Frauen zum Waschen. Das Schönste ist das Klo, das ist eine lange Bretterbude mit Kübeln, die jeden Tag herausgetragen werden müssen. Alle ganz entsetzt und furchtbar unglücklich darüber, ich mache mir wenig daraus. Meine neue Freundin ist ständig bei mir, ich bin froh, dass ich sie habe. Sehr sportlich, sehr lustig, zu zweit ist das alles viel leichter. Abends ist Egon zu Besuch gekommen, die ganze Nacht bei uns geblieben. Ich habe überhaupt nicht geschlafen, mich mit ihm unterhalten.

Montag, 15. Dezember 1941
Alle haben die Wohnungsschlüssel abgeben müssen, wir natürlich nicht, weil Vati zu Hause blieb, bloß die Schrankschlüssel – von vollkommen leeren Schränken. Alles Geld, Silber usw. musste abgeliefert werden. Der Deutsche Fetscher, der das Ganze leitet, ist uns einige Male kontrollieren gekommen. Ein 23-jähriger Lausbub, schreit dort mit allen herum, an seiner Seite Mandler, ein Jude, noch schlimmer als F. Abends Gi eingerückt. Wir haben uns schrecklich gefreut. Ich habe eine gelbe Binde bekommen und heize einen Kessel mit warmem Wasser und gebe auch das Wasser zum Waschen und Geschirrwaschen aus. Prima Beschäftigung. Ich muss nicht Front stehen beim Essen, bekomme auch oft zweimal. Essen ist reichlich und gut, früh schwarzen Kaffee mit einer schlechten Semmel. Mittags Suppe und Fleisch mit einer Zuspeise, nachmittags Lindenblütentee, am Abend Suppe oder Gulasch. Man darf nur nicht zuschauen, wie es gekocht wird.

Dienstag, 16. Dezember 1941
Sehr viel mit Egon und einigen jungen Leuten zusammen, aber immer mit Fanny. Zweimal nach Hause geschrieben, einmal illegal an Eva, legal an Mama. Abends furchtbare Aufregung, der F. hat Ohrfeigen ausgeteilt, weil einer geraucht hat. Alles Rauchmaterial, Geld bis zum letzten Heller, Spirituosen, Silber mussten abgeliefert werden. Es wurde dabei furchtbar herumgebrüllt, um die Leute in Aufregung und Angst zu versetzen. Das wurde aber meist von den Juden gemacht. Angeblich wurden Stichproben im Gepäck gemacht und dabei flogen einige Ohrfeigen. Es hat in Strömen gegossen, gerade als das Gepäck verladen wurde. Wir haben uns nur wenig Gepäck gelassen, sogar die Schlafsäcke mitgeschickt und ohne diese die letzte Nacht geschlafen.

Antonia Mändl,
Evas Mutter

Arnošt Mändl,
Evas Vater

Tanzabend in Saaz, um 1936. Eva, 15, ist die Zweite von rechts

Der Prager Freundes-
kreis bei einem
Ausflug nach Podbaba.
Von rechts:
Eva Mändl, Benny und
Peter Grünberger,
Eva und Vera Glauber

*Richard Roubíček, Evas Verlobter (2. v. l.). mit Kameraden
der tschechischen Division der Britischen Armee*

*Karel Košvanec,
der »Arier«, der für
das Überleben Evas
sehr wichtig war.
Eva hielt bis zu
seinem Tod in den
sechziger Jahren
Kontakt zu ihm*

Tagebucheintrag vom 25. Mai 1944 in Gabelsberger Kurzschrift

Teil II: Theresienstadt

Mittwoch, 17. Dezember 1941

Früh um sechs Uhr aufstehen. Das Schlafen ist furchtbar, die ganze Zeit gehen Leute hin und her, immerfort wird gehustet, Mutti hat schrecklich schlecht geschlafen, ich die letzten zwei Nächte besser. Allen Männern wurden die Haare geschnitten, den Frauen nicht. Um acht Uhr alle fahrbereit. Um neun Uhr unter furchtbar starker Bewachung von deutschen Soldaten mit geladenen Gewehren auf den Bahnhof geführt worden, in plombierte Waggons gesetzt und erst um ein Uhr weggefahren Richtung Theresienstadt. Furchtbar eingequetscht in den Waggons mit dem vielen Gepäck. Das alles ist so seltsam, dass man es einfach nicht versteht. Gott sei Dank, denn wenn man das alles völlig begreifen würde, könnte man verrückt werden. Nachmittags um zwei Uhr in Theresienstadt. Dort gleich vom Hilfsdienst[79] empfangen worden. Die Burschen schauen alle ziemlich schlecht aus, wenig zu essen, unrasiert, geschnittene Haare, aber die Laune ist nicht allzu schlecht. Von Bohušovice nach Theresienstadt zu Fuß gegangen, obwohl wir nur ganz wenig Gepäck hatten, war uns doch furchtbar schwer. In eine Kaserne geführt worden, dort von einer Menge Juden in Empfang genommen, unter anderem auch von Rudi Lekner. Er hat sich entschieden zu seinem Vorteil verändert. Fannys Mann und einige Bekannte haben uns gleich in ein Zimmer geführt, ein kleines mit fließendem Wasser und einem hübschen Ofen. Auf dem Boden Holzwolle. Das ist die Hohenelber Kaserne, das Spital, und wir werden wahrscheinlich bloß vorübergehend dort bleiben. Die Männer sind in derselben Kaserne, aber in anderen Zimmern untergebracht. Wir sind zu acht, alles anscheinend sehr nette Leute.

Donnerstag, 18. Dezember 1941

Früh schwarzen Kaffee, mittags Suppe, abends Suppe bekommen. Langsam eingerichtet. Den ganzen Tag haben Burschen aus der Sudetenkaserne unser Gepäck auf die Zimmer getragen. Die Armen mussten furchtbar schleppen.

Freitag, 19. Dezember 1941

Vormittags Benny gesprochen. Riesenfreude. Er hat auch Koffer getragen, aber dann den ganzen Vormittag bei uns gesessen. Nachmittags noch Zwi gekommen. Mit den beiden den ganzen Nachmittag beisammen. Mutti Bridgepartie.

Samstag, 20. Dezember 1941

Früh ein Bursche gekommen. Er hat Grüße von Zwi gebracht und ein Paket Zündhölzer, die hier schrecklich notwendig sind, obwohl sie eigentlich niemand haben darf. Er hat einen ständigen Durchlassschein[80] und kann auch einkaufen gehen. Ich hatte eine Riesenfreude. Früh im Hof geturnt unter deutscher Aufsicht. Das Begehrteste hier sind Zigaretten, noch viel mehr als Brot. Alle sind wie verrückt darauf, überall wird geraucht, obwohl es strengstens verboten ist. Nachmittags Zwi und Benny bei mir. Wir haben es wirklich hübsch in unserem Zimmer, können heizen und streiten uns nicht wie alle anderen. Die Burschen und Mädel hier führen sich furchtbar auf. Abends um zehn Uhr kam plötzlich der Befehl, morgen früh müssen alle Frauen aus der Hohenelber Kasernen übersiedeln. Ein Mann wurde bei seiner Frau gefunden, sofort eingesperrt und wir müssen alle weg. In der Nacht noch gepackt, früh weiter ab fünf Uhr.

Sonntag, 21. Dezember 1941

Fannys Geburtstag. Wir den ganzen Vormittag auf unseren Koffern gesessen, dann sind wir in unsere neue Kaserne geführt worden. Lange dort im Hof stehen müssen, große Aufregung. Unser Zimmer wollte zusammen bleiben. Ein Hin und Her, nur nicht mit alten Leuten zusammen. Dann in ein Zimmer geführt worden, das heißt, jeder konnte sich auf ein Zimmer stürzen. Organisation gab es überhaupt keine. Wer einen Bekannten hatte, bekam ein schönes Zimmer, so dass wir zum Schluss allein blieben ohne Zimmer. Wir gingen einfach in ein Zimmer hinein, wo schon Leute drin waren, die uns hinauswarfen. Endlich kamen wir in ein anderes riesengroßes Zimmer. Die Situation war verzweifelt, alles weinte, Zwi hat gerade noch meine Essenstaschen erwischt und konnte sie mir zuschieben. Nun saßen wir auf unserem Handgepäck, stritten uns um unsere Plätze, frierend, hungrig, kurz: zum Verzweifeln. Wir sind vollkommen eingesperrt und abgeschlossen von der ganzen Welt, nirgends eine Hilfe, nirgends ein Ausweg. Von der ganzen Evakuierung war das der schlimmste Tag. Eine Zimmerkommandantin wurde gesucht, ich wurde herausgenommen, hatte wenigstens gleich eine Beschäftigung, musste die Namen von allen aufschreiben, da war schon das Schlimmste vorüber. Die Kaserne ist uralt, man sagte uns, es sei die modernste Kaserne, mit Zentralheizung und warmem Wasser und allem Möglichen, dabei hat noch niemand die Kaserne früh morgens gesehen. Als eingeheizt wurde, sind wir allmählich alle aufgetaut. Essen gab es aus der Hohenelber Kaserne. Jeder Mensch bekam eine Matratze, angenehm zum Schlafen war es nicht.

Montag, 22. Dezember 1941
Immerfort Laufereien mit Gepäck. Haben einen schönen Waschraum mit kaltem Wasser. Eine Kanzlei[81] wird eingerichtet.

Dienstag, 23. Dezember 1941
Ich als Zimmerälteste, das heißt als Zimmerjüngste, habe eine Menge Laufereien. Bin noch ständig mit Fanny beisammen. Alles machen wir gemeinsam, es ist ein Glück, dass ich sie habe. Mutti ist natürlich auch immer dabei. Jeden Tag ist ein Appell in der Kanzlei, was man machen darf und was nicht.[82] Alle Zimmerältesten sind dort, es ist ganz interessant. Mit Mio gesprochen, eine Riesenfreude, er war hier mit Koffern, er sieht fabelhaft aus, ist fast nicht wiederzuerkennen, groß, stark, es geht ihm scheinbar gut. Von Gi einen Brief durch jemanden bekommen, er pedikürt und hat viel zu tun. Fannys Mann ist täglich hier, er geht mit der Putzkolonne und das sind so ziemlich die einzigen Männer, die man spricht. In ein paar Tagen wird hier schon gekocht werden. Fanny, Paula und ich sind jetzt immer beisammen, haben uns zum Kartoffelschälen gemeldet. Unangenehme Arbeit, aber vielleicht kommt man doch so in die Küche, was natürlich das Beste wäre.

Mittwoch, 24. Dezember 1941
Wir bekommen außer dem Kaffee, mittags der Suppe mit Kartoffeln und der Abendsuppe jeden zweiten Tag mit Mutti zusammen ein Brot. Wir haben von unserem Prager Brot schon das

Meiste weggeschenkt, die armen Burschen haben alle Hunger und ich weiß noch nicht, wie wir mit der Ration auskommen werden. Momentan haben wir noch Stritzel und Pumpernickel, aber wie es dann werden wird? Na, irgendwie wird es schon gehen. Jeden Morgen sollen wir um sechs Uhr aufstehen, was wir natürlich nicht tun. Ein Kinderheim für Buben ist bereits eingerichtet, es soll auch eines für Mädchen geben, nur ist momentan Scharlach. Unser Zimmer wird wahrscheinlich dazu verwendet werden und wir müssen wieder umsiedeln. Entsetzlich. Im Tagesbefehl wurde verlesen, dass außer dem, was wir schon abliefern mussten, noch abgegeben werden muss: alle Konserven, Tee, Mark, Medikamente, Parfüm, abermals Geld, Zigaretten, Streichhölzer, Wertsachen, Schmuck usw., usw. ... Das Schlimmste sind die Konserven. Wir geben natürlich nicht eine ab, und aufessen wie alle anderen Leute werden wir sie auch nicht. Weihnachtsabend.

Donnerstag, 25. Dezember 1941
Große Verzweiflung wegen der Wohnung. Alle Zimmer sind überfüllt, sie werden wahrscheinlich jeden von uns in ein anderes Zimmer stecken. Wir können überhaupt nichts auspacken und werden nie zur Ruhe kommen. Bis ersten Jänner muss alles abgegeben werden und wir können auch noch nichts verstecken. Wir suchen ununterbrochen nach einer Wohnung. Mutti hat mit noch zwei Damen endlich ein Zimmer gefunden, mit Steinboden und ohne Ofen. Fanny, Paula und ich gehen täglich vormittags Kartoffeln schälen und es ist nicht so schlimm. In der Freizeit habe ich als Zimmerälteste eine Menge Schreibereien, fortwährend wird etwas gesucht.

Freitag, 26. Dezember 1941
Außer der Häuseltour[83] spricht man hier mit keinem männlichen Wesen. Benny ist heute auch mit ihnen gekommen, ich hatte eine Riesenfreude. Ghettowache und Brandwache sind auch noch hier. Ich bin zufällig mit einem bekannt geworden, der einen permanenten Durchlassschein[84] hat, der mir augenblicklich ein Paket Wäsche[85] zu waschen brachte. Ich biete das allen an, schließlich ist es ja keine solche Arbeit und die armen Burschen können es ja wirklich nicht.

Samstag, 27. Dezember 1941

Wir haben endlich ein Zimmer bekommen, aber noch ohne Ofen. Ein paar alte Damen sind in unser Zimmer übersiedelt, wir schlafen aber noch im alten Zimmer. Habe meine Uhr verloren. Essen ist wenig, aber man hält es aus. Etwas haben wir noch von zu Hause. Kleider trage ich überhaupt keine, nur Hosen, leider habe ich bloß ein paar schlechte mit. Ein Mann hat uns angetragen, wir können einen Brief schreiben und er schickt ihn weg. An Mama geschrieben. Es ist zwar ständig Todesstrafe darauf, aber alle schreiben doch.[86] Eigentlich habe ich mir alles viel schlimmer vorgestellt, so ungefähr wie sterben, weil man sich überhaupt keinen Begriff machen konnte, und als wir uns hier mit denen, die schon längere Zeit hier sind, trafen, kamen mir auch diese wie aus einer anderen Welt vor. Aber wir leben hier auch, haben keine allzu schlechte Laune, lachen sogar ziemlich oft, was ich in Prag nie für möglich gehalten hätte. Kurz und gut: Das Leben geht weiter. Man darf nur nicht nachdenken. Den ganzen Tag ist man beschäftigt, abends legt man sich auf eine Matratze und schläft. Nur nicht nachdenken. Nur das nicht. Man unterhält sich sogar mit Burschen.

Sonntag, 28. Dezember 1941

Endlich übersiedelt in unser so schwer erkämpftes Zimmer. Es ist ein Durchgangszimmer mit lauter alten Damen. Wir haben es uns gleich mit Decken abgeteilt und sind dort sechs. Es geht gerade knapp aus. Wir sind glücklich, wenigstens werden wir doch einmal in Ordnung kommen. Langsam kommt alles in Ordnung. Ich wasche bereits für eine ganze Menge Burschen Wäsche. Man sieht sogar eine gewisse Organisation in dem Ganzen, obwohl es natürlich an allem fehlt. Die wichtigsten Sachen sind einfach nicht vorhanden, zum Beispiel Besen, und wir drei gehen weiter fleißig Kartoffeln schälen. Jetzt kommt auch noch das Kartoffelklauben im Keller dazu, eine furchtbare Arbeit. Kalt, finster, schmutzig. Mutti geht jetzt auch Kartoffeln schälen, aber nicht mit uns gleichzeitig. Aus Koffern haben wir schon einen Tisch gemacht. Man verträgt sich so ziemlich, gegenüber anderen Zimmern ist es ideal. Überall streiten sich die Frauen schrecklich. Wir sind hier doch etwas ruhiger als in Prag, wo man die letzte Zeit vor Angst nur noch halb gelebt hat. Das haben wir jetzt alles hinter uns. Was kann uns schon noch passieren?

Dienstag, 30. Dezember 1941

Wir sind hier ständig unter Bewachung von Gendarmen,[87] die größtenteils ganz anständig sind. Täglich kommen aus der Hohenelber Kaserne eine Menge Männer. Manchmal dürfen sie mit den Frauen überhaupt nicht sprechen, manchmal wieder ja. In der Dresdner Kaserne, wo alle übrigen Frauen sind, dürfen sie mit den Männern überhaupt nie sprechen. Dort ist alles weitaus strenger. 25 Peitschenhiebe bekommt ein Mann, der mit einer Frau spricht. Auch das Essen ist hier etwas besser als anderswo. Die Kinder haben hier oft anderes besseres Essen als wir.

Mittwoch, 31. Dezember 1941

Ich kenne jetzt schon eine ganze Menge Leute, bin mit allen per du und es ist eine gute Kameradschaft. Pakete gingen bis jetzt. Viele Leute bekamen Pakete, wir nicht, aber ab heute sind Pakete und Briefe eingestellt, weil es immer wieder Leute gab, die dumm waren und unvorsichtige Briefe schickten.[88] Ein Mann wurde deshalb wieder eingesperrt für drei Monate. Benny und ich sind bekannt als die hungrigsten Seelen des ganzen Transports. Silvester wurde in einigen Zimmern gefeiert, bei uns überhaupt nicht, wir waren nicht in der Stimmung. Um zwölf Uhr hat Paula vier Männer von der Brandwache geholt. Wir haben schon geschlafen, aber damit wir Glück im neuen Jahr haben. Es wäre wirklich zu wünschen.

Donnerstag, 1. Januar 1942

Alles, was man abliefern sollte, zusammengegeben, haben uns noch nicht geeinigt, wo wir es verstecken. Nachmittags gab es in der Kanzlei ein Konzert. Ein Ziehharmonikaspieler, ein Sänger. Man hat sich wieder in normale Zeiten zurückversetzt gefühlt, ein seltsames Gefühl, viele haben geweint. Deutsche und tschechische Lieder wurden gesungen. Fredy Hirsch[89] hat eine Rede gehalten und hat sich allerhand getraut, dass wir jetzt am tiefsten Punkt angelangt sind und dass es bald wieder besser werden wird und dass keine Herrscher ewig sind. Ungefähr in der Mitte musste abgebrochen werden und alle Männer mussten weg. Die Gendarme erlaubten es nicht.

Freitag, 2. Januar 1942

Ich habe schon eine Menge Bekannte, Fanny und ich verschaffen uns auf mehr oder weniger ehrliche Weise immer etwas zu essen. Im Allgemeinen gibt es sehr wenig zu essen, die meisten Leute haben noch Vorräte von zu Hause. Ich wasche für viele Burschen und habe dadurch eine Menge Bekannte. Mit den Elektrikern, dem Ordnungsdienst und vielen anderen verstehe ich mich sehr gut. Zwi hat mich besucht. Wir stehen immerfort in brieflicher Verbindung.

Samstag, 3. Januar 1942

Frau Kraus aus unserem Zimmer ist die Einzige, die sich ständig streitet. Jeden Tag gibt es Streit wegen Einheizen, Mutti muss früh Kaffee holen und überhaupt alles machen, wie kommt sie denn dazu?

Sonntag, 4. Januar 1942

Große Aufregung. Ein Transport von hier nach Polen.[90] Werden wir dabei sein? Es ist grauenhaft, man hat gedacht, wenigstens hier sicher zu sein und jetzt ist man hier genauso weit wie in Prag. Nachmittags sind bereits die Letzten heraus gekommen, am nächsten Morgen müssen sie schon gestellt sein. Frau Kauders hat sich mit ihrem Mann freiwillig gemeldet, sonst aus unserer Kaserne niemand. Die halbe Nacht wurde für sie gepackt.

Montag, 5. Januar 1942

Fanny und ich haben Küchendienst. Wir stehen abwechselnd bei der Küchentür und dürfen niemanden hereinlassen. Wir sind glücklich, dass wir mehr Essen bekommen und noch etwas mit nach Hause nehmen können, was zwar streng verboten ist, aber wir machen uns nichts daraus. Früh musste der Transport in die Kaserne, alle haben furchtbar ausgeschaut, zerrissene Koffer, kranke alte Leute, kein Essen bei sich.

Dienstag, 6. Januar 1942

Der Dienst bei der Küche ist gut. Zwar muss man von Früh bis Abend ununterbrochen dort sein und sich mit den Leuten streiten, die hereinwollen, und wenn wir jemanden hereinlassen, werden wir von denen in der Küche geschimpft, aber alles steht dafür.

Die Stimmung allgemein ist sehr schlecht. Viele gehen in die Hamburger Kaserne Kartoffeln schälen und können dort mit den Leuten sprechen.

Mittwoch, 7. Januar 1942
Ich habe einen Verehrer, einen Elektriker. Zwi und Benny sind fast täglich bei uns und bekommen immer etwas zu essen.

Donnerstag, 8. Januar 1942
Neun Leute, die wegen Briefschmuggel eingesperrt wurden, sind gehängt worden. Juden mussten das Urteil vollstrecken. Überall Verzweiflung.[91]

Freitag, 9. Januar 1942
Nachmittags hatten alle Zimmerältesten Appell in der Magdeburger Kaserne. Dort wurde eine schöne Rede gehalten, dass die Hinrichtungen als Abschreckung dienen sollten.

Samstag, 10. Januar 1942
Ein weiterer Transport geht nach Polen. Man weiß allerdings nicht, wohin es geht, manche sagen nach Riga,[92] andere nach Josefstadt.[93] Aus unserem Transport mussten zwei alte Damen mitgehen. Die eine hat Schreikrämpfe bekommen, es ist ein Unglück.

Sonntag, 11. Januar 1942
Weiter fleißig Küchendienst, man isst sich wenigstens satt und hat noch etwas für die Burschen. Für die Kinder gibt es manchmal Kartoffelknödel oder Pumpernickel. Davon fällt natürlich auch für uns etwas ab.

Montag, 12. Januar 1942
Gleich früh große Aufregung, weitere Frauen wurden für den Transport einberufen, fast die Hälfte aus unserer Kaserne. Wir zufällig nicht. Mit wem man sprach, der war im Transport. Überall Chaos. Binnen drei Stunden mussten sie fertig gepackt haben. Mit Mutti und Fanny allein im Zimmer geblieben.

Dienstag, 13. Januar 1942
Vormittags sind noch weitere 50 Frauen einberufen worden, weil

viele Protektionskinder[94] rausreklamiert wurden. Von Zwi Brief bekommen. Er will mich, um uns vor Polen zu schützen,[95] bei den Gärtnern anmelden, eventuell als seine Verlobte, natürlich nur formell. Das ist doch kolossal anständig.

Mittwoch, 14. Januar 1942
Gott sei Dank wurde niemand mehr einberufen. Fanny und Zwi waren bei mir und auch viele andere Besucher. Der Küchendienst hat große Vorteile. Wir haben wenigstens ständig etwas für die Burschen zu essen.

Donnerstag, 15. Januar 1942
Überall herrscht hier große Protektionswirtschaft. Es ist nicht anders möglich, jeder schützt sich selbst. Ein lebhafter Handel mit Zigaretten und Lebensmitteln.

Freitag, 16. Januar 1942
Es kommen drei Pilsener Transporte[96] und wahrscheinlich werden wieder von hier welche gehen. Wohin die zwei vorherigen gegangen sind, weiß niemand.

Samstag, 17. Januar 1942
Ich bin schon fest bei den Gärtnern eingetragen. Ich freue mich schon auf den Frühling, wenn wir draußen arbeiten werden. Mutti hat manchmal nachmittags Bridgepartie.

Sonntag, 18. Januar 1942
Der erste Pilsener Transport ist angekommen. Ich ging in die Hamburger Kaserne Kartoffeln schälen, keine Bekannten angekommen.

Montag, 19. Januar 1942
Durchsuchungen in der Sudetenkaserne. Wir haben große Angst, habe alles in einen Koffer mit falscher Nummer gegeben. Wieder alles umpacken müssen. Mit dem Küchendienst ist man vollkommen gebunden. In der Freizeit Wäsche waschen und viele Besuche.

Dienstag, 20. Januar 1942
Wir werden wahrscheinlich in die Hamburger Kaserne übersiedeln müssen.

Donnerstag, 22. Januar 1942
Der zweite Pilsener Transport angekommen. Die Menschen sind in einem furchtbaren Zustand. Sie wurden mit der Peitsche geschlagen, ganz grundlos. Zwi hat mir zwei Löffel gebracht, die wir verloren haben. Es ist schrecklich kalt.

Freitag, 23. Januar 1942
Sonntag wird übersiedelt. Alle bereiten sich vor, mit wem sie ins Zimmer kommen wollen. Wir haben große Angst, dass wir nicht mehr in die Küche kommen werden. Montag kommt der dritte Pilsener Transport. Wir packen für die Hamburger Kaserne.

Samstag, 24. Januar 1942
Zum letzten Mal in der Küche. Viel gegessen; wer weiß, wie es mit dem Essen in der Hamburger Kaserne bestellt sein wird.

Sonntag, 25. Januar 1942
Früh mit dem Gepäck in die Hamburger Kaserne, Mutti hat dort Platz gehalten, wir mussten drei Mal mit dem Gepäck hin und her. Sind in einem großen Zimmer, 22 Leute. Marcel[97] hat uns Plätze reserviert. Anscheinend ganz nette Leute.

Montag, 26. Januar 1942
Der dritte Pilsener Transport ist angekommen, fast lauter alte und kranke Leute. Tante Gretl und Onkel Rudi, Nelly und Herr Popper. Es ist schrecklich kalt. Die Leute sind in sehr schlechtem Zustand angekommen. Benny und ich sind von Zimmer zu Zimmer gegangen und haben allen gesagt, dass sie nichts abgeben sollen.

Dienstag, 27. Januar 1942
Fanny und ich sind beim Menagedienst.[98] Wir rufen mittags und abends zum Essen, ein Zimmer nach dem anderen, und bekommen größere Portionen. Das ist fast besser als Küchendienst, das macht man die paar Stunden und hat sonst frei. Mutti schält wieder Kartoffeln und hat die Fürsorge für das Altersheim übernommen.

Mittwoch, 28. Januar 1942
Das Leben in dieser Kaserne ist nicht mehr so ruhig, alles ist furchtbar groß, überall herrscht Protektion und wer sich nicht kümmert, kommt überhaupt zu nichts. Lauter Appelle, alles wird sehr ernst genommen, dabei ist der Menagedienst ein Kinderspiel.

Donnerstag, 29. Januar 1942
Marcel ist fast jeden Tag hier, auch Benny und Zwi. Ein Bursche hat eine Ziehharmonika mitgebracht und spielte, aber ein Ghettowachmann kam und sagte: Sie müssen sofort aufhören, jemand hat es angezeigt.

Freitag, 30. Januar 1942
Heute kommt ein Prager Transport.[99] Wieder von Zimmer zu Zimmer gegangen. Sgalitzers sind gekommen und haben ein Paket von Mama mitgebracht.

Samstag, 31. Januar 1942
Alle Männer vom Ordnungs- und Menagedienst müssen weg aus der Dresdnerkaserne, nur noch einige wenige Männer dürfen die Kaserne betreten. Hier sind einige kleine Zimmer mit Küchenofen sogar, unser Zimmer ist schrecklich. Alle aus der Kanzlei sind herausgeflogen, Fanny hat mich sehr enttäuscht. Sie ist berechnend, hält sich prinzipiell an die Leute, von denen sie Vorteile hat, von uns hat sie wirklich viele. Mutti teilt alles mit ihr, bringt ihr früh den Kaffee, Fanny bekommt von ihrem Mann sehr viel und hat uns noch nicht das Geringste gegeben. Sie versteckt alles, damit sie uns nichts geben muss.

Sonntag, 1. Februar 1942
Brünner Transport angekommen. Fast lauter junge Leute, in gutem Zustand. Viel mit Tante Gretl beisammen, sie hat sehr viel Essen mit und kann das hiesige Essen nicht essen und kann sich gar nicht vorstellen, was es bedeutet, Hunger zu haben. Menagedienst mit [...], sie ist sehr nett. Das Wäschewaschen ist hier eine Katastrophe, man darf sie nirgends aufhängen und ich bekomme ständig welche von den Burschen, für die ich in der Bodenbacher Kaserne gewaschen habe. Ich werde jetzt aufhören müssen.

Dienstag, 3. Februar 1942

Wir bekommen einmal in der Woche zum Nachtmahl [...] Marmelade. Mutti radiert[100] fleißig, also steht es mit dem Essen ganz gut. Außerdem kann Mutti einige Kartoffeln mitbringen. Sie holt für die alten Damen früh, mittags und abends Essen und bekommt auch etwas von ihnen.

Mittwoch, 4. Februar 1942

Eine Wäscherei wird eröffnet, schon in allernächster Zeit. Leute werden dafür gesucht. Wir dürfen nach Hause schreiben, aber keine Pakete bekommen. Man muss natürlich schrecklich vorsichtig schreiben. Fanny ist sehr egoistisch und die meisten Mädchen sind leicht, die können bei den Burschen alles erreichen, aber da mache ich nicht mit und so werde ich auch nie zu etwas kommen. Zwi und Benny weiter oft bei mir, sie sind miteinander auch nicht mehr so gut.

Donnerstag, 5. Februar 1942

Drei Viertel aller Frauen hat hier keine Menstruation,[101] ich das letzte Mal auf der Fahrt nach Theresienstadt.

Freitag, 6. Februar 1942

Die Frauen in unserem Zimmer sind sehr angenehm, besonders Frau Koralek. Sie ist riesig anständig und hat alles, was man sich vorstellen kann.

Samstag, 7. Februar 1942

Marcel ist jeden Tag bei mir, er ist ein herzensguter Kerl, aber ein furchtbarer Untam.[102] Tante Gretl ist viel bei uns, langsam versteht sie die hiesige Situation und isst bereits alles, was sie bekommt.

Sonntag, 8. Februar 1942

Prager Transport angekommen.[103] Einige Bekannte, die aber nichts mitgebracht haben. Warum schickt uns niemand etwas? Wissen sie denn nicht, dass wir hier Hunger haben?

Montag, 9. Februar 1942

Einige Gärtnerinnen arbeiten schon im Glashaus. Zwi hat mich noch nicht eintragen lassen, weil es mir beim Menagedienst doch gut geht. Die Gruppenführerin dieser Parta, Steffi, ist in unserem Zimmer, sie ist sehr sympathisch.

Dienstag, 10. Februar 1942
Wir bekommen jetzt Turin[104] zu essen. Es ist gut, dass es endlich etwas Gemüse gibt.

Mittwoch, 11. Februar 1942
Ich bin neugierig, ob die Briefe in Prag ankommen. Gott weiß, wie lange sie brauchen werden. Der übergroße Optimismus der ersten paar Wochen hat sich merklich abgekühlt. Niemand rechnet mehr damit, dass wir im Frühling nach Hause fahren. Es wird interessant sein, sich einmal an das alles zu erinnern. Früh um sechs Uhr jeden Tag budíček,[105] dann Front um Kohle, Front beim Essen, der Kampf um jeden Zentimeter.[106] Kampf um Matratzen, jeden Abend große Kälte.

Donnerstag, 12. Februar 1942
Die größte Komödie ist der OD.[107] Das sind lauter junge hübsche Mädchen, die sich unterhalten wollen und den ganzen Tag herumstehen unter Führung von A., die wie eine Zirkusreiterin in der Kaserne herumtanzt.

Freitag, 13. Februar 1942
Interessant ist auch der Nachschub. Wenn welcher nach dem Essen übrig ist, muss immer die Ghettowache einschreiten.[108] Ein großes Problem sind die elektrischen Kocher, es gibt ständig Kurzschluss und sie werden wahrscheinlich verboten werden. Das wäre schlimm, weil wir das Wasser nirgends wärmen können.

Samstag, 14. Februar 1942
Prager Transport.[109] Wieder kein Paket.

Sonntag, 15. Februar 1942
Wir haben drei Leute aufs Zimmer bekommen und sind nicht sehr begeistert. Benny und Zwi bei uns.

Montag, 16. Februar 1942
Mutti ist krank. Sie hat Fieber, Gliederschmerzen, hoffentlich vergeht es bald und ist nichts Ernstes.

Mittwoch, 18. Februar 1942
Ab heute darf nicht mehr geheizt werden. Es ist furchtbar kalt.

Donnerstag, 19. Februar 1942
Prager Transport. Tante Flora angekommen. Mutti liegt noch, es geht ihr aber schon besser. Tante Flora gut gelaunt, unverändert.

Freitag, 20. Februar 1942
Tante Gretl ist jetzt schon genauso wie wir und hat auch ständig Hunger. Jetzt ist Tante Flora so wie Tante Gretl vorher. Von ihr Käse und bissel Fett bekommen. Ich bin angefordert als Gärtnerin und werde schon ab morgen arbeiten. Ich freue mich sehr. Allerdings wird es mit dem Essen schwierig sein, wenn ich nicht mehr im Menagedienst bin.

Samstag, 21. Februar 1942
Es ist nicht so einfach, aus dem Menagedienst herauszukommen. Ich muss ein Gesuch schreiben. Nachmittags das erste Mal mit der Gruppe ins Glashaus in die Hohenelber Kaserne gegangen. Ein komisches Gefühl, wieder einmal über die Straße zu gehen. Wir sind sechs und gehen ohne Begleitung. Gruppenführerin ist Steffi. Im Glashaus gibt es Salat und Radieschen.

Sonntag, 22. Februar 1942
Mir ist schlecht, ich bin müde, habe Halsschmerzen. Im Bett geblieben.

Montag, 23. Februar 1942
Kein Fieber, aber noch im Bett geblieben. Fanny ist auch krank.

Dienstag, 24. Februar 1942
Wieder ins Glashaus gegangen. Die Arbeit ist ganz schön. Zwi hat mir einen Knödel gebracht.

Mittwoch, 25. Februar 1942
In der Hohenelber Kaserne mit Herrn Popper und Onkel Rudi gesprochen.

Donnerstag, 26. Februar 1942
Wieder zehn Leute hingerichtet. Teils wegen Briefschmuggels, einige, die sich gewehrt haben, als Seidl[110] sie verprügelte. Es herrschte wieder schreckliche Stimmung.

Freitag, 27. Februar 1942
Es ist ein großer Nachteil, dass ich nicht mehr im Menagedienst bin und nur kleine Portionen bekomme. Wir radieren hie und da, aber es ist wenig. Zwi bringt mir manchmal Essen.

Samstag, 28. Februar 1942
Am Nachmittag zum ersten Mal gebadet, es war ein herrliches Gefühl, in einer Wanne zu liegen. Nachher bei den Gärtnern.

Sonntag, 1. März 1942
Heute zu Hause, Menagedienst, Wäsche gewaschen.

Montag, 2. März 1942
Verwandte von uns [...] sind hier, furchtbar unglücklich, wir müssen ihnen helfen.

Dienstag, 3. März 1942
Im Stabsgarten im Glashaus gearbeitet. Noch in ganz rohem Zustand. Es wird viel Arbeit werden.

Mittwoch, 4. März 1942
Es ist unangenehm, dass man so oft zu Hause bleiben muss. Im Garten ist es viel besser, ich bin immer froh, dort zu sein. Gi hat einen neuen Posten in der Magdeburger Kaserne, er macht Ordnungsdienst bei Fredy Hirsch.

Donnerstag, 5. März 1942
Es wird jetzt eine Kolonne zusammengestellt. Auftrag nach Deutschland. Der deutsche Verwalter, der zweimal am Tag zu uns in den Garten kommt, ist ganz gut und mit uns sehr zufrieden.

Freitag, 6. März 1942
Der Stabsgarten ist außerhalb von Theresienstadt und hat ein großes Glashaus und einen Garten, der neu eingerichtet wird. Zwi[111] hat sich in den letzten Tagen verändert. Spricht nur sehr wenig mit mir.

Samstag, 7. März 1942
Der nächste Polentransport ausgetragen.[112] Meist Leute aus dem Kladno Transport.

Sonntag, 8. März 1942
Früh wurde Nachtrag zum Polentransport angegeben. Onkel Viktor ist drin, Tante Flora hat sich sofort gemeldet, binnen einer Stunde musste sie fertig sein und noch am Vormittag war sie im Zug. Mutti und Tante Gretl haben ihr geholfen.

Montag, 9. März 1942
Im Garten schon draußen gearbeitet. Es war furchtbar kalt.

Dienstag, 10. März 1942
Im Garten viel mit Martha Holzbaum[113] zusammen, mit Zwi spreche ich fast überhaupt nicht. Warum, weiß ich nicht.

Mittwoch, 11. März 1942
Bei den [...] Verwandten. Sie sind vollkommen hilflos, sind in ein kleines Zimmer übersiedelt. Die eine Tochter ist krank. Es werden Pläne gemacht. Anfang Juni wird das Ghetto geöffnet, alle Arier müssen aus Theresienstadt wegziehen.[114]

Donnerstag, 12. März 1942
Zum zweiten Mal sind zweihundert Männer nach Kladno[115] berufen worden zur Arbeit im Bergbau. Alle beneiden sie, sie werden es sicher besser haben, ein freieres Leben und mehr zu essen, obzwar überhaupt keine Nachrichten von dort gekommen sind.

Freitag, 13. März 1942
Vormittags im Stabsgarten, es war sehr kalt. Nachmittags baden und bei den Gärtnern. Mit Benny beisammen, er hat mich mit Suppe bewirtet.

Samstag, 14. März 1942
Menagedienst gemacht, mit dem Essen ist es jetzt sehr schlecht.
Die Karten werden jetzt geschnitten.[116] Mutti bekommt bloß eine
Portion und ich etwas mehr.

Montag, 16. Marz 1942
Mit dem Essen ist es scheußlich. Mutti eine Portion, ich eine Portion. Manchmal kocht Mutti etwas aus Kartoffeln. Egon wohnt
gleich neben dem Garten mit 28 Schweinen. Es geht ihm sehr
gut.[117]

Dienstag, 17. März 1942
Im Glashaus auf der Stadtkommandantur gearbeitet. Ein sehr
schönes Glashaus mit Blumen und Blattpflanzen. Ein Arier arbeitet als Gärtner dort. Ich helfe jetzt wieder beim Menagedienst und
bekomme dafür größere Portionen, anders ist es einfach nicht
möglich.

Mittwoch, 18. März 1942
Wieder im Blumenglashaus gearbeitet.

Donnerstag, 19. März 1942
Transport angekommen.[118] Im Stabsgarten. Draußen gearbeitet,
endlich wird es Frühling, die Sonne scheint und gleich hat man
bessere Laune.

Freitag, 20. März 1942
Nachmittags bei den Gärtnern, von Benny wieder Essen bekommen.

Samstag, 21. März 1942
Steffi hat gearbeitet und sehr viele Geschenke bekommen.

Sonntag, 22. März 1942
Steffi hat einen Durchlassschein bekommen. Neue Gärtnerinnen
wurden aufgenommen.

Montag, 23. März 1942
Brünner Transport angekommen.[119] Egons Liebe ist dabei.[120] Sie

wird auch bei den Schweinen arbeiten. Gi, der Arme, hat großen Hunger und plagt sich sehr. Wir schicken ihm öfters etwas, haben aber selbst so wenig.

Dienstag, 24. März 1942
Weitere Gärtnerinnen aufgenommen. Darunter auch Hanka Mauthner [...] auch Durchlassschein für vier Personen bekommen. Nach der Arbeit in der Hohenelber Kaserne bei Gi und den Gärtnern.

Mittwoch, 25. März 1942
Gi hat Hunger, hat zwar einen Durchlassschein, plagt sich aber doch sehr. Brünner Transport angekommen.

Donnerstag, 26. März 1942
Das erste Mal im Wald. Blätter zusammengerecht. Eine angenehme Arbeit. Endlich ist es warm.

Freitag, 27. März 19 42
Polentransport einberufen.[121] Gi ist drin. Mutti wahnsinnig aufgeregt. Haben uns bemüht, nachmittags in die Magdeburger Kaserne zu kommen. Es ist uns nicht gelungen. Gi ist zu uns gekommen. Er ist ganz ruhig. Hat sich damit abgefunden, obwohl er reklamiert hat.

Samstag, 28. März 1942
Nachmittags mit Mutti mit der Kohlenkolonne[122] in der Magdeburger. Den ganzen Nachmittag bei Gi. Im Zimmer von Fredy Hirsch lauter junge Burschen, die hier große Herren sind. Gi ist guter Laune, rechnet fest damit, dass er fährt, war einige Male bei der Kommission, die die Transporte zusammenstellt, ob er herausreklamiert ist, konnte aber nichts erfahren.

Sonntag, 29. März 1942
Tausend Frauen gehen nach Pürglitz.[123] Soll ich mich mit Mutti melden? Vielleicht wäre es dort besser. Der Transport wurde ausgetragen. Mutti ist drin, ich nicht, weil ich Gärtnerin bin. Nachmittags Gi bei uns, von uns musste er direkt in die Schleuse,[124] vielleicht werde ich ihn nie mehr sehen. Mutti ist verzweifelt.

Montag, 30. März 1942

Im Garten mit Wilda[125] gesprochen, was ich mit Mutti machen soll. Wenn sie fährt, melde ich mich auf jeden Fall freiwillig. Wir müssen unbedingt beisammenbleiben. Alle sagen, es wäre ein Wahnsinn, wenn ich hier die Gärtnerei verlasse. Wilda will alle drei Mutter, die drin sind, herausreklamieren. Wenn es ihm gelingt, dann wäre sie auch vor allen weiteren Transporten geschützt. Mutti weiß nicht recht, was sie machen soll, sie hätte große Lust, nach Pürglitz zu fahren, andererseits will sie aber, dass ich in der Gärtnerei bleibe. Von Gi überhaupt keine Nachricht. Benny ist täglich bei uns, er ist mir wirklich ein guter Freund, mit dem ich mich über alles beraten kann.

Dienstag, 31. März 1942

Gi ist draußen!!! Er hat uns gleich einen Brief geschrieben, den wir aber nicht bekommen haben. Wir sind überglücklich.

Mittwoch, 1. April 942

Wir wissen immer noch nicht, ob Mutti aus dem Pürglitztransport ist oder nicht. Bei uns wird fleißig für Pürglitz vorbereitet. Fanny ist unglücklich, weil ihr Mann hierbleibt. Steffi, die uns anführt, hat sich auch freiwillig nach Pürglitz gemeldet.

Donnerstag, 2. April 1942

Gi bei uns. Wir sind sehr glücklich. Arbeite in einem neuen Garten, den Porges übernommen hat.

Samstag, 4. April 1942

Mutti ist aus dem Pürglitztransport raus,[126] ich bin sehr froh. Sie hat gemischte Gefühle, teils wäre sie auch gerne mitgefahren, weil alle sagen, dass es ihnen dort besser gehen wird. Nachmittags Brünner Transport angekommen,[127] mit großen Schwierigkeiten in die Kavalierkaserne gekommen.

Sonntag, 5. April 1942

Nachmittags Benny bei uns, über normale Zeiten unterhalten.

Montag, 6. April 1942

Steffi geht nicht mehr in den Garten, ich führe jetzt auf ihren

Durchlassschein und bekomme einen neuen. Den ganzen Tag Salat gesetzt, das ist sehr anstrengend.

Mittwoch, 8. April 1942
Aus Prag Karten gekommen. Salat gesetzt. Todmüde. Letzter Brünner Transport.[128] Brünn ist bereits judenrein.

Donnerstag, 9. April 1942
Polentransport einberufen.[129] Hauptsächlich sind die neuen Brünner Transporte davon betroffen. Sie haben wenig Leute und werden auch welche aus den alten Transporten nehmen müssen. Am zehnten geht der Transport nach Pürglitz. Abends ging ein 18-jähriger deutscher Lausbub durch alle Zimmer, wir waren gerade ausgezogen. Ich weiß nicht, wie das kommt, aber die meisten Leute hier können sich doch irgend etwas verschaffen. Es ist furchtbar traurig, dass man hier alles nur durch Schmäh, Lüge oder Diebstahl erreichen kann. Wird man sich wieder in das normale Leben einfügen können, wird man je wieder ein normaler anständiger Mensch werden? Werden wir nicht alle Verbrecher sein, wenn wir hier heraus kommen?

Freitag, 10. April 1942
Die Gärtner sind in die Kavalierkaserne übersiedelt und haben es lange nicht mehr so hübsch.

Sonntag, 12. April 1942
Nachmittags zum erstenmal auf Durchlassschein in der Dresdener Kaserne. Frau Adler und Käthe besucht. Beide hatten Riesenfreude. Die Dresdener Kaserne ist viel schlechter als die Hamburger, oder kommt es mir nur so vor?

Montag, 13. April 1942
Um drei Uhr früh Tagwache für den Transport nach Pürglitz. Er ist in sehr guter Stimmung weggefahren, so dass man direkt Lust hatte mitzufahren. Im Garten arbeite ich sehr schwer, aber ich sehe, dass es anerkannt wird. Zwi spricht wieder mit mir. Ich weiß nicht, wie ich zu dieser Ehre komme. Benny ist fast täglich bei uns, auch in der Kaserne zum Mittagessen, weil es bei uns weitaus besseres Essen gibt als in der Kavalierkaserne.

Dienstag, 14. April 1942

Ich bin sehr froh, dass Fanny weg ist, wir haben in der letzten Zeit nur noch das Allernotwendigste gesprochen und uns nicht mehr gern gehabt. Abends haben wir am Boden geturnt. Es war ein Unsinn nach der Arbeit, wenn man so schon müde nach Hause gekommen ist.

Mittwoch, 15. April 1942

Fannys Mann hat sich freiwillig nach Polen gemeldet. Da muss etwas Besonderes vorgefallen sein, wahrscheinlich Diebstahl. Nach der Arbeit in der Hohenelber Kaserne mit Gi gesprochen.

Donnerstag, 16. April 1942

Wir haben eine Menge Beweise, dass Fanny und ihr Mann gestohlen haben, auch meine Uhr, die ich damals glaubte, verloren zu haben. Fanny hat uns bereits im Messepalais einige Sachen gestohlen. Wir müssen sofort eine Anzeige machen, dass sein Gepäck durchsucht wird, bevor ihr Mann nach Polen geht.

Freitag, 17. April 1942

Polentransport abgegangen. Friedl ist uns entkommen. Nachmittags in der Dresdener Kaserne bei Käthe. Sie ist mit einem jungen Mädchen Leiterin eines Kinderheimes und hat es ganz gut. Abends Gi und Benny bei uns. Dann noch mit Mutti, Frau Dr. Groß und Lotte spazieren, in Theresienstadt. Alle waren begeistert.[130]

Samstag, 18. April 1942

Polentransport abgegangen. Sehr viele aus unserem Zimmer, eine Menge Bekannte.
Im Garten und Menagedienst. So isst man sich wenigstens doch einigermaßen satt. Abends in der Kavalierkaserne bei Gi und den Gärtnern. Mutti sieht furchtbar schlecht aus.[131]

Sonntag, 19. April 1942

Es gibt hier so furchbar viel Schlechtigkeit und nur wer schlecht ist, bringt es zu etwas. Wer stiehlt, brutal oder kokett ist, der bringt es weiter. Wer das nicht kann, der kann glatt verhungern. Ich kann und kann es einfach nicht, Leute ausnützen und berechnend zu sein und werde es auch nie erlernen. Ich arbeite schwer und lasse mich ausnützen.

Montag, 20. April 1942
In Bohušovice[132] gearbeitet. Sehr schwer, im Ackerland Salat gesetzt. Todmüde.

Dienstag, 21. April 1942
Polentransport ausgetragen. Wieder viele Bekannte dabei.

Mittwoch, 22. April 1942
Im Bett geblieben. Habe zum ersten Mal nach fünf Monaten Menstruation bekommen. Benny hat mich besucht.

Donnerstag, 23. April 1942
Noch im Bett geblieben, mir ist sehr schlecht. Gi bei uns. Polentransport abgegangen.[133]

Freitag, 24. April 1942
Prager Transport angekommen.[134] Wieder in der Arbeit, im Stabsgarten. Ich bin jetzt sehr gut angeschrieben, gelte als fleißig. In der Nacht Transport ausgetragen.[135] Früh schon weggegangen. Wieder eine Menge aus unserem Zimmer.

Samstag, 25. April 1942
Diesen Monat gehen noch drei Transporte. Gi ist jeden Tag bei uns, wer weiß, ob er nicht auch weg muss. Wir haben das feste Versprechen vom Verwalter[136] und von Seidl, dass wir nicht weggeschickt werden. Eine Menge von uns wurden herausreklamiert.

Sonntag, 26. April 1942
Überall schreckliche Stimmung. Alles packt, bereitet sich vor, weil jeder damit rechnen muss wegzufahren. In Bohušovice gewesen. Transport angekommen, an uns vorübergegangen, furchtbar viel Gepäck mitgebracht.

Montag, 27. April 1942
In der Nacht Einberufungen,[137] lauter alte Transporte sind heute früh weggegangen. Unser halbes Zimmer war dabei.

Dienstag, 28. April 1942
Wieder die ganze Nacht Einberufungen. Die ganze Nacht nicht geschlafen, gewartet, was mit Gi los ist. Eine grauenhafte Nacht. Um sechs Uhr mussten alle gestellt sein, um sieben Uhr kam eine Karte von Gi, er musste mit. Mutter ist vollkommen mit den Nerven fertig, weint ständig. In der Arbeit komme ich doch wenigstens auf andere Gedanken.

Mittwoch, 29. April 1942
Nachmittags in der Dresdener Kaserne, abends mit Mutti spazieren gegangen.

Donnerstag, 30. April 1942
Früh wieder ein Transport nach Polen abgegangen,[138] meist aus den Prager Transporten, die jetzt ankamen. Im Stabsgarten Zwiebeln gesetzt, viele davon behalten.

Freitag, 1. Mai 1942
Brief bekommen, ein Paket für mich. Ein Striezel von Mama.

Samstag, 2. Mai 1942
Den ganzen Tag schwer gearbeitet.

Sonntag, 3. Mai 1942
Wieder im Garten gearbeitet. Richtig arbeiten eigentlich bloß Marta Holzbauer und ich, die beiden Partaführerinnen.[139] Meine Mädels sind schrecklich faul.

Montag, 4. Mai 1942
Furchtbare Wassernot. Um jeden Tropfen stehen lange Fronten.[140] Badeverbot.

Dienstag, 5. Mai 1942
Wir bekommen jetzt regelmäßig ein Achtel Brot jede Woche, viel ist es nicht, aber besser als nichts.

Mittwoch, 6. Mai 1942
Nachmittags in der Dresdener Kaserne bei Käthe, Martha Holz-

bauer und noch einigen Bekannten. Mit Käthe spazieren in Theresienstadt. Abends noch mit Mutti.

Donnerstag, 7. Mai 1942
Polentransport abgegangen.[141] Wurde hauptsächlich aus den zwei
Prager Transporten zusammengestellt. Mutti hat die Aufsicht
über die Kartoffelschälerinnen übernommen. Sehr schwere Arbeit, aber wir versprechen uns ziemlich viel davon. Sie kann besser Kartoffeln nehmen, und dann hat sie eher Verbindung zur Küche. Hoffentlich stimmt das. Mittags und abends holt sie weiter
das Essen für die alten Damen. Sie hat schrecklich viel zu tun. Ob
sich das lohnt?

Freitag, 8. Mai 1942
Eva Müller soll aus der Gärtnerei entlassen werden. Sie ist auch
wirklich sehr faul. Bei den Gärtnern sind aus Protektion drei Mädeln, die den ganzen Tag nicht dort sind, sie bekommen zehn
Stunden aufgeschrieben, haben Radieschen, soviel sie wollen, und
wahrscheinlich auch noch andere Sachen. Die eine geht oft zum
Verwalter kochen und aufräumen.

Samstag, 9. Mai 1942
Nach Bohušovice gegangen. Tonda[142] machte großen Krawall, weil
wir kein Werkzeug mitnahmen.[143] Er hat uns nach Hause geschickt, wir hatten den ganzen Tag Hausarrest. Wir machten uns
allerdings wenig daraus. Prager Transport gekommen.[144]

Sonntag, 10. Mai 1942
In der Küche ist es ein Skandal. Diejenigen, die Bekannte unter
den Köchen haben, bekommen drei- bis vierfache Portionen, und
wer dem Koch schöne Augen macht, ebenfalls. Mutti bekommt
nichts mehr von der Küche und ist enttäuscht. Jetzt sind wir ganz
darauf angewiesen, dass bei den alten Damen etwas übrigbleibt, so
dass Mutti zu essen hat, und ich esse dann ihre Portion.

Montag, 11. Mai 1942
Zwölf Burschen, unter ihnen auch Benny, sind auf die Bastei[145]
übersiedelt. Sie sollen es dort viel besser haben. Am Abend hat
Edelstein[146] einen interessanten Vortrag gehalten. Allgemein wird

davon gesprochen und es werden Pläne gemacht, bis das Ghetto geöffnet wird. Täglich sieht man Möbelwagen mit Sachen der Leute, die von hier übersiedeln. Ich bin sehr neugierig, hoffentlich wird es besser sein. Es wäre gut, wenn die ganze Gartengruppe zusammen übersiedelte, dann würden wir vielleicht auch etwas mehr Essen bekommen.[147]

Dienstag, 12. Mai 1942
Das Essen hat sich gegenüber dem Anfang doch ein wenig gebessert. Wir haben sogar manchmal Hefeknödel, einmal sogar schon Buchteln und Nocken. Mutti bekommt zwar täglich Kartoffeln, aber wir können sie nirgends kochen. Zum Nachtmahl muss man immer etwas haben, sonst isst man zuviel Brot.

Mittwoch, 13. Mai 1942
Vormittags aufgeräumt, Matratzen geklopft, nachmittags in der Dresdener Kaserne.

Donnerstag, 14. Mai 1942
In Bohušovice auf dem Feld gearbeitet, mit einem Mädel und ihrem Bruder Bekanntschaft geschlossen, er ist Kutscher. Alle ärgern mich mit ihm, besonders Tonda Bischitzki.

Freitag, 15. Mai 1942
Mutti plagt sich schrecklich, ist den ganzen Tag auf den Beinen und schleppt schwere Kübel mit Kartoffeln, nur damit ich täglich etwas zu essen habe.

Samstag, 16. Mai 1942
Mit dem Essen ist es etwas besser. Ich kenne zwei Köche, denen ich manchmal Schnittlauch bringe, und bekomme dann größere Portionen.

Sonntag, 17. Mai 1942
Habe mich mit Milena Thieben angefreundet. Sie ist auf dem Land aufgewachsen, sie hatten ein kleines Gut und sie ist ein einfacher, gerader und anständiger Mensch. Oft in die Stallungen[148] gegangen.

Montag, 18. Mai 1942
Auf dem Feld Rüben gehackt und vereinzelt. Sehr schwere Arbeit. Nachmittags regnete es. Im Stall mit Tonda und Karel Klinger gut unterhalten.

Freitag, 22. Mai 1942
Iglauer Transport ist angekommen.[149] In unser Zimmer sind sehr ekelhafte Leute gekommen. Immerfort ist Streit.

Sonntag, 24. Mai 1942
Vormittags die 70 cm aufgeräumt, was genug Arbeit ist. Nachmittags eine Menge Leute in die Dresdener mitgenommen. Dann war Benny bei mir. Wir sind in den Heeresbauamtgarten gegangen und haben uns gut unterhalten. Wilda ist dahintergekommen und hat geschimpft, dass dort kein Mädel sein darf. Abends mit Mutti spazierengegangen.

Montag, 25. Mai 1942
Im Stabsgarten den ersten Salat geschnitten, auch einige mit nach Hause nehmen dürfen. Zwi zu mir auffallend freundlich. Polentransport einberufen.[150]

Dienstag, 26. Mai 1942
Nur noch meine Parta darf im Stabsgarten arbeiten, alle anderen sind rausgeworfen worden, weil sie Salat gestohlen haben. Wir sind jetzt eine ständige Gruppe im Stabsgarten. Große Aufregung, Gendarme haben einige Juden verhaftet. Es kommen jetzt Transporte aus Deutschland, von Juden mit Auszeichnungen.[151]

Mittwoch, 27. Mai 1942
Bis jetzt haben wir wöchentlich 48 Stunden gearbeitet, dafür bekamen wir ein Achtel Brot extra, ab nächster Woche werden wir neuneinhalb Stunden täglich arbeiten.[152] Ich bin froh, es wird wenigstens mehr Brot geben.

Donnerstag, 28. Mai 1942
Nachmittag in der Badeanstalt geduscht.[153]

Samstag, 30. Mai 1942
Ein kleiner Transport angekommen.

Sonntag, 31. Mai 1942
Nachmittags mit Edith auf der Bastei bei den Burschen. Sie haben
es sehr schön. Wir hatten Angst, weil eigentlich kein Mädel hin-
darf. Mittags ist plötzlich die Anweisung gekommen, dass wir
binnen einer Stunde unser Gepäck aus dem Zimmer haben müssen, da wir Betten bekommen. Nachmittags mit Milena und zwei
Mädchen zu Porges in den Garten gegangen. Dort nette Gesellschaft, Erna Thieben, Karel Pollak, Mundharmonika gespielt. Am
Abend Streit wegen der Betten. Wir liegen beim Fenster im
Mittelstock. Kein Platz für Gepäck. Streit um jeden Zentimeter.
Ich nehme es mit Humor. Was soll man machen?

Montag, 1. Juni 1942
Magda und ich bemühen uns ein Gärtnerinnenzimmer zu bekommen und sind täglich bei der Goldscheider.[154] Die Betten sind sehr
mies. Mit dem Essen ist es auch schwer. Mutti bekommt von den
alten Damen wenig. Ich bekomme, wenn ein bekannter Koch da
ist, eine größere Portion.

Dienstag, 2. Juni 1942
Die Goldscheider scheint uns das Zimmer zu bewilligen. Wir gehen täglich hin. Im Garten wird Salat geschnitten. Wir bekommen
jeden Tag etwas. Ich tausche ihn meist gegen Brot, so dass wir
jetzt fast genug Brot haben.

Freitag, 5. Juni 1942
Kohlrabi geschnitten und dabei gegessen. Unsere Parta hat sich
vorgenommen, nicht zu stehlen.[155] Wir sind eine ganz gute Parta,
halten fest zusammen, ich bin Partaführerin. Bis auf ein Mädel,
über die wir uns alle ärgern, stiehlt keine von uns, obwohl wir oft
großen Appetit haben. Morgen können wir endlich in das Zimmer übersiedeln. Die Betten sind furchtbar, man kann sich weder
rühren noch zu seinen Sachen kommen.

Samstag, 6. Juni 1942
Die Leute, die aus dem Zimmer ausziehen sollen, machen Schwie-

rigkeiten, sie wollen nicht heraus. Nachmittags konnten wir dann doch übersiedeln.

Sonntag, 7. Juni 1942
Der Verwalter hat den ganzen Nachmittag mit uns gearbeitet.

Montag, 8. Juni 1942
Kirschen pflücken gegangen. Ich wusste gar nicht, dass es schon welche gibt. Das Gefühl, in der Krone eines Baumes sitzen zu dürfen, war wunderbar. Ich habe Mutti auch einige mitgebracht.

Dienstag, 9. Juni 1942
Das Kirschenpflücken ist eine ganz besondere Belohnung von Wilda, da er gerade uns geschickt hat. Wir sind die Einzigen in ganz Theresienstadt, die Kirschen haben. 40 kg am Tag habe ich gepflückt.

Mittwoch, 10. Juni 1942
Am Abend hat Wilda Eliška und mir gesagt, wir sollen früh kommen und Gänse hüten.

Donnerstag, 11. Juni 1942
Gänse waren noch keine da, aber dafür Ziegen und Zicklein, angeblich aus Lidice.[156] Die Ziegen mussten sofort gemolken werden. Eine ganze Menge Leute waren dort, um zu melken. Ich habe es auch probiert, aber es ist nicht so einfach.

Freitag, 12. Juni 1942
Zweihundert Gänse sind angekommen. In furchtbarem Zustand, wie ein jüdischer Transport. Ich möchte gerne dabei bleiben. Sie werden uns aber nicht lassen, weil sie uns im Garten brauchen.

Samstag, 13. Juni 1942
Polentransport einberufen.[157] Alle Pürglitzer, aber auch viele Gärtner sind dabei, ein schreckliches Chaos. Es ist nicht sicher, ob sie aus dem Transport herauskommen.

Sonntag, 14. Juni 1942
Ely Bock aus dem Transport reklamiert, er hatte nachmittags ge-

98

heiratet. Es fehlen ihnen Leute für den Transport. Hundert Schafe angekommen. Wir sind nur drei für die ganze Arbeit, Eliška, Milena und ich. Milenas Mutter und Frau Klinger haben uns geholfen.

Montag, 15. Juni 1942
Vera Schulz und Trude Jolisch sind zu uns gekommen. Das Melken geht schon ganz gut, wir brauchen Tonda nicht mehr zur Hilfe. Eliška hat uns enttäuscht, sie führt sich gegenüber Tonda und Wilda auf wie ein Straßenmädel, und beide Bischitzkis, die ich immer als Vorbilder angesehen habe, fallen darauf rein. Der Effekt ist, dass Eliška keinen Finger mehr rührt.

Dienstag, 16. Juni 1942
Ziegen und Schafe auf den Schanzen geweidet, dabei Kirschen gegessen. Eine Ziege ist dabei von den Schanzen gefallen, ein Zicklein erblindet, nachdem ihm eine Tür auf den Kopf gefallen ist.

Mittwoch, 17. Juni 1942
Ing. Kraus[158] hat die Aufsicht bei uns übernommen. Wir sind sehr froh, dass jemand die Verantwortung hat.

Donnerstag, 18. Juni 1942
Ich kann Kartoffeln im Kessel kochen, wo die Schalen für die Gänse gedünstet werden. Kartoffeln haben wir genug. Mutti bringt viele aus dem Keller.

Freitag, 19. Juni 1942
Vera ist sehr nett, sie hat zwei kleine Mädchen, ihr Mann ist im Konzentrationslager gestorben.

Samstag, 20. Juni 1942
Frau Klinger hat die Aufsicht über die Gänse.

Sonntag, 21. Juni 1942
Wir haben überhaupt nie frei, müssen ständig bei den Tieren sein, auch über Mittag.

Dienstag, 30. Juni 1942

Ich habe mich mit Vera ziemlich angefreundet, dagegen hat Milena ewig schlechte Laune. Sie ist unbeliebt. Eliška hat jeden Tag eine andere Krankheit und eine andere Ausrede, damit sie nicht arbeiten muss. Ich habe viel Arbeit. Kraus als Chef ist ganz gut. Es sind weitere 120 Schafe angekommen.

Mittwoch, 15. Juli 1942

Mutti ist beim Kartoffelschälen mit Kartoffeln erwischt worden und kann nicht mehr hingehen. Sie ist unglücklich, weil sie nicht weiß, was für eine Beschäftigung sie bekommt. Sie schaut sehr schlecht aus, vielleicht wird eine andere Beschäftigung für sie besser sein. Gott sei Dank bringe ich immer etwas nach Hause, also ist diese Frage nicht so dringend. Ghetto ab 1. geöffnet. Große Veränderungen in Theresienstadt. Alle Häuser für die Juden freigegeben.[159] Jede Woche kommen zwei Prager Transporte, fast nur alte Leute, später auch AK-Angehörige.[160] Großmama Gibian[161] gekommen. Eine Woche später Großmutter Raubitschek. Großmama ist in sehr schlechtem Zustand, sie hat mich nicht erkannt, ganz wirr gesprochen, wusste nicht, wo sie ist, was mit ihr geschah. In ein Blockhaus übersiedelt, ich wollte ihr das Gepäck bringen, kam in die Hannoverkaserne, dort wurde gerade das ganze Gepäck beschlagnahmt. Ihren kleinen Koffer gerettet, den Koffer von einer alten Tante und beide Koffer von Großmutter Raubitschek. Zu Jirka, einem Burschen aus unserer Arbeit, aufs Zimmer gegeben. Am nächsten Tag hieß es, dass es Untersuchungen geben werde, so schafften wir das ganze Gepäck gemeinsam in den Gänsestall außerhalb Theresienstadts, am Gendarm vorüber, der sehr anständig war. Aber diese Angst! Frau Goldschmidt kam und brachte ein Paket von Mama. Habe Großmama Gibian ins Siechenheim gebracht. Sie hat sich bereits von dem ersten Schock erholt. Großmutter Raubitschek ist gestorben. Frau Erban angekommen, gut gelaunt, tapfer, hat sich riesig über mich gefreut, mich mit allem Möglichen gefüttert. Drei Tage später ist sie nach Polen geschickt worden, ohne dass ich mich von ihr verabschieden konnte. Jeder darf jetzt von sechs bis neun Uhr aus der Kaserne heraus. Männer dürfen ihre Frauen besuchen und umgekehrt. Ich bin oft bei Großmama Gibian. Am Geburtstagsabend zwei

Puddinge bekommen und eine Tasche mit Namen und Transportnummer, und noch Gebäck.

Donnerstag, 16. Juli 1942 bis Samstag, 15. August 1942
Jede Woche kommen zwei Transporte aus Prag. Ich erwarte Mama und Vati. Einmal, als ich ihn bestimmt erwartete und durch Zufall zum Bahnhof kam, sind anstatt Vati Glaubers gekommen. Bei ihnen geblieben, das Gepäck abgenommen, Benny hat ihre Koffer gerettet. Er ist unerhört geschickt. Ich war in letzter Zeit mit Benny nicht mehr so gut, er hat hier ein Mädel, aber jetzt wurde die Freundschaft wieder erneuert. Krausens Eltern sind gekommen. Sie konnten gleich zum Schafstall übersiedeln, eine gute Wohnung, Zimmer und Vorzimmer. Ich arbeite manchmal bei den Gänsen, den Schafen, manchmal zu Hause. Die Gänse haben Kartoffeln bekommen, wir natürlich auch. Wir gehen täglich in den Stabsgarten um Blätter zu rechen und bringen Gemüse nach Hause. Ich arbeite jetzt ständig im Schafstall und bin mein eigener Herr, die anderen beneiden mich, weil mich Kraus dazu genommen hat, aber mir ist es ganz egal. Kraus ist nicht mehr der Chef, der er war, er nützt uns aus, niemand bekommt mehr etwas außer mir und er ist sehr egoistisch. Er hat Eier, Milch und viele andere Sachen und gönnt den Mädeln nichts. Ich melke täglich für Mutti etwas Milch. Es ist wahnsinnig riskant, wenn Kraus darauf käme, wäre ich augenblicklich aus der Landwirtschaft draußen, aber ich muss es tun, Mutti braucht es, und seit sie die Milch hat, sieht sie besser aus, und das ist mir wichtiger als alles andere. Langsam gewöhnen wir uns an das Ghettoleben. Mutti, die jede zweite Nacht Hilfsdienst bei den Transporten machte, ist jetzt ständige Schwester auf der Maroden-Stube in unserer Kaserne und ist ganz zufrieden. Ich bin jeden Tag bei Glaubers. Bei Tonda Bischitzki habe ich durchgesetzt, dass Eva in den Garten kommt. Binnen 14 Tagen war sie bestätigt. Sie geht aufs Feld und es gefällt ihr gut. Mit dem Transport am 13. August ist Vati gekommen.[162] Ich erwartete ihn und eigentlich doch nicht. Die ganze Gärtnergruppe meldete es mir schon vorher. Benny hat ihn sofort nach einer Fotografie erkannt. Alle haben sich unerhört anständig ihm und mir gegenüber benommen. Ich bin mit ihm in die Schleuse gegangen, den ganzen Nachmittag bei ihm geblieben. Benny hat seinen Koffer gerettet, ich seinen Reisesack, eine Menge Leute von der Transportleitung haben mir

geholfen. Otto Mändl und Peter sind auch gekommen. Am Abend ist Vati zu uns gekommen und wir haben ihn in die Sudetenkaserne geführt, dort ist er sehr schlecht untergebracht. Am nächsten Tag in die Geniekaserne in die TBC-Abteilung übersiedelt. Vati ist äußerst zufrieden in Theresienstadt, er fühlt sich wohl und ist glücklich, bei uns zu sein. Hunger hat er keinen, also fehlt ihm hier gar nichts. Bettrolle und zweiten Sack gefunden.

Dienstag, 15. September 1942
Jeden Abend sind Benny, Peter und ich bei Eva. Es ist fast wieder wie in Prag. Einmal sind wir um halb zwölf heimgegangen, bei der Bastei hat uns ein Ghettowachmann angehalten, großer Krawall, er wollte uns anzeigen, sagte etwas von Polen, wir waren verzweifelt. Benny versuchte es auf alle möglichen Arten, er war nicht zu bewegen. Ich ging nach Haus, Mutti hat mich am Tor erwartet, sie war furchtbar aufgeregt, gerade an dem Tag stand im Tagesbefehl, dass niemand nach neun Uhr auf der Straße sein darf.[163] Nach zwölf Uhr ist Befehl zu schießen ... Ich habe sie beruhigt, war aber selbst sehr aufgeregt. Früh war Benny bei mir, es ist alles in Ordnung, die Anzeige wurde zurückgezogen. Die nächsten Abende in der Hamburger gesessen. Evas Eltern und Vera nach Polen. Das war furchtbar, niemand war eigentlich mit Evas Entschluss, allein hierzubleiben, einverstanden. Peters Eltern sind gekommen. Eine Woche später wurden sie in den Transport eingereiht. Peter sich mit ihnen gemeldet, und die Parta besteht bloß noch aus Eva, Benny und mir. Das Essen hat sich in letzter Zeit gebessert. Ich versorge die ganze Familie, es ist nicht immer einfach, aber es geht und ich bin glücklich darüber. Mittags bekomme ich für ein wenig Gemüse durch den Menagedienst mindestens dreifache Portionen mit Mutti zusammen, oft auch vierfache. Nachmittags gehe ich ins Viktoriahotel[164] für den Hund Essen holen, dort bekomme ich manchmal Milch oder Essen, das vom Mittag übrigblieb. Beides kommt mir sehr gelegen, das Essen ist Nachtmahl für uns drei. Hie und da haben wir Gemüse, so dass wir bei guter Einteilung ein ausreichendes Nachtmahl haben. Größere Zuteilung von Kartoffeln, Mehl, Margarine. Brot ist jetzt auch genug da. Politisch hat sich anscheinend überhaupt nichts verändert, man richtet sich allgemein darauf ein, den Winter hier zu verbringen.

Am 12. September sind Mama, Lotte und die Kinder aus Prag gekommen. Von Bohušovice mit ihnen bis zur Schleuse gegangen. Zuerst wurde ich nicht hineingelassen, mit großen Schwierigkeiten bin ich dann doch hineingekommen. Den ganzen Nachmittag bei ihnen. Mit ihrem Gepäck musste Gott sei Dank nichts gemacht werden. Es ist der erste Transport, bei dem sie gleich alles Gepäck ausgehändigt bekamen. Es gab den Auftrag, so wenig wie möglich zu nehmen. Koffer haben sie nur einen unwichtigen, bei dem es sich nicht lohnte, ihn zu durchsuchen. Sie waren sehr gut informiert. Ein paar Tage im Blockhaus, am Boden, schlecht untergebracht, dann in die Hamburger übersiedelt. Mit einigen Paradeisern[165] kamen sie in ein Zimmer. Mutti war sehr krank, einen Tag über 40 Fieber, dann schrecklichen Durchfall. Das haben hier fast alle Leute. Es ist eine Art Ruhr.[166] Hauptsächlich wird das Herz dadurch sehr geschwächt. Als es ihr besser ging, sparte ich überhaupt nicht mit Vorräten, kochte bei Eva mittags und abends etwas Kräftiges. Später habe ich mich immer bemüht, dass sie täglich Milch bekommt. Gott sei Dank ist es jetzt schon besser. Ich bekomme jetzt noch etwas aus der Magdeburger Menage. Außerdem bringe ich Mama und Eva täglich etwas Gemüse. In letzter Zeit habe ich mehr Selbstvertrauen. Ich schleuse die unglaublichsten Sachen mit großem Erfolg, zum Beispiel herrliche Couchmatratzen, in den Schanzen ist das Lager und niemand weiß etwas davon. Auf denen lässt es sich wie im Bett schlafen, mit Federeinlage für Mutti und mich.

Ferner handle ich mit dem wenigen Gemüse, das ich habe. Ich tausche es gegen Margarine, Schuhe und anderes. Der Menagedienst klappt tadellos, wir haben täglich drei bis vier Mittagessen. Dann bekomme ich in der Magdeburger einen halben Kübel normale Menage für den Hund und im Viktoria entweder normale Kost, die natürlich ausgezeichnet ist, oder Milch.

Mittwoch, 7. Oktober 1942

Geschäfte werden eröffnet. Ganz Theresienstadt lacht. Die Auslagen sind voll der schönsten Sachen. Lebensmittel, Kleider, Schuhe, Papier, Hausrat, Parfumerie, Galanteriewaren, alles, was anderen Leuten weggenommen wurde, wird hier ausgestellt. Es heißt, dass deutscher Besuch kommen soll.[167] Nach ein paar Tagen stellte sich heraus, dass die ausgestellten Sachen wirklich zu

kaufen sind, und zwar für Arbeitende, die Punkte bekommen werden. Mutti hat sehr bald welche bekommen, ich erst später, allerdings ist der ganze Einkauf ein schrecklicher Schwindel. Man muss nehmen, was man bekommt, wer Protektion hat, bekommt mehr und anständige Sachen, wer keine hat, bekommt Rübensaft, Lebkuchenpulver und anderen Unsinn. Bei den Kleidern sind ganz schöne Sachen dabei, auch ohne Protektion, alles aus den gestohlenen Koffern, zum Beispiel Thermosflaschen, Feldflaschen, Trockenspiritus sind Kontraband, die bei jedem Transport weggenommen wurden, und in den Auslagen sind sie ausgestellt und man bekommt sie zu kaufen. So eine Komödie! Mit Mama bin ich täglich zusammen, sie hat große Angst vor den Polentransporten, in den ersten kam sie nicht und wurde kurz danach bestätigt, so dass diese Gefahr vielleicht doch vorüber ist. Bei der Arbeit ist alles beim Alten, nur muss ich Krausens das Dienstmädchen spielen und habe viel zu tun, aber auch das hat Vorteile. Im Viktoria bekomme ich sogar manchmal Weißbrot – man stelle sich vor –, Erbsenpüree, Markknochen und ähnliches. Muttis Beruf ist scheußlich. Wenn ich ihr nur etwas anderes besorgen könnte. Aber das ist furchtbar schwer und es gehört Protektion dazu und die haben wir überhaupt nicht. Vati durfte eine Zeitlang nicht aus der Kaserne, wegen der Polentransporte musste er liegen.[168] Es gehen jetzt auch Polentransporte von Deutschen aus dem Reich, die bisher überhaupt nicht in Frage kamen. Aber da die Sterbeziffer so hoch war, kam der Befehl, Deutsche von 65 bis 90 Jahren, soweit sie bis Bohušovice lebendig sind, wegzuschicken. Es ist grauenhaft, das mitanzusehen. Auf der einen Seite verbessert sich die Situation, was Freiheit und Verpflegung anbelangt, andererseits darf man nicht in die Blockhäuser schauen mit dem Schmutz, wo ein Ruhrkranker auf dem anderen liegt, wo Leichen mit anderen, die schon fast Leichen sind, tagelang nebeneinander zusammengepfercht liegen, wo die Matratzen triefen und nicht ausgewechselt werden können, so dass sich unter ihnen Würmer ansiedeln. Das alles sollte gefilmt und ins Ausland geschickt werden! Das kann sich niemand vorstellen!
Jeden Abend bei Eva. Sie ist zu ihrer Großmutter übersiedelt, und wir sitzen jeden Abend auf der Veranda, Eva, Benny und ich. Ich bin so froh, sie zu haben!

Donnerstag, 15. Oktober 1942

Ich bin eingesperrt und sitze allein in einer Zelle. Heute ist es schon eine Woche, aber ich kann es noch immer nicht begreifen. Es ist alles so unglaublich und unwahrscheinlich, dass, wenn die schlimme Tatsache nicht wäre, dass Benny meinetwegen auch eingesperrt ist, ich alles für einen bösen Traum halten würde. Das kam so:

Ich war nicht mehr bei Krausens, sondern musste mit den Schafen auf die Weide gehen. Ich war darüber unglücklich, denn erstens versagten dadurch meine verschiedenen Einnahmequellen und zweitens gefällt mir das Herumliegen auf dem Gras nicht. Ich habe lieber eine normale Arbeit. Ich habe es allen gesagt, auch Wilda. Ich habe Wilda im Verdacht, dass er mir das eingebrockt hat, aber guter Absicht, weil er nicht wollte, dass ich Krausens das Dienstmädchen mache. Kurz und gut: Nach einer Woche wurde ich wieder zu meiner alten Arbeit zurückgegeben.

Inzwischen hatte aber auch die Weide für mich Vorteile, größere als die Arbeit bei Kraus. Trotzdem war ich froh. Auf dem Feld, wo wir weideten, arbeitete auch ein Arier[169] mit Frau und zwei Kindern, die vom ersten Tag an sehr nett zu mir waren. Gleich am zweiten Tag brachte mir der Mann Brot und Wurst, unterhielt sich mit mir über Politik. Es war sehr interessant. Am nächsten Tag brachte er mir ein größeres Stück Wurst, das ich mit nach Hause nahm, und ein kleines Glas richtigen Honig. Ich war selig. Am nächsten Tag bekam ich von ihm ein Kilo Grieß, zwanzig Zigaretten, eine Zigarre und Zündhölzer. Er wollte dafür absolut nichts nehmen, hat angeblich an anderen genug Verdienst und tut es gerne für Vati und Mutti.

Ich brachte ihm ein paar Wäschestücke von uns mit. Am nächsten Tag ging ich nicht mehr auf die Weide. Am darauffolgenden Tag kam ich in der Mittagspause hin, er war dort, aber auch eine fremde Frau und er traute sich wahrscheinlich vor ihr nicht. Nachmittags kam Mimi, der Arier lasse mir sagen, ich solle unbedingt auf die Weide kommen, er habe Sachen für mich und wolle sie nicht zum zweitenmal mit nach Hause nehmen. Ich sagte Kraus, dass ich die Schafe abholen gehe und bekam 1 kg Wurst, 2 kg Fett, 12 Zwiebeln, zwei Knollen Knoblauch, eine Zigarre, zehn Zigaretten und Bonbons.

Auf dem Heimweg hatte ich Sorge, wo ich die Sachen unterbringen sollte, es ist mir aber nichts eingefallen, außerdem wurden wir noch nie durchsucht, wenn wir mit den Tieren waren. Nur die Zigaretten steckte ich in den Busenhalter, das Fett in den Mantel hinten, wo es durch den Gürtel gehalten wurde.

Der erste Gendarm war nett. Dumme Gans, wie kann man Angst haben! Dann Stabsgarten. Ein Gendarm schreit: Stehen bleiben! Kommen Sie, Fräulein, was haben Sie im Brotsack? Ich antwortete: Aber die Schafe!, und er: Macht nichts, lassen Sie sie laufen! Mir war alles egal. Er: Ah, Wurst, woher haben Sie die? Und eine Zigarre und Zwiebeln? Nebenan stand der Schmied, ich habe ihm einen flehenden Blick zugeworfen, er konnte nichts machen. Der Gendarm: Machen Sie den Mantel auf! Das Paket angeschaut. Ich: Das ist nur Aufstrich aufs Brot. Er: Wo ist das Geld? Ich: Ich habe kein Geld. Er: Na, du wirst es schon sagen. Und woher sind die anderen Sachen? Ich: Die Wurst habe ich vom letzten Transport, die Zigarre gefunden und die Zwiebeln aus dem Garten. Er wieder: Na, du wirst es uns schon sagen.

 Die anderen zwei Mädchen, Doris und Hanka Seltzer, wurden auch durchsucht, bei ihnen haben sie aber nichts gefunden. Ihr könnt gehen. Du kommst mit mir! Großer Gott, die Zigaretten im Büstenhalter! Einen ewig langen Weg gegangen, ich habe mir dauernd gesagt, es ist doch nichts Schlimmes, ich hatte Essen für den ganzen Tag auf der Weide, das Stück Wurst wollten wir nicht zerschneiden, die Zwiebeln sind von einem Freund aus dem Garten, die Zigarre habe ich auf der Straße gefunden.

Unterwegs haben alle Leute geschaut, ich habe ganz ruhig Bekannten zugewinkt. Es kann doch nichts daraus werden, nur die Zigaretten dürfen sie nicht finden. Endlich gelang es mir, sie mit einer Hand herunterzuschieben und herausfallen zu lassen, nicht umdrehen, sie sind heraus, Gott sei Dank, jetzt kann mir nichts mehr passieren. Dann bin ich ins Kasino[170] geführt worden.

Alle Gendarmen haben mich offensichtlich bedauert. Ich wurde zum Verhör geführt. Sie haben mit mir sehr gebrüllt, ich blieb ganz ruhig. Musste alles auspacken, auch ungefähr zehn Stück Brot aus dem Viktoria dabei, das war gut! Das Fett haben sie überhaupt nicht angeschaut, nur die Wurst, die Zwiebeln und die Zigarre. Man glaubte mir nicht. Von wem ist die Wurst? Vom letzten Transport. Von wem? Augenblicklich fiel mir der Name Klein ein, ich weiß nicht weshalb. Ob sie überhaupt existieren?

Das ist mir egal, Kleins sind bereits in Polen. Die Zwiebeln? Aus dem Garten von dem Burschen. Von wem, Himmelherrgott? Er hat mit seinem Revolver gespielt und mir mit Erschießen gedroht. Benny Grünberger. Das war der größte Unsinn, den ich überhaupt machen konnte. Sofort haben sie aufgeschrieben, wo er wohnt. Ebenso Doris Schimmerling und Hanka Selzer. Von Benny bekam ich vor einer Woche Zwiebeln, er wird es bestätigen, dass sie von Kurzawe sind, und wird sich irgendwie herausreden. Um ihn habe ich keine Angst. Woher die Zigarre? Die habe ich auf der Straße gefunden, schon vor zwei Tagen, wusste aber nichts mit ihr anzufangen und dachte, ich mache jemandem damit eine Freude. Habe aber noch niemanden gefunden.

Er: Abführen in die Dresdener Kaserne! Ich ging mit einem Gendarm wieder durch Theresienstadt, wieder Bekannte getroffen, alle verwundert, aber es muss sich ja irgendwie aufklären. Ich fragte: Nach Hause darf ich nicht mehr? Nein! An der Stelle, wo ich die Zigaretten weggeworden hatte, war nichts mehr. Auf der Wachstube in der Dresdener sehe ich das Gesicht von Benny am Fenster. Er bewegt die Lippen, immer gleich. Transport! Transport! heißt das. Was will er damit sagen? Ich schaue ihn gebannt an, keines Wortes fähig, nach einer langen Weile kam ich darauf, die Wurst ist vom Transport. Gut! Mir wurden die Taschen durchsucht, ein Zettel mit genauen Angaben, was ich bekommen hatte und Unterschrift des Ariers. Um Gotteswillen, haben sie etwas bemerkt? Der Gendarm scheint anständig zu sein. Er hat geschimpft, dass ich so ungeschickt war. Darf ich mir die Zettel als Klosettpapier behalten? Nein. Wohin kamen die Zettel? Ich wurde in eine Zelle geführt.

Eine hochblonde Person, von der ich erwartete, sie werde eine Leibesvisite bei mir vornehmen, führte mich in die Zelle, aber nichts ist geschehen. Drei Tage Dunkelheit und nichts zu essen. Wie könnte ich noch mit Benny sprechen? Nach fünf Minuten hämmerte ich an die Tür. Die blonde Frau kam. Kann ich aufs Klosett gehen, ich habe Durchfall? Ausnahmsweise ja, aber sonst nur dreimal am Tag, sonst auf den Kübel. Ein Gendarm ging mit mir. Von Benny nichts zu sehen.

Auf dem Rückweg flüsterte mir der Ghettowachmann zu: Der Herr lässt Ihnen sagen, die Wurst sei vom Transport, die Zwiebeln von Bischitzki. Benny ist unerhört. Wieso wusste er schon alles?

Das ist ja prima, er geht zu Wilda, hat er halt die Zwiebeln von Wilda bekommen. Schlimmer ist es mit Kleins, kein Mensch weiß von ihnen. Werden sie die Eltern auch verhören?

Ich habe eine kleine Zelle, es ist dunkel und ich bin mit meinen Gedanken mutterseelenallein. Das soll drei Tage dauern? Da kann man noch verrückt werden. Nach einer Weile donnerte ich wieder an die Tür. Der Gendarm war so anständig und ich muss mit jemandem reden. Bitte, könnte ich meinen Mantel haben? Ich habe drei Bonbons drin. Aber Fräulein, der Mantel muss doch hier sein, draußen ist er nicht. Ach ja, hier ist es so finster, entschuldigen Sie bitte. Danke. Und ich bin wieder allein.

Ich habe das Fenster ein wenig aufgemacht. Ein dichtes Gitter, dahinter ein Gang mit allem Möglichen, dann wieder ein Gitter, dann der Hof der Dresdener Kaserne. Auf und ab gegangen. Kann man Gedanken abstellen? In diesem Fall ist es unmöglich. Morgen werde ich noch einmal verhört. Ich bin schrecklich müde. Habe meine Sachen bekommen, eine Decke, Trainingshosen und Waschsachen. Wer hat es gebracht? Ein Bursche war hier. Benny ist fabelhaft. Zuhause wissen sie es schon. Da wird große Aufregung sein. Die arme Mutti!

Eingeschlafen, plötzlich aufgeweckt worden. Alle gehen raus, aufs Klosett, in den Waschraum. Einige Mädels draußen, unter ihnen Doris und Hanka. Ist fein, dass ihr hier seid, ich habe mit euch zu sprechen. Sie: Pst, pst ...

Wir werden von einem Gendarm über den Hof geführt, aufs Klosett und jetzt ... Sagt Mutti, sie soll sich keine Sorgen machen. Sie antworteten, aber wir sind ja auch eingesperrt. Um Gottes willen eingesperrt, meinetwegen! Ist denn das möglich! Und was machen eure Leute? Die werden mich verfluchen. Benny ist auch eingesperrt, in der Sudetenkaserne.

Jetzt glaubte ich, ich werde ohnmächtig. Das war wie eine Bombe. Um Gottes willen, was habe ich denn da angestellt, dass ich seinen Namen genannt habe. Das kann doch nicht sein. Er ist doch ganz unschuldig.

Die Mädchen machen sich überhaupt nichts daraus, machen mir überhaupt keine Vorwürfe. Ich musste sie ja angeben, wir hatten doch unsere Legitimation gemeinsam, aber Benny musste ich nicht angeben!

In der Nacht sehr wenig geschlafen, früh in den Waschraum geführt worden. Gott, wenn sie bloß die Mädchen und Benny herausließen.

Vormittags gingen wir in Begleitung eines Gendarmen ins Kasino, zum Verhör. Noch schnell alles besprochen. Auf jeden Fall wissen sie von nichts. Ich bin allein verhört worden. Sehr lange, aber es wurde nur ein kurzes Protokoll geschrieben. Wieder sehr mit mir gebrüllt, ich habe dasselbe wie am Abend wiederholt. Gibt es überhaupt Kleins?! Aber vielleicht ist es gut, dass ich sie nicht genannt habe, sie sind vielleicht noch hier und könnten in etwas hineingeraten. Wenn ich nur wüsste, was mit Benny ist!

Dann wurden wir drei wieder in die Dresdener geführt. Ich habe drei Tage Dunkelheit und kein Essen bekommen. Hanka und Doris wurden entlassen. Sicher wurde Benny auch entlassen. Warum kommen die Eltern nicht? Ich habe sie durch Hanka fragen lassen, ob Kleins existieren oder nicht, aber nichts erfahren. Sie werden sicher sehr aufgeregt sein. Mittags, als wir wieder herausgeführt wurden, waren endlich die Eltern da. Sehr bleich und aufgeregt. Benny sitzt noch. Es gibt zwölf Kleins.

Was macht man den ganzen Tag? Wenn nicht die furchtbare Verdunkelung gewesen wäre, wäre es gar nicht so schlimm. Ich bekam Schlafpulver, nehme es bei Tag und Nacht, schlafe fast ununterbrochen, sonst könnte man verrückt werden.

Früh um neun Uhr wird man von einem Gendarm herausgeführt, alle gemeinsam, aufs Klosett und in den Waschraum. Die Eltern kommen täglich zum Fenster, sie waren bei Edelstein, Wilda war bei Clausen, von allen Seiten wird alles Mögliche unternommen, aber ich will nicht, dass sie so viel für mich machen, sie sollen lieber alles für Benny aufwenden, der vollkommen unschuldig ist. Eva bemüht sich um Benny ... aber Wilda soll das für ihn machen. Früh bekommen wir Kaffee, am Mittag Menage und dann erst am Abend wieder etwas. Um zwei Uhr und um acht Uhr werden wir herausgeführt. Doris ist täglich bei mir, sie ist sehr brav, bringt mir aus der Hannoverkaserne Essen, das ist von Mimi. Auch für Benny wird angeblich sehr gut gesorgt ...

Alle sind der Ansicht, dass wir beide nach Polen fahren werden, die Eltern wollen unbedingt mit. Ich überrede sie, dass sie uns allein fahren lassen. Eva will auch mit. Ich habe Benny einen Brief geschrieben, ob er ihn bekommen hat, weiß ich nicht. Der Tag vergeht fast überhaupt nicht. Ich lese, stopfe Strümpfe. Keine

Uhr, die Zeit kriecht. Die Gendarme sind fast alle sehr anständig. Hier sind fast nur junge Leute eingesperrt. Die meisten haben Verbindungen mit Ariern, eine Frau aus Bohušovice, Mischling, mit vier Kindern, ist hier, weil sie Verbindung mit Juden hatte. Zehntausend Leute müssen nach Polen, nichts schützt mehr, weder AK, noch irgend etwas, nur Ghettowache. Sechstausend alte Leute und viertausend junge.[171]

Unsere Aufseherin ist schrecklich, sie ist nicht für uns, sondern für die Gendarmen da. Von ihr kann man überhaupt nichts haben, aber nehmen möchte sie von uns alles, dabei hat sie noch und noch. Großmutter Gibian ist gleich mit dem ersten Transport mitgegangen. Sie kam zu mir ans Fenster, um sich zu verabschieden. Überall furchtbare Aufregung.

Zwei von uns, ein junges Mädel und eine Frau, wurden entlassen. Am nächsten Tag gingen sie nach Polen. Es geht niemand aus der Haft ohne Polen. Ich bin vollkommen vorbereitet und bin überzeugt, dass ich auch gehe. Die armen Eltern! Sie waren nochmals bei Edelstein und kamen glücklich zurück, sie haben schwarz auf weiß gesehen, dass ich entlassen werde. Ohne Polen und Benny angeblich auch. Unsere Aufseherin hat mir auch gesagt, ich komme heute oder morgen nach Hause. Es war aber weder heute noch morgen ... Ich mache mir überhaupt nichts daraus, die Eltern sind unglücklich. Sie und Mama fast täglich bei mir.

Sonntag, 18. Oktober 1942

Weitere zwei Frauen von uns im Transport. Mutti ist gekommen, Benny ist auch im Transport. Sie hat den ganzen Vormittag beim Fenster gestanden, mich gebeten, dass ich keine Dummheiten mache. Und ich habe sie wieder gebeten, dass sie mich mitfahren lässt. So geweint habe ich in meinem ganzen Leben noch nicht. Es ist einfach grauenhaft, ich halte das nicht aus, es ist doch unmöglich, dass sie ihn einfach wegschicken. Warum schicken sie mich nicht weg? Kann ich nicht an seiner Stelle fahren? Ich muss unbedingt etwas unternehmen, dass er herauskommt, und wenn nicht, will ich auf jeden Fall mit. Die Eltern sind sehr unglücklich. Den ganzen Tag geweint, vollkommen verzweifelt und ratlos. Was soll ich machen? Soll ich den Eltern folgen? Es ist grässlich für mich, wenn ich an das Leben hier weiter denke. Und die Eltern ins Unglück bringen? Sie lassen mich nicht allein fahren und melden sich mit und das wäre für beide entsetzlich. Morgen geht der Transport ab. Wann werden sie ihn entlassen? Evas Großmutter und Bennys Großmutter sind gegangen. Eva hat den ganzen Tag auf der Bastei gepackt und sich nicht mehr von beiden verabschieden können. Benny fährt am 22.

Mittwoch, 21. Oktober 1942
Benny ist Dienstag entlassen worden. Nachmittags war er bei mir in der Zelle. Er ist ganz ruhig, macht sich überhaupt nichts daraus. Hat mich noch beruhigt. Aber kann man in so einem Fall noch jemanden beruhigen? Er sagte, das, was ich getan habe, dass ich seinen Namen genannt habe, ist selbstverständlich. Dass man in der Not an seinen besten Freund denkt. Er will nicht, dass ich mitfahre, auch nicht, dass Eva sich meldet. O.K. hat sich fabelhaft benommen, gab ihm seine ganzen Vorräte, und auch die anderen geben ihm, was möglich ist.

Donnerstag, 22. Oktober 1942
Den ganzen Nachmittag am Fenster gestanden, es kommt mir vor, als ob ich um Jahre gealtert bin. Endlich ist Benny gekommen, ich wollte ihm so viel sagen, und als er da war, konnte ich den Mund nicht aufmachen. Ich habe ihm bloß einen Zettel mitgegeben. Er hat mich immerfort beruhigt. Ich will nicht mehr leben, das ist kein Leben mehr, er sagte, er kann so nicht ruhig wegfahren. Ich musste ihm versprechen, keine Dummheiten zu machen. Ich konnte nicht nachdenken, ich konnte nur weinen, war vollkommen leer. Auf Wiedersehen in Prag und viel, viel Glück.

Freitag, 23. Oktober 1942 bis Samstag, 7. November 1942
Ich nehme Schlafpulver und kann nur schlafen und weinen und wieder weinen und wieder schlafen. Es war alles so unglaublich und so furchtbar, nachdenken tat weh, als wenn eine Wunde jedesmal wieder aufbrechen würde. Dann war ich vollkommen apathisch. Viele Leute kamen, ich war zu nichts fähig, nicht zum Sprechen, dann nicht mehr zum Weinen. Ich will nicht mehr leben. Das war das Einzige, was ich denken konnte. Die Gendarme sind alle sehr anständig. Ich glaube, ich muss mich sehr verändert haben. Entweder bin ich hysterisch geworden oder furchtbar egoistisch oder von allem etwas. Ich konnte nicht essen, nicht arbei-

ten. Eva ist täglich bei mir. Die Arme ist jetzt ganz allein. Zweitausend alte Leute sollten in den Transport, aber sie hatten nicht so viele alte Leute und so wurden im letzten Augenblick noch tausend junge einberufen. Viele AK und Leute, die früher hundertprozentig geschützt waren. Das hat Löwenstein[172] durchgesetzt ... Um die zwanzig Leute wurden eingesperrt, es geht um Geld. Eine Anzeige aus Wien. Zu Oli und Lotte sieben Personen auf die kleine Zelle gekommen. Ca. 60 Personen, die beim Transport nicht eingerückt oder aus der Schleuse nach Hause gegangen sind ... die Männer sind auf Kommandantur, die Frauen hier. Manche wurden auf Tragbahren hergebracht. Ich weine oft, aber hauptsächlich nur, wenn es finster ist. Sonst bin ich ruhig, nur etwas ernster und trauriger als die anderen. Dabei haben die anderen mindestens ebensolche Sorgen. Oli, die Seele des Gefängnisses, hat vier Kinder, ihr arischer Mann ist gestorben und sie ist hier eingesperrt. Sie gehört gar nicht ins Ghetto, ihre Kinder sind in Bohušovice, das eine soll sogar gestorben sein. Sie weiß es nicht, aber sie ist immer guter Laune. Lotte hat einen arischen Mann in Prag, ist geschieden und mit einem kleinen Kind hier. Sitzt, weil die Frau ihres Bruders in Bohušovice gefangen wurde. Ihre Mutter musste nach Polen, das Kind ist krank und hat keine Menschenseele. Sie wird wahrscheinlich mit dem nächsten Transport nach Polen fahren.

Wenn ich, wie alle sich bemühen, ohne Polentransport hier herauskomme, was wird das für ein Leben sein? Kann ich wieder einmal normal in Theresienstadt herumgehen, ohne dass alle mich schief anschauen? Kann ich jemals Bennys Eltern und Danny unter die Augen treten? Wo er sich so auf sie gefreut hat. Er hat noch bei Edelstein durchgesetzt, dass sie hier geschützt sein werden.

Beim letzten Transport durfte man nur einen Koffer mit 15 kg mitnehmen. Keine Bettrolle, nichts. Der fünfte Transport wurde verschoben, weil überhaupt keine Leute dafür da sind. Fünf Tage waren hier über 70 Frauen. Jede Zelle wurde einzeln herausgeführt, aber nach und nach wurden Protektionskinder herausreklamiert und die Übrigen am fünften Tag plötzlich entlassen. Wir sind zu viert in einer Zelle. Hanka hat wunderschöne blonde Haare und Läuse. Den ganzen Kopf voll. Sie musste sich den Kopf mit Petroleum waschen, Lotte sucht ihr aber täglich noch weitere. Wanzen und Flöhe sind hier genug. Ich habe vorläufig keine, und wenn ich welche hätte, wäre es mir auch egal. Mich kann schon nichts mehr aufregen. Wenn nicht für die Eltern Polen das Schlimmste wäre, würde ich mich gleich noch für den nächsten Transport melden. Wegen der 150 Personen muss es ab sechs Uhr vollkommen finster sein, überhaupt kein Licht darf gemacht werden und Kasernensperre ab sechs Uhr. Am Sonntag und Montag durfte überhaupt niemand auf die Straße, nur auf Durchlassschein ... Von Donnerstag bis Montag war die Strafe.[173] Die Eltern sind täglich bei mir, sehr oft auch Mama, Jarka Pollak, Doris und Mimi sehr brav. Es tut gut, wenn man sieht, dass es noch Leute gibt, die mich nicht verurteilen und meinen Standpunkt verstehen.

Der Arier, der mir die Sachen gab, ist schrecklich. Er erzählt jedem, wie gerne er mir helfen möchte, dass er alles hergeben möchte, Geld und was er besitzt, um mich herauszubekommen. Aber er wird so lange reden und es allen Leuten erzählen, bis er noch in ein Malheur gerät und mir mehr schaden wird.

Ich komme angeblich am 8. November raus. Jetzt auf einmal hat er wieder Angst, dass ich ihn angebe. Unsere Aufseherin kümmert sich um uns überhaupt nicht. Sie ist herzlos und egoistisch durch und durch und versucht das auch gar nicht zu verbergen. Besonders zu den alten Frauen ist sie derart grob, dass es ein Skandal ist. Hat nur Sorge um ihre Kleider und Bequemlichkeit. Wir haben hier den ganzen Tag Wasser und kochen uns manchmal Tee.

Sonntag, 8. November 1942
Heute ist der Achte und ich sitze und warte. Werden sie mich entlassen? Ich weiß nicht, ob ich mich freuen soll oder nicht. Es wird furchtbar draußen sein, was werden alle Bekannten sagen? Werde ich aus der Landwirtschaft rausfliegen? Zu Wilda wird es ein schwerer Weg sein. Aber die Eltern freuen sich so, ich will ihnen die Freude nicht nehmen. Hier ist alles nicht so schlimm. Vielleicht werde ich gar nicht herausgelassen, mir ist es egal.

Mittwoch, 18. November 1942
Jetzt bin ich schon über eine Woche zu Hause. Die Woche verging wie im Flug, wie im Gefängnis ein Tag. Es ist alles viel besser ausgegangen, als ich es mir vorgestellt habe. Alle ohne Ausnahme waren sehr gut zu mir. Ich wurde mittags herausgelassen. Vati hat

mich abgeholt. Unterwegs trafen wir Mutti, die Eltern sind sehr glücklich. In unserem Zimmer, vor dem ich solche Angst hatte, waren alle auffallend nett. Nachmittags mit Vati bei Edelstein, Klaber und Schließer. Mit Edelstein gesprochen. Später im Družstvo,[174] Wilda war nicht dort. Eva liegt im Krankenhaus, sie hat sich sehr für mich gefreut. Es geht ihr nicht gut. Auch Mama war schrecklich lieb. Montag im Družstvo, mit Wilda und Tonda gesprochen. Tonda hat geschimpft, er hat natürlich vollkommen recht. Wilda hat überhaupt nicht geschimpft. Du hast es sicher schon genug bereut, geh nur wieder zu den Schafen arbeiten. Das ist wunderbar. Ich hatte große Angst, mir eine neue Arbeit suchen zu müssen. Auf der Straße bin ich überall angehalten worden, alle Bekannten haben mich begrüßt und gratuliert, ich möchte wissen wozu. Zu dieser Dummheit? Auf der Straße drehte sich mir der Kopf. Überall so viele Leute. Überall die furchtbare Enge. Bin ich überhaupt noch normal? Ich denke, jeder auf der Straße muss es mir ansehen, dass ich aus dem Gefängnis komme. Bemerkt man denn nichts an mir? Es ist mir, als wenn ich von einer weiten Reise käme, alles ist so ungewohnt, so als wäre ich nicht einen Monat, sondern mindestens ein Jahr weggewesen. Es war eine endlos lange Zeit. Ich habe kein sicheres Auftreten mehr, bin scheu und habe Angst vor Menschen, ich habe Angst vor allem. Tag und Nacht denke ich an Benny. Was hatte das eine Wort für Folgen. Bei Krausens bin ich sehr gut empfangen worden. Die Mädels verhalten sich fabelhaft. Ich arbeite wieder, alles ist beim Alten, nichts hat sich verändert. Ich spreche wieder, und langsam gewöhne ich mich, aber in der Nacht kann ich nicht schlafen. Dann ist alles viel schlimmer als am Tag.

Der Arier hat mir zwei lange Briefe geschrieben, einen Apfel und etwas ausgekochte Butter geschickt durch einen Juden. Ich habe ihm geschrieben, er soll aufhören, es darf wirklich nicht sein, dass noch jemand deswegen eingesperrt wird. Momentan ist es nicht möglich. Ich arbeite wieder bei Kraus, trage früh Milch aus, im Viktoria sind sie sogar nett, habe mich mit ihnen unterhalten, auch vor den SS-Leuten. Bevor ich dort war, hat O.K. dort gearbeitet. Ich hätte gerne einmal mit ihm gesprochen. Jetzt ist an seiner Stelle Zeki, mit dem es sich sehr gut arbeitet. Jeden Mittag gehe ich für den Hund Essen holen, davon bekommt der Hund kaum ein Viertel, was ihm reichlich genügt. Also mit Essen sind wir wieder gut versorgt. Dann wird täglich ein Kessel Kartoffeln für die Gänse gekocht, davon wird natürlich auch genommen. Es ist zwar Arbeit, aber es lohnt sich.

Jeden Tag gehe in die Dresdener Kaserne zu den Mädels. Dort fühle ich mich am wohlsten. Dort ist Ruhe, kein solcher Rummel, ich gehe fast immer in die Zelle, ich kenne ja alle Gendarmen. Um fünf Uhr komme ich nach Hause. Vati ist immer bei uns, dann wird gegessen, um dreiviertel sieben holt mich Jarka ab, wir gehen zu Eva. Zwei Tage ging es ihr sehr schlecht. Sie hatte über 38 Fieber und blutete Tag und Nacht. Es ist furchtbar, das arme Ding hat niemanden außer mir und ist sehr, sehr krank.

Ich habe ihr hauptsächlich den Benny weggenommen. Sie hat ihn am meisten gebraucht. Dabei ist sie so bescheiden, braucht nichts und ist glücklich, wenn jemand zu ihr kommt. Sie ist so aufopferungsvoll und ganz anspruchslos. Mutti hat sich in der einen Woche, seit ich wieder hier bin, sichtlich erholt. Sie isst viel, auch weil sie viel hat, und sieht schon besser aus. Ich bin so froh darüber. Auch die Arbeit fängt wieder an, mich zu freuen. Ohne Arbeit würde ich das Ganze viel schwerer ertragen. Ich schufte und das befriedigt mich.

Mittwoch, 2. Dezember 1942

Das Leben geht weiter, alles geht weiter, ich hätte es vor einem Monat nicht für möglich gehalten, wenn mir das jemand gesagt hätte. Ein Prager Transport ist angekommen. Ich war zwei Tage vorher sehr aufgeregt. Wenn Grünbergers kommen, wird das schrecklich sein. Wie werde ich es ihnen sagen? Was würden meine Eltern sagen, wenn sie herkämen, in der festen Meinung, ich sei hier, und ihnen jemand sagt, dass ich wegen eines furchtbaren Irrtums nach Polen musste? Ich konnte den Transport nicht sehen, obwohl ich mich bemüht habe. Ich kann nicht aus Theresienstadt heraus, und hier ist es unmöglich, jemanden zu finden. Endlich habe ich die Liste zu sehen bekommen. Grünbergers sind nicht gekommen, aber Justiz', Evas Verwandte. Von ihnen habe ich erfahren, dass Grünbergers im Transport waren und in der Nacht vorher in die Slowakei geflohen sind. Ob es ihnen gelungen ist, weiß man nicht. Benny gegenüber ist es eigentlich eine große Rücksichtslosigkeit, ihn einfach im Stich zu lassen, und noch dazu, wo er hier ständig in der Hand der Deutschen ist. So ist es vielleicht ein Glück. Er weiß nichts davon und wäre doch sicher sehr aufgeregt. Ein Freund wird ihnen von der Slowakei aus weiterhelfen. Ich verstehe das Ganze nicht, ob es sich für sie lohnt, wo sie doch informiert waren, dass es hier nicht so schlecht ist, und sie höchstwahrscheinlich vor Polen geschützt wären.

Eva ist noch im Krankenhaus, es geht ihr nicht gut. Sie hatte die letzten Tage wieder große Schmerzen. Es ist eine Nierenbecken-entzündung. Jeden Abend gehe ich mit Jarka zu ihr. Er ist sehr brav und herzensgut. Jeden Freitag ist in der Magdeburger Kaser-ne eine Gesellschaft. Drei Burschen haben ein schönes Zimmer, der eine von ihnen ist in unserer Gruppe. Dort wird Laute ge-spielt und gesungen. Es sind immer ungefähr 15 Personen dort. Egon ist sehr nett, und die anderen zwei haben auch ihre Mädel dort. Ich habe von ihnen einen Durchlassschein bekommen, der nach acht Uhr gültig ist.

Bei der Arbeit heißt es einmal, dass die Tiere verkauft werden, einmal, dass nicht, ich wäre froh, wenn alles so bliebe. Es ist zwar sehr viel Arbeit, den ganzen Tag Kartoffelschalen in Körben tra-gen, waschen und [...] aber trotzdem habe ich jeden Tag 2–3 kg gekochte Kartoffeln, die wir zum Mittag und Abend, manchmal auch vormittags und nachmittags essen. Davon leben wir zu dritt. Dazu gibt es manchmal Gemüse. Vati hat in letzter Zeit Magen-schmerzen. Ich gehe oft weiter in die Dresdener Kaserne und bringe ihnen meist etwas mit. Polentransporte sind vorläufig ein-gestellt. Kulturell hat Theresienstadt einen Aufschwung bekom-men. Jeden Abend ist Kabarett, ich gehe manchmal hin, und der Höhepunkt ist die Aufführung der Verkauften Braut, die angeb-lich sehr gut ist. Es gibt hier ein Klavier und ein Harmonium,[175] und außerdem sind hier ausgezeichnete Künstler.

Mittwoch, 9. Dezember 1942
Heute bin ich schon einen Monat zu Hause. Er ist unglaublich schnell vergangen. Ich habe mich äußerlich nicht verändert für Leute, die mich nicht näher kennen, aber ich weiß, dass ich anders bin. Aus mir ist ein Phlegma geworden. Mir ist alles ganz egal, was auch passiert, alles würde mich kalt lassen. Jeden Abend mit Jarka zu Eva. Ich gehe vielleicht mit ihm, obgleich er nie darüber redet noch handelt. Außerdem bin ich oft in der Magdeburger Kaserne und unterhalte mich mit Egon. Das ist aber alles ganz

oberflächlich. Ich gehe hie und da auf die Weide, natürlich ohne jede arische Verbindung. Von meinem Arier habe ich seitdem nichts weiter gehört. Wir leben weiter von Kartoffeln. Vati ist auf Diät und ständig hungrig. Eva bringe ich auch jeden Tag etwas, so dass wir wie eine vierköpfige Familie sind. Ich bin froh, dass es geht. Eva hat immer noch Fieber. Alle haben hier viel Arbeit, alle sind überarbeitet, und so hat man keine Zeit zum Nachdenken. Zwei Pardubitzer Transporte sind gekommen. Theresienstadt ist überfüllt, und es gibt zwei große Gefahren: das Ungeziefer, das sich täglich zusehends vermehrt, und Typhus. In letzter Zeit gibt es hier sehr viel Typhus, und eine Menge Leute, auch junge, starben daran. Politisch hat sich nichts geändert. Wie normal, es steht gut, wir fahren bald nach Hause. Immer dasselbe und das ist doch so wenig. Hie und da werden Einzelheiten erzählt, entweder sind sie hervorragend, dann sind sie nicht wahr, oder aus der Zeitung und unbedeutend. Es geschieht nichts, gar nichts, wenigstens wissen wir von nichts.

Donnerstag, 17. Dezember 1942
Jetzt vor einem Jahr waren wir im Transport. Ein langes Jahr ist es her. Niemand hätte gedacht, dass wir in einem Jahr noch hier sein werden, und vielleicht sind wir in einem Jahr auch noch hier. Wir leben und das Leben geht weiter, wir essen und schlafen, unterhalten uns, lachen sogar manchmal, und es gleicht manchmal dem normalen Leben. Wir bemerken es gar nicht, wie sehr wir uns schon daran gewöhnt haben.
Diese Woche wurden die Ziegen, Zicklein und hundert Schafe verkauft. Sicher werden einige von uns entlassen werden müssen. Ich werde wahrscheinlich bleiben.
Der Arier hat wieder jemanden zu mir geschickt, ich soll ihm ein paar Zeilen schreiben, er möchte gerne wissen, wie es mir geht. Ich will nur sehr, sehr vorsichtig sein. Manchmal gehe ich auf die Weide, in die Nähe des Krematoriums, einmal war ich drinnen. Es ist wie eine große Fabrik, in der Menschen verbrannt werden. In vier Öfen zur gleichen Zeit bei Tag und Nacht. Man sieht, wie die Leichen langsam verbrennen, nur die Knochen bleiben, und diese zerfallen dann.
Eva hat außer der Nierensache noch Scharlach, der aber jetzt erst erkannt wurde, wo er schon fast vorüber ist, und außerdem Gelb-

sucht, die hiesige Modekrankheit. Also kam das Fieber nicht von den Nieren. Ich bin täglich mit Jarka bei ihr. Ich kann nicht mehr alles so intensiv fühlen, weder Freude noch Leid, nichts kann mich noch berühren. Oft gehe ich in die Dresdener Kaserne und auch zu Egon. Ich sah die Verkaufte Braut und war restlos begeistert. Man vergisst dabei alles. Täglich werden 15–20 Gänse geschlachtet. Ich bringe jetzt nur noch rohe Kartoffeln nach Hause, und wir haben große Schwierigkeiten, sie zu kochen.

Vati hat eine Stelle in der Proviantur versprochen bekommen. Das wäre herrlich. Die Sorge um das tägliche Essen ist schlimm, weder Mutti noch ich haben Zeit zu kochen und Vati ist mittags und abends hungrig. Mutti sieht etwas besser aus, Vati ebenfalls und auch ich habe zugenommen. Viele Leute bekommen Pakete. Wenn wir unseren Leuten in Prag mitteilen könnten, dass sie uns auch welche schicken dürfen! Mama ist täglich bei uns, sie ist mit Lotte und den Kindern ziemlich unglücklich und arbeitet über ihre Kräfte.

Mittwoch, 30. Dezember 1942

Ich habe jetzt eigentlich zwei Freunde. Jarka Pollak und Egon. Beide sind sehr anständig und beide haben ihre Fehler. Dass ich mich dabei besonders glücklich fühle, kann ich nicht behaupten, ich unterhalte mich, aber das ist alles. Jarka ist ein Jahr jünger als ich, Egon gleichaltrig. Mit Jarka gehe ich täglich zu Eva und er bringt ihr und mir Brot. Eva ist immer noch krank, hat ständig Fieber, dabei ist sie noch typhusverdächtig, hatte Durchfall und kein Arzt kennt sich bei ihr aus. Von der Dresdener gehe ich dann meist zu Egon. In der Magdeburger ist meist nette Gesellschaft. Der Weihnachtsabend ist vorübergegangen ohne besondere Feier. Ich war in der Dresdener, wo sogar getrunken wurde, und dann eine Weile mit Doris in der Magdeburger. Um zehn Uhr waren wir bereits zu Hause. Von meinem Arier habe ich ein Paket bekommen. Ich weiß nicht, was ich machen soll. Ich möchte mich einerseits gerne mit ihm treffen. Es geht doch nicht, dass er mir und Eva Sachen ganz umsonst schickt, und möchte ihn auch gerne nach Prag schicken. Aber die, die mir die Sachen bringen, raten mir furchtbar ab, weil er sehr unvorsichtig ist und ganz fremden Leuten alles erzählt. Als er hörte, dass ich eine kranke Freundin habe, schickte er ihr Butterhonig und Obst. Ist das nicht wunderbar! Mir schickte er bis jetzt dreihundert Zigaretten, 1 kg Honig, 4 kg Mehl, Gebäck, 1 kg Margarine, 1 kg Selchfleisch und Sacharin. Wenn man das jemandem erzählte, klingt das wie ein Märchen. Vollkommen umsonst, ohne Risiko für mich, bekomme ich die herrlichsten Sachen aufs Zimmer. Auf der Weide ist es schrecklich kalt, manchmal gehen wir ins Krematorium, uns wärmen. Vati hat in den letzten Tagen schlechte Laune. Er hat ständig Hunger. Er ist einige Tage nicht zu uns gekommen.

Mit Mama bin ich täglich beisammen. Die Kinder ärgern, Jana sieht schlecht aus und verträgt sich nicht mit den Kindern im Kinderheim.

Sonntag, 10. Januar 1943

Ich bin krank. Habe Angina. Es ist nichts Ernstes, ich laufe damit herum, gehe aber nicht zur Arbeit und erledige alles zu Hause. Silvester war ganz nett, abends war in der Magdeburger große Gesellschaft, meist fremde Leute. Doris war auch dabei. Die Gesellschaft für einen Abend war ganz gut, aber die Leute sind nicht mein Geschmack. Meist Menschen, denen es immer gut ging, die auch hier keine Not haben, aber sich um nichts weiter kümmern, kein Interesse und keine Sorgen haben. Vollkommen oberflächlich. Einer spielte Mundharmonika, einer Gitarre und Mandoline. Es wurde getanzt und gegessen und es gab ein Programm. Weitaus der Sympatischste war Egon. Bis drei Uhr war es lebhaft, dann nach und nach schliefen alle ein. Ich konnte nicht schlafen, unterhielt mich mit Egon. Für Doris war das keine Gesellschaft, ein sechzehnjähriges Mädchen passt dort nicht hin. Es ist zwar überhaupt nichts geschehen, aber ich hatte ein unangenehmes Gefühl, weil sie doch eigentlich mit mir da war. Ich wollte sie nicht mitnehmen, aber sie wollte so gerne und ihre Mutter erlaubte es. Um halb sechs Uhr kamen wir nach Hause. Den ganzen Tag nicht schläfrig.

Es sollen wieder zehntausend Leute nach Polen gehen,[176] die Hälfte davon Protektoratsangehörige. Werde ich die Weisung[177] bekommen? Niemand weiß von meinen Befürchtungen. Hanka und Lotte wurden aus dem Gefängnis entlassen. Lotte ist im Polentransport. Mir geht es wieder mal sehr mies. Alles sieht so trostlos aus. Die ganze Welt ist schlecht, ich bin schlecht, Theresienstadt hat mich schlecht gemacht. Werde ich mich jemals wieder in normale Verhältnisse einfügen können? Man kann sich hier einfach nicht anders durchsetzen. Viele haben es leichter als ich, ich muss mir immer alles schwer erkämpfen. Vati ist schlecht gelaunt, die Stelle in der Proviantur[178] hat er nicht bekommen und er ärgert sich über die ganze Welt. Dabei hat er jeden Abend bei uns reichlich zu essen. Es gibt bereits wieder Durchsuchungen, vorläufig in den Blocks, ich habe große Angst wegen der vierhundert Zigaretten. Ich habe sie in die eine Couchmatratze eingenäht und hoffe, das ist gut so. Ich hatte ein Verhör wegen der Sachen von Hanka. Mama ist täglich bei uns, sie ist so tapfer und ich habe sie so gern, weil sie nicht schlecht ist wie alle anderen, sie ist sogar zu gut und verwöhnt die Kinder. Sie nimmt ihren Dienst zu ernst und plagt sich und nimmt sich jedes Patienten so an, als ob es ihr eigenes Kind wäre. Sie kann sich nur schwer einfügen, nimmt alles zu tragisch, besonders den Schmutz und die Enge.

Der Schmutz und das Ungeziefer werden immer unterträglicher. Wir werden immer mehr zusammengequetscht, und Flöhe, Wanzen und Läuse nehmen täglich zu. Es ist einfach unmöglich, etwas dagegen zu unternehmen bei diesen Verhältnissen, wo ein Mensch auf dem anderen liegt. Vor allem in den Blocks, wo die Leute vollkommen menschenunwürdig untergebracht sind, nehmen die Kopf- und Kleiderläuse ganz beängstigend überhand. Jetzt im Jänner darf offiziell noch nicht geheizt werden. In den Kasernen wird jedoch fast überall geheizt, aber in den Blocks erfrieren die Leute langsam, besonders auf den Böden. Wo überhaupt keine Heizmöglichkeit ist, wurden Leute bei zwanzig Grad Kälte mit Erfrierungen gefunden. Was ist das Resultat? Die Leute müssen in den Kasernen untergebracht werden, wo sie immer noch mehr zusammengepfercht werden. Die ganz natürliche Reaktion darauf sind eben Polentransporte, so schlimm es auch klingen mag, aber schlimmer als hier auf den Böden kann es in Polen auch nicht sein. Mehr als erfrieren können die Leute in Polen auch nicht.

Auf der anderen Seite gibt es hier jeden Abend Kabarett, Tanzabend, ein Kaffeehaus mit ausgezeichneter Musik, Wohnungen mit richtigen Couches, und das in der Magdeburger Kaserne, wo ich täglich hingehe.

Ich kann das Elend nie vergessen und mich nirgends so hundertprozentig unterhalten. Eva ist meine einzige Freundin. Ihr geht es immer noch schlecht, vorige Woche hatte sie auf einmal zwei

Tage lang über 40 Fieber. Es war entsetzlich, sie so vollkommen verfallen zu sehen. Jetzt geht es ihr wieder etwas besser. Wenn sie doch schon gesund wäre. Dabei ist sie so geduldig und klagt nie und hat doch niemanden weit und breit, der ihr näherstehen würde. Ihre Verwandten kümmern sich nicht um sie, wenn sie etwas braucht, sagt sie es immer mir. Ich mache es sehr gerne, aber andererseits ist es furchtbar, wenn ich denke, dass ihre Eltern Gott weiß wo sind, wer weiß, wann sie sie wiedersehen wird, und dass sie momentan nur mich hat, ein unerfahrenes junges Ding, das doch die Mutter so notwendig brauchen würde.

Politisch ändert sich die Situation scheinbar überhaupt nicht. Man hört die verschiedensten Gerüchte, aber es ist alles wahrscheinlich Unsinn und hat so wenig Einfluss auf das Ende. Wann gehen wir nach Hause? Das ist das Schlagwort in Theresienstadt. Es sagt sich sehr schön, aber gesetzt den Fall, dass wirklich Ende wäre, wie wird dieses sein, wie wird der Sieg aussehen? Es ist sehr, sehr unwahrscheinlich, sogar unmöglich, dass wir einfach dort wieder anfangen, wo wir aufgehört haben. Wo wollen wir eigentlich hin? Wo haben wir denn unsere Heimat? Was wird mit uns nach dem Krieg geschehen? Wer weiß, was mit Richard ist, ob er überhaupt noch an mich denkt. Für mich ist er gleichbedeutend mit Zukunft, aber wird er auch noch daran denken? Es ist alles schon so lange her. Ich möchte am liebsten nicht in Europa bleiben, ich möchte weit fort von hier. Europa wird nach dem Krieg schrecklich sein. Und falls es sich hält, wer garantiert mir, dass meine Kinder nach zwanzig Jahren nicht wieder in dasselbe Unglück gestürzt werden wie ich? Das möchte ich auf keinen Fall. Nach Palästina möchte ich auch nicht. Vielleicht nach Amerika. Dort sind die Menschen vielleicht vernünftiger, sind nicht so kurzsichtig und lassen sich nicht so leicht beeinflussen wie hier, obwohl sie auch nicht in allem so ganz sympathisch sind.

Hier bekommen viele Leute Pakete, besonders Leute, die schwarz schreiben. Ich schreibe nicht schwarz, und wir bekommen auch keine Pakete. Der Arier hat mir zu Neujahr eine ganze Leberwurst geschickt, aber seitdem nichts von sich hören lassen. Jetzt hat Lotte geschrieben, ihr Freund soll zu Dr. Glaser gehen, damit sie sich auch einmal rühren. Wenn sie uns bloß die Sachen schicken würden, die sie von uns haben, hätten wir für einige Zeit ausgesorgt. Offiziell dürfen nur einige besondere Leute schreiben und es ist nicht sicher, ob die Nachrichten ankommen.

Mutti hat sehr schweren Dienst, sehr oft Nachtdienst. Wenn sie doch eine andere Arbeit bekäme, aber das ist fast ausgeschlossen. Vor einem Jahr ging es uns allerdings noch schlechter als jetzt. Wenn uns jemand gesagt hätte, dass wir in einem Jahr noch hier sein werden, hätten wir es für unmöglich gehalten, das auszuhalten ... Jedenfalls hat es sich etwas gebessert. Wo werden wir jetzt in einem Jahr sein?

Dienstag, 12. Januar 1943

Muttis Geburtstag gefeiert, sie hat eine Torte bekommen und zum Nachtmahl gab es Schinkenfleckl. Hoffentlich wird ihr nächster Geburtstag besser sein. Hoffentlich hat sie ein besseres Jahr vor sich. Hoffentlich wird sie glücklich.

Mittwoch, 27. Januar 1943

Transporte, Transporte, nichts als Transporte nach Polen. Die ersten zwei. Viele Weisungen, ich habe ganz bestimmt damit gerechnet, auch zu fahren. Leute mussten wegen der kleinsten Dummheiten, wegen ganz unbedeutenden Sachen, fahren. Angelegenheiten, die schon längst erledigt sind, waren auf einmal Weisungen. Es ist einfach unglaublich, unfassbar und so ein unerhörter Zufall, dass ich nicht darin bin. Natürlich ist es nicht ausgeschlossen, dass ich noch fahren werde, weil jetzt eben niemand mehr geschützt ist, aber wenn ich hereinkomme, dann ist es kaum mehr Weisung.

Es kamen inzwischen noch junge [...], von denen durchschnittlich 500 Personen mitgingen, aber es werden trotzdem immer wieder von alten Transporten Menschen genommen, und Protektionskinder aus den neuen bleiben hier. Das ist eine Ungerechtigkeit.

Sonntag, 31. Januar 1943

Im Ghetto finden große Veränderungen statt. Ein neuer Ältestenrat wurde eingesetzt. Eppstein aus Berlin ist Judenältester, Löwenherz aus Wien sein Stellvertreter, Edelstein an dritter Stelle.[179] Das wird wahrscheinlich Folgen haben. Jedenfalls werden viel mehr Protektoratsangehörige als früher von hier weggehen.

Mittwoch, 3. Februar 1943

Bis jetzt hat der neue Ältestenrat noch keine Veränderung gebracht. Statt Löwenherz aus Wien kam Murmelstein, ein noch größeres Schwein. Aus Prag kam Mandler, im Auto mit Fiedler, Weidmann mit Familie, 16 Personen. Mandler wurde bereits verprügelt, zur Freude des ganzen Ghettos. Vorläufig gehen keine weiteren Transporte, weder nach Polen noch irgendwelche Arbeitertransporte, noch dass Edelstein weggeht und anderswo ein neues Ghetto aufbauen wird.

Den deutschen Berichten zufolge sind an der russischen Front enorme Angriffe der Russen zu verzeichnen. Die Deutschen wurden bei Stalingrad eingeschlossen, mussten sich ergeben. An allen Stellen rücken die Russen vor. Auch in Afrika steht es gut. Tripolis haben die Engländer erobert, und es besteht die Hoffnung, dass der Krieg dort bald beendet sein wird.

Wir sind angeblich in der Landwirtschaft vor jedwedem Transport geschützt. Mutti musste jetzt ein paar Tage in der Typhusabteilung Dienst machen. Es war furchtbar und sie ist froh, dass sie wieder zurück in der Hamburger ist. Typhus verbreitet sich erschreckend schnell. Es ist eine große Gefahr. Gott sei Dank sind es aber meist leichte Fälle. Mit Mama sind wir weiter täglich beisammen. Die Kinder ärgern sie und manchmal klagt Mama. Sie bekommen viele Pakete, sowohl offiziell als auch inoffiziell, und haben von allem etwas. Ich bekomme auch immer etwas. Auch von meinem Arier wieder etwas bekommen, Mehl und Margarine, Zucker, Fett, Sirup und andere Sachen. Er will mich sogar, falls ich nach Polen muss, verstecken und ich kann bis zum Kriegsende bei ihm bleiben. Ist das nicht unglaublich?

Kartoffeln bringe ich, zwar schlechte, genug nach Hause, und wir sind froh, dass wir sie haben. Ich habe zugenommen und ich will gar nicht so dick werden. Auch Mutti sieht gut aus, wie sie schon lange nicht ausgesehen hat. Vati könnte von früh bis spät essen, Gott sei Dank können wir ihm immer etwas geben. Eva ist wieder zu Hause. Sie hat ein hübsches Zimmer mit lauter jungen Mädchen, wo von früh bis spät gekocht wird. Die Burschen bringen ihnen ständig etwas zu essen, schleusen[180] en gros, sogar die Ghettowache, bei jedem Transport haben sie ganze Koffer. Dabei heißt es, die Ghettowache schleust nicht.

Löwenstein will militärische Ordnung hier hereinbringen und

setzt dies mit großer Strenge durch. Die Bäckerei steht bereits.[181] Jarka ist in der Kinderküche. In der Beziehung ist er sehr geschickt, wenn er auch oft unsympathisch ist. Mit Egon bin ich weiter fast jeden Abend zusammen. Der eine aus seinem Zimmer musste nach Polen, an seine Stelle kam ein netter Bursche mit einer noch netteren Frau. Mit Egon verstehe ich mich ausgezeichnet. Es ist Freundschaft mit hie und da ein bissel Flirt. Er hilft mir sehr, die furchtbare Episode mit Benny zu verschmerzen.

Donnerstag, 11. Februar 1943

Ich liege im Bett und bin krank. Jetzt auf einmal schälen sich meine Hände, ich hatte Scharlach, ohne es zu wissen. Jetzt bin ich nur noch furchtbar verkühlt, muss aber täglich aufstehen, um die Pakete, die der Arier mir schickt, abzuholen. Er will mich unbedingt sehen und hörte, dass ich manchmal über die Staatsstraße gehe. So hat er von Löbl[182] erfahren, wann und wo ich mit dem Kübel ins Viktoria gehe. Auf der Straße kam er mir entgegen, und man sah ihm von Weitem an, wie er sich freute mich zu sehen. Er strahlte übers ganze Gesicht, reden konnten wir natürlich nicht.

Am nächsten Tag kam er wieder. Da konnte ich aber wirklich nicht ins Viktoria, weil ich nicht zur Arbeit gehe, und blieb nur am Straßenübergang stehen. Zweimal ging er vorüber und winkte verstohlen.

Sonntag, 21. Februar 1943

Ich hatte inzwischen eine Kieferhöhleneiterung mit starken Kopfschmerzen. Bin aber schon wieder damit durch und schäle mich lustig weiter. Jeden Abend habe ich erhöhte Temperatur, muss natürlich zu Hause bleiben und darf mich nicht verkühlen. Ich würde schon lieber in die Arbeit gehen. Die ganze Zeit wurde davon gesprochen, dass wir Betten bekommen sollen, wir wollen sie aber nicht. Gerade als mir sehr schlecht war, musste ich in die Magdeburger gehen und verhandeln, weil das angeblich niemand anderes kann. Ich erreichte, dass jemand von der Landwirtschaft sich unser Zimmer ansah. Er war riesig nett, nahm eine Zwiebel und eine Knoblauchknolle und sagte, dass wir im schlimmsten Fall zweistöckige Betten bekommen werden. Auch mit der Ubikationskanzlei[183] habe ich vereinbart, wenn es doch zu Betten kommen sollte, dass Lotte und Mama zu uns übersiedeln. Dienstag kamen sie auf einmal wieder ausmessen. Unsere Zimmerälteste lief in die Magdeburger, aber es war nichts zu machen. Wir müssen dreistöckige Betten bekommen, und zwar schon am nächsten Tag. Wir mussten alles auf den Gang geben, Mutti saß den ganzen Tag auf unserem Gepäck, und zu allem Überfluss wollen sie jetzt Lotte und Mama nicht bewilligen. Ich machte auf der Ubikationskanzlei Krach, sie sahen ein, dass sie im Unrecht sind, dass wir von Anfang an darum angesucht haben, dass es sich um zwei Pflegerinnen handelt, die schon sechs Monate hier sind und daher Anrecht auf Betten und nicht auf Notbelag haben. Kurz und gut, ob daraufhin oder aus einem anderen Grund, ich weiß es nicht, aber am nächsten Tag hatten sie die Bewilligung zu übersiedeln. Ich wohne mit Lotte im dritten Stock, Mutti unter uns, Mama gegenüber. Wir haben eine Ecke für uns, sind wie eine Familie und sehr zufrieden. Wir haben uns die Betten schlimmer vorgestellt. Außerdem spricht man wieder davon, dass wir Mädels übersiedeln werden, und zwar schon bald. Es hätte für uns einige Vorteile. Ich bekam ein Paket von meinem Arier mit Cognac, Seife, Tee, Honig und Zigaretten. Vati hat aus Zlín ein Paket bekommen. Also haben wir jetzt Essen noch und noch.

Mittwoch, 31. März 1943

Ich bin inzwischen übersiedelt. Sechs Mädels aus dem Schafstall bekamen ein Zimmer, dort, wo voriges Jahr die Gänse untergebracht waren, im ehemaligen Wachtzimmer der Gendarmen. Es ist ein großes Zimmer in den Schanzen, und ein halbes Jahr lang war die Rede davon, dass wir es bekommen sollten. Die Gendarme übersiedelten, und binnen zwei Tagen mussten wir übersiedelt sein. Wir arbeiteten mit ein paar Burschen drei Nächte fast bis Früh. Die Burschen haben sich fabelhaft benommen. In den drei Nächten machten sie sechs Couches, einen Tisch, zwei Sessel, einen Schrank, zwei Schränkchen für Wäsche und einen niedrigen Schrank für Essen und Geschirr. Jeder, der zu uns kommt, ist begeistert. Am Samstag sind es vierzehn Tage, seit wir hier wohnen, und ich habe in Theresienstadt noch keine so zufriedene Zeit erlebt wie hier. Es ist so etwas wie ein Weekendhaus. Ständig sind bei uns Gäste. Die Mädels sind nett, wir streiten uns fast nie, wir kennen uns ja schon so gut, arbeiten ein dreiviertel Jahr zusammen, so dass einer die Fehler des anderen genau kennt. Mutti und Mama sind täglich bei mir. Wir haben einen kleinen Ofen mit Röhre, auf dem es sich sehr gut kocht, und sie kochen täglich hier ihr Nachtmahl. Ich bin glücklich, dass Mutti mit Mama und Lotte zusammen wohnt, so ist sie wenigstens nicht allein. Ich bemühe mich, mich ihr so viel wie möglich zu widmen, allerdings habe ich sehr wenig Zeit. Auch Egon ist oft bei mir. Dadurch, dass er gleichaltrig mit mir ist, wird er nie das von mir verlangen, was ich ihm nicht geben kann, und es wird nie solche Formen annehmen. Ich habe ihm alles erklärt und zwischen uns ist alles gut. Seit ich in der neuen Wohnung bin, war Jarka noch nicht ein Mal bei mir. Ich weiß nicht warum. Bei Eva bin ich jeden zweiten Tag. Sie hat immer noch Fieber, ungefähr 37,5 bis 38 Grad, hat dabei keine Schmerzen, aber ich fürchte, es ist die Lunge. Sie weiß es auch, zeigt es aber nicht. Fredy ist jetzt fast ständig bei ihr und die Mädchen sind sehr brav zu ihr. So ist sie wenigstens nicht ganz allein. Ich kann mich ihr leider nicht so widmen, wie ich möchte.

Von dem Arier habe ich ein Glas mit eingewecktem Schweinefleisch bekommen. Außerdem bekamen wir drei Päckchen. Eins von Glasers und zwei von Unbekannten. Wir waren sehr froh. Vati kommt jeden Abend zu mir zum Essen. Er ist in der Proviantur der Hohenelber, hat aber bis jetzt noch keine Vorteile davon. Ich nehme jetzt Englischstunden und bin sehr froh darüber. Zweimal in der Woche kommt ein junger Bursche zu mir und wir unterhalten uns auf Englisch. Unser Chef, Kraus, hat ihn mir gebracht. Er kam vor kurzer Zeit aus Lípa, ist sehr intelligent, man kann sich mit ihm über alles unterhalten. Ich gebe ihm Brot oder Zigaretten dafür.

Niemand rechnet eigentlich jetzt mehr mit dem baldigen Nachhausefahren. Die ganze Landwirtschaft richtet sich hier häuslich ein, alles übersiedelt. Es gibt hier jeden Tag Konzerte, Vorträge, Theater, sogar eine Revue, und auf der anderen Seite sterben die deutschen Juden in den Blockhäusern Hungers. Was nützen die tausend Pakete täglich, die herkommen, wenn sie doch immer wieder dieselben Leute bekommen. Der Typhus hat fast aufgehört, die Krankenhäuser sind zwar noch voll, aber es gibt keine neuen Fälle. Wenn alles so bleibt, halten wir persönlich es noch sehr lange aus. Alle sagen, ich schaue blendend aus, braungebrannt, auch Mutti hat zugenommen. Die Arbeit ist immer noch schwer, wir scheren jetzt die Schafe, und unser Chef Kraus ist alles andere als angenehm.

Mittwoch, 21. April 1943

Wir wohnen noch in der schönen Wohnung, werden aber wahrschinlich noch diese Woche ausziehen müssen. Wir sind traurig, erstens wegen der Wohnung, weil wir viel mehr Platz haben, und zweitens wegen der Gesellschaft. Jeden Abend hatten wir Gesellschaft, und wenn wir allein waren, konnten wir lesen. Wir werden uns schwer wieder an das Kasernenleben gewöhnen können. Grund zur Übersiedlung gibt es überhaupt keinen. Es kam der Befehl, die ganze Landwirtschaft müsse zusammen wohnen, es geht angeblich von Löwenstein aus, der behauptet, dass die Landwirtschaft zu schön wohnt und dass niemand kontrollieren kann, was an Gemüse geschleust wird, wenn alle verstreut wohnen. Andere sagen, dass es von Clausen ausgeht, dessen Haus bei einem Flugangriff zertrümmert wurde, und wir müssen es büßen. Jedenfalls werde ich mich jetzt Mutti mehr widmen können. Ich war zwar jede freie Minute in der Hamburger, hatte aber sehr wenig freie Zeit, weil ich in der freien Zeit auch für alle kochen musste, wir sind ja sieben Personen, mit Egon manchmal acht. Ohne zu übertreiben ist es für mich manchmal zu viel, dem allen zu genügen. Ich habe ständig das Gefühl, dass ich zu wenig mit Mutti zusammen bin. Sie sagt zwar, dass ich nicht kommen soll, aber ich weiß genau, dass ich ihr fehlen würde. Ich habe mir immer vorgenommen, mich um Mutti zu kümmern, alles andere ist nicht so wichtig.

Vorige Woche liefen sechs Leute aus dem Ghetto weg. Das soll schlimme Folgen für uns alle haben. Es waren meistens Kinder, die hier allein waren und deren Eltern in Mischehe leben und deshalb noch zu Hause sind. Die Kinder hatten Heimweh. Von sechzehn Jahren aufwärts sind Kinder aus Mischehen hier. Teils sind sie wieder zurückgekommen, als ihnen klar wurde, was sie getan haben. Seitdem ist Kasernensperre, die allerdings nicht ganz eingehalten wird, weil es einfach nicht möglich ist zu kontrollieren, ob alle Leute zur Arbeit gehen. Unangenehmer ist die Lichtsperre. In der Kaserne darf abends überhaupt kein Licht angezündet werden. Wir haben manchmal Licht, aber gut verdunkelt.[184]

Ich habe endlich einen Durchlassschein bekommen, sonst haben sie mir manchmal Schwierigkeiten gemacht, wenn ich aufs Klosett gehen wollte, da das außerhalb des Ghettos liegt. Ein halbes Jahr bin ich ohne ihn ausgekommen, aber jetzt ist alles viel strenger. Jetzt ist es schon ein halbes Jahr her, dass ich eingesperrt war, und ich denke noch sehr oft daran. Was mag Benny machen? Eva geht es noch immer nicht gut, sie hat ständig erhöhte Temperatur. Fredy kümmert sich sehr um sie, so dass sie sich nicht so allein fühlt. Vati bringt manchmal auch etwas zu essen, aber Gott sei Dank haben wir genug. Von meinem Arier Karel habe ich wieder Nudeln und ein Stück Speck bekommen. Außerdem bekommen wir jetzt Pakete aus Prag, meist von Glasers, und außerdem habe ich noch die Kartoffeln. Manchmal koche ich aus den Sachen von Mama und Lotte für uns alle. Wir sind eine Familie, haben alles gemeinsam. Wenn uns doch Richard so sehen könnte!

Mittwoch, 5. Mai 1943

Jetzt bin ich glücklich wieder in die Hamburger übersiedelt. Ich wohne im dritten Stock in einem großen Zimmer mit allen Mädchen der Landwirtschaft, die von draußen übersiedeln mussten. Der Befehl kam furchtbar schnell. Samstag wurden beide Bischitzkis eingesperrt, wegen der verloren gegangenen Gänse. Es ist einfach unglaublich, was sich Clausen, der übrigens ständig betrunken ist, leistet. Allgemein wird vermutet, dass es Poljak, also einer von ihren Leuten, getan hat. Und deswegen sitzen zwei Menschen, die Enormes geleistet haben und aus nichts große Gemüseanlagen gemacht haben, sich geplagt haben, und das ist der Dank. Es herrscht große Anspannung, und die Landwirtschaft ist kopflos. Kraus hat inzwischen die Leitung übernommen. Sonntagabend kam der Befehl: Sofort übersiedeln. Niemand rechnete damit, dass es so schnell kommen würde. Ostersonntag! Schöne Ostern! Wir mussten alle Möbel zerhacken und die Bretter nahmen wir mit. Schade um die schöne Wohnung. Die letzten paar Tage waren allerdings nicht mehr so harmonisch. Es gingen einige Sachen verloren und jede verdächtigte jede. Ich weiß nicht wieso, aber sie sind alle so oberflächlich und hatten schreckliche Wirtschaft. Ich konnte das schwer aushalten, diese Wirtschaft. Obwohl niemand etwas sagte, konnte es nicht mehr so sein wie früher. Eva Taussig, mit der ich eigentlich am besten war, ließ sich von Hilde beeinflussen, die ich nicht sehen kann und mit der ich mich, obwohl ich mich mit niemandem auf der Welt streite, am liebsten von früh bis spät gestritten hätte, wenn wir allein gewesen wären.

Jetzt bin ich in einem Zimmer mit dreißig anderen Gärtnerinnen, meist junge Mädchen, auch einige Mütter. Wieder im dritten Stock wie früher, aber mit dem einzigen Vorteil, dass in einem Block nicht sechs wie überall, sondern nur fünf wohnen.

Beide Bischitzkis wurden nach einer Woche entlassen, zuerst Wilda, dann Tonda, und jetzt ist alles wieder beim Alten. Angeblich soll Clausen gehen. An seine Stelle soll ein Besserer kommen. Vielleicht werden wir sogar wieder übersiedeln. Der einzige Vorteil hier ist, dass ich nahe bei Mutti bin, aber es hat viele Nachteile. Ich kann nicht mehr kochen oder nur sehr wenig, komme nicht an meine Sachen, habe alles in Koffern und laufe ständig die Stiegen hinauf und herunter. Kurz: Es ist scheußlich.

Mit Egon bin ich weiter sehr oft zusammen, und er ist wirklich sehr nett und kolossal anständig. Er ist anders als alle anderen Burschen. Wir lesen zusammen und unterhalten uns. Ich bin froh, dass ich wieder jemanden habe.

Samstag, 8. Mai 1943

Ich sitze auf der Weide auf einem Stein, mitten im Grünen. Vor mir ist Leitmeritz,[185] überall eine göttliche Ruhe, nur der Kuckuck ruft und die Vögel zwitschern. Von Theresienstadt, seinem Schmutz und Hunger und seinen furchtbaren Zuständen, ist nichts zu sehen. Es ist, als wenn es gar nicht existieren würde. Hier ist Freiheit, Luft, alles ist rein und ist doch nur etwa zwanzig Minuten vom Ghetto entfernt. Ich bin so dankbar, dass ich hier sein kann, es ist die beste Arbeit, die man in Theresienstadt haben kann. Niemand im ganzen Ghetto hat es so gut wie wir. Wir verlassen früh um sieben Uhr die Stadtgrenze und kommen um fünf Uhr nachmittags nach Theresienstadt zurück. An uns vorüber fließt die Eger, man kann hier sogar Wäsche waschen und sie an der Sonne trocknen.

Die Kasernen und die Lichtsperre in der Kaserne sind sehr unangenehm, als wir noch draußen wohnten, haben wir das nicht so gespürt. Egon geht manchmal um halb neun Uhr abends von uns los und ich habe Angst, dass er auf der Straße Unannehmlichkeiten bekommt. Um acht Uhr ist es finster und man kann nichts mehr machen, nur schlafen gehen.

Karel war jetzt zweimal nacheinander hier, und ich sprach mit ihm ein paar Worte durchs Fenster in der Dresdener Kaserne, an der jetzt die neue Staatsstraße entlang führt. Er war beide Male mit seiner Frau da und dem kleinen Sohn, der immer winkt. Einmal war er hier am Ostermontag, gerade mitten im Übersiedeln, und dann am darauffolgenden Sonntag. Wieder drei herrliche Pakete bekommen. Eins für Mutti, zum Muttertag, mit einer Torte und Bonbons, eins mit Fleisch, Speck, Einbrenn, Käse, Nudeln. Das dritte mit Wurst, 5 kg Mehl, einem Glas Fett, Konserven, vier Stücken paniertes Huhn, Käse. Nie kann man diesen beiden Menschen vergessen, was sie für uns getan haben, und auf so wunderbare Art. Ich hoffe, dass ich mich bei ihnen einmal werde revanchieren können.

Ich habe einen unangenehmen Ausschlag am ganzen Körper, schon seit Längerem, aber so schlimm wie jetzt war er noch nie. Ich habe schon alles Mögliche versucht, aber er vergeht nicht. Jetzt bekomme ich Injektionen. Ich bin gespannt, ob es was nützt. Ich lerne weiter Englisch zweimal in der Woche, ich spreche und lese mit Jirka Gans.[186] Er ist zwar kein perfekter Engländer, aber für mich genügt es, und wenigstens vergesse ich nicht alles.

Freitag, 14. Mai 1943

Ich sitze im Wald und weide die Schafe. Die Schafe liegen da und rühren sich nicht, so dass ich sie nur bewachen muss. Wir genießen die Natur wie nie im normalen Leben, sind von früh sieben Uhr bis abends sechs Uhr ununterbrochen draußen, das Mittagessen bringen uns die Mädels.

Vorigen Montag kam ein Ghettowachmann uns abholen, alle sechs, die wir draußen gewohnt hatten, müssen sofort ins Kasino zum Verhör, zu Janeček.[187] Ich machte mir überhaupt nichts daraus. Ich war zwar nicht ganz überzeugt, dass wir gleich wieder entlassen werden, nach dem Beispiel von Bischitzkis konnten sie uns auch dort behalten. Im Kasino waren noch Frau Bischitzki und Frau Klinger, beide schrecklich aufgeregt. Unterwegs traf ich Mama und Lotte, habe ihnen aber kein Wort davon gesagt. Sie werden es schon rechtzeitig erfahren. Wir wurden auf die Wachstube gebracht und unterhielten uns mit den Gendarmen. Auf einmal kam Hašek, brüllte und schickte uns in dieselbe Zelle, in der ich damals vor dem Verhör war und wo ich vor Aufregung und Überreizung fest eingeschlafen bin. Es war ein komisches Gefühl.

In der Zelle mussten wir mit dem Gesicht zur Wand stehen und durften nicht miteinander sprechen. Mir kam die ganze Angelegenheit sehr komisch vor. Was kann mir schon passieren? Ausnahmsweise bin ich wirklich vollkommen unschuldig und habe ein so reines Gewissen wie selten. Wir wurden einzeln zu Janeček geführt, der uns gründlich verhörte, was wir von der Gänsegeschichte wüssten, natürlich überhaupt nichts, worauf Hašek ein Protokoll schrieb und wir entlassen wurden.

Mit Egon bin ich immer noch so gut. Wir wissen beide, dass es nur vorübergehend ist, aber sie ist gut, diese Freundschaft. Wir verstehen uns ausgezeichnet, und wenn wir uns einen Tag nicht sehen, fehlt uns der andere. Wir denken nur an heute und nicht an morgen. Wir unterhalten uns über alles Mögliche, oft sehr ernst, und lesen zusammen gute Bücher. Wir sind beide nicht so gesellig wie alle anderen und können nur schwer wie die anderen Dummheiten sagen und Oberflächlichkeiten. In letzter Zeit verstehe ich mich auch mit den Mädels in der Arbeit nicht mehr so gut.

In meinem Zimmer halte ich mich fast überhaupt nicht auf, nur zum Schlafen gehe ich dorthin. Ich bin den ganzen Tag auf der Weide. Wir bekommen jetzt Geld, gedrucktes Ghettogeld. Ich bekomme sechzig Kronen, Mutti siebzig. Ich bin sehr neugierig, was man sich dafür wird kaufen können. Ich brauche dringend Schuhe, ganz gewöhnliche Holzschuhe. Ich habe überhaupt keine mehr. Kleider habe ich genug, aber keine Schuhe mehr und gehe fast ständig barfuß. Große Wut habe ich auf Trude. Ich habe für unsere Wohnung damals ungefähr 65 Zigaretten hergegeben, ohne dass jemand gewusst hatte, dass sie von mir sind. Niemand anderer hat auch nur das Geringste dazu gegeben. 35 Zigaretten habe ich Trude zum Aufbewahren gegeben für den Abend, der stattfinden sollte, aber nicht stattfand. Gestern wollte ich die Zigaretten von ihr. »Ja, die haben die Burschen gelegentlich geraucht, wenn sie am Abend dort waren.« Aber dazu waren doch meine Zigaretten nicht, dass sie von jedem x-Beliebigen geraucht werden. Ich bin wütend, so ausnützen brauche ich mich doch nicht zu lassen, ich will wenigstens zwanzig zurückhaben. Keine von den Mädels wird jetzt etwas hergeben wollen, dabei haben alle genug. Ich brauche die zwanzig Stück für die Holzschuhe.

Donnerstag, 20. Mai 1943

In den letzten Tagen bin ich sehr mieser Laune, aber es ist nicht bloß so eine Laune von mir, ich habe momentan wieder mal alles gründlich satt. Ich weiß nicht recht, ob es mit Theresienstadt zusammenhängt, vielleicht gibt es so etwas auch im normalen Leben, nur nicht so krass wie hier. Die meisten Leute sagen, sie haben Theresienstadt satt, sie möchten nach Hause. Das ist sehr bequem, sie stellen sich das Zuhause wie einen Himmel vor, und doch sind dort auch nur Leute. Menschen wie hier, schlechte Menschen, momentan glaube ich gar nicht, dass es auch noch gute Menschen gibt. Lieber Gott, ist es denn möglich, dass es so viele schlechte Menschen gibt? Sind denn die Menschen auf der Welt nur dazu da, Schlechtes zu tun und die anderen zu betrügen und auszunützen? Das Schlimmste daran ist, dass auch ich mich eingefügt habe, ich werde dazu gezwungen. Mich ekelt das alles an, wem kann man glauben und wem nicht, wahrscheinlich niemandem. Gibt es denn überhaupt keine Ideale mehr? Mutti ist die Einzige, auf die man sich immer verlassen kann, der einzige feste Punkt, der sich nie bewegt, und die immer gleich lieb bleibt. Mama und Lotte sind auch gut, wenn ich oben bei ihnen bin, ist alles gut und alles vergessen, aber ich bin so wenig dort und bin viel mehr mit allen anderen zusammen. In der Arbeit schauen die Mädels nur auf ihren Vorteil, jede bemüht sich, die andere auszunützen und hat Freude, wenn die andere mehr arbeiten muss. Ich arbeite viel, weil die Arbeit mich noch freut, und andererseits ärgert es mich wieder, wenn ich sehe, dass die anderen Mädels weniger arbeiten.

Im Zimmer, wo ich wohne, ist es scheußlich. Ich bin so wenig dort, und die kurze Zeit versuche ich nach Möglichkeit noch zu verkürzen. Ewig muss man sich anhören, dass ich Schmutz hinunterwerfe, auch wenn es gar nicht wahr ist.

Am schlimmsten ist es mit Egon. Er, auf den ich vertraut habe und von dem ich geglaubt habe, dass er nicht fähig wäre, etwas Schlechtes zu tun, behielt einen Sack mit Mehl von mir und behauptete, es wäre seiner. Ich kann es immer noch nicht fassen. Ich habe einen Schlüssel von seiner Wohnung, weil ich dort oft koche, und dabei habe ich den Sack bei ihm gesehen. Ich hoffe immer noch, es wird sich aufklären, vielleicht hat er sich geirrt. Äußerlich ist alles beim Alten, aber ich schaue ihn manchmal an und denke: Ist das möglich?

Vera hat sich meinen Durchlassschein auf ihre Nummer überschrieben, ich muss jetzt melden, dass ich ihn verloren habe, und habe Laufereien und Unannehmlichkeiten. Die Zigaretten sind in den Schanzen sehr unsicher, mit nach Hause kann ich sie nicht nehmen, bei Egon sind sie auch nicht sicher, sonst hätte ich alle zu ihm gegeben. Es ist alles so furchtbar kompliziert und ich bin unglücklich.

Es wächst mir alles über den Kopf. Wenn wenigstens Richard hier wäre, dann könnte ich alles mit ihm besprechen. Ich bemühe mich ruhig zu sein und in Ruhe zu überlegen, aber ich bin dazu nicht imstande. Mutti kann ich auch nicht alles sagen. Es ist alles so furchtbar schwer. Mit Eva ist es auch so eine unangenehme Sache. Vielleicht ist es meine Schuld, dass wir uns so entfremdet haben. Ich habe für sie fast überhaupt keine Zeit, beim besten Willen nicht. Ich komme täglich um halb sieben aus der Arbeit, hole mein Nachtmahl, gehe zu Mutti, koche das Nachtmahl, oft aus der Milch, die ich täglich mitbringe. Ich kann viel schwerer Kameradschaft schließen als die anderen Mädchen, kann nicht den leichten Ton finden wie manche, die stundenlang über nichts reden können. Es scheint mir alles so unsinnig und so uninteressant. Eva hat Gott sei Dank gute Gesellschaft, die Mädchen kümmern sich um sie, Fredy sorgt für Essen und sie schaut so gut aus wie schon lange nicht. Aber die Freundschaft?

Mittwoch, 9. Juni 1943

Durch eine furchtbare Tragödie bin ich wieder mit Eva zusammengekommen. Jarka[188] hat plötzlich einen Anfall von Wahnsinn bekommen und stürzte sich vom zweiten Stock aus dem Fenster. Er ist nicht tot, aber sehr schwer verletzt, und es wäre für ihn ganz bestimmt besser, wenn er es nicht überleben würde. Es kam ganz plötzlich, er hatte vorher nie etwas Ähnliches ... Es ist angeblich Vererbung von seiner Mutter. Eva ist täglich zweimal bei ihm und berichtet mir immer. Mit ihm selbst hat sie noch nicht gesprochen, er ist noch bewusstlos.

Gestern weideten wir Schafe auf einem Abhang, wo ein Kirschbaum mit herrlichen roten Kirschen stand. Natürlich haben wir

Kirschen gegessen. Wir waren vier, eine gab immer acht. Ich hielt gerade einen Zweig in der Hand und Krach!, der ganze Zweig blieb mir in der Hand. Habe schnell die Kirschen gepflückt. In dem Moment schrie Hilda: Achtung, ein SS-Mann! Ich erwischte den Zweig, warf ihn vor die Schafe. Aber es war schon zu spät. Er kam langsam heran. Was macht ihr da? Es ist doppelte Sabotage, Kirschen zu essen und dazu den Zweig abzureißen. Dann kam er an mich heran, nahm den Zweig und sagte: Da, nimm noch die letzten Kirschen davon. So ein Hund, noch ironisch ist er. Aber er fing an, sich mit mir zu unterhalten. Ich traute meinen Ohren nicht. Er: Wenn da an meiner Stelle ein anderer gewesen wäre, vom SD, stellt euch vor, was daraus geworden wäre. Man sieht euch ja von Weitem. Meinetwegen könnt ihr reißen, soviel ihr wollt, aber es darf euch dabei niemand ertappen. Übrigens sind sie ja noch gar nicht reif. Hilda und Eva fingen an zu weinen vor lauter Rührung. Dass es noch so etwas gibt: ein SS-Mann und ein Mensch. Die ganze Aufregung war vielleicht nötig, um uns zu beweisen, dass es auch unter den Deutschen noch Menschen gibt. Man bekommt den Glauben an die Menschen zurück, den wir verloren haben. Mutti brachte ich ein Kilo mit. Ich selbst hatte Durchfall und Bauchweh.

Dienstag, 22. Juni 1943

Inzwischen wurden wir noch einige Male beim Kirschenpflücken erwischt, aber nur von Juden, und wir schleusen weiter. Die Versuchung ist zu groß. Das Ghettoleben geht weiter seinen gewohnten Gang, aber es vergeht kein Tag, an dem nicht etwas passieren würde. Herr SS Unter- oder Oberscharführer, das ist ja ganz egal, Haindl[189] ist bestimmt von Gott ins Ghetto geschickt worden, um die bösen Juden zu strafen. Er wütet ganz entsetzlich, es vergeht kein Tag, an dem nicht durch seine Tüchtigkeit jemand verhaftet wird. Er will sich wahrscheinlich hier unentbehrlich machen, um nicht an die Front zu müssen. Vorläufig scheint ihm das zu gelingen. Es gibt keinen Ort, kein Zimmer, kein Loch, wo man vor ihm sicher wäre. Überall sucht er nach Zigaretten. Sogar das Stroh im Schafstall hat er durchsucht. Er scheint hier eine Menge Spitzel zu haben, denn er geht größtenteils auf Nummer sicher. Der Stellvertreter des Chefs des Sicherheitswesens und der Sekretär des Chefs, Klaber und Preiss, samt ihren Frauen, wurden eingesperrt.

Die Ghettowache besteht anstatt aus 450 nur noch aus 150 Männern und es werden große Änderungen geplant, und zwar dass Männer erst ab 45 Jahren Ghettowachmänner werden können.[190] Da werden fast 90 Prozent durch neue Leute ersetzt. Alle Männer von 45 bis 65 müssen sich zu einem Appell melden. Ich bin gespannt, was daraus wird.

Auch in der Landwirtschaft gibt es große Veränderungen, die niemand erwartet hätte. Herr Oberscharführer Lederer hielt einen Appell. Es muss alles wie am Schnürchen gehen, und gleichzeitig brachte er eine Menge seiner Leute aus Lípa mit. Er hatte einen großen Streit mit Tonda Bischitzki und Tonda ist jetzt nicht mehr in der Landwirtschaft. Tonda führt jetzt die Spedition anstelle von [...], der wahrscheinlich nicht mehr aus dem Gefängnis kommen wird. Die Pferde werden von jetzt an zur Spedition und nicht mehr zur Landwirtschaft gehören. Lederer ist darüber sehr erzürnt, Pferde sind sein Steckenpferd. Clausen, der das zu verantworten hat, muss aber an die Front, und wer weiß, ob es Lederer gelingen wird, die Pferde zurückzubekommen.

Es ist erfreulich, wenn man sieht, dass sich die Deutschen untereinander auch Ases machen. Meist jedoch zahlen die Juden drauf.

Das Družstvo wimmelt von neuen Leuten, teils aus Lípa, teils Verwandte und Protektionskinder derer von Lípa. Außerdem kommen jetzt auch einige dazu, die gut Fußball spielen, was jetzt in der Landwirtschaft sehr wichtig ist. Jeden Sonntag sind Wettspiele.

Donnerstag, 1. Juli 1943

Ich liege im Bett und habe eine komische Krankheit. Seit vierzehn Tagen habe ich eine Aversion gegen jedes Essen, besonders gegen Brot, und wenn ich Fettbrot sehe, wird mir ganz besonders schlecht. Dienstag hatte ich über 38 Fieber. Seitdem hab ich ständig über 37, gehe aber dabei aus, fühle mich elend und schwitze oft furchtbar. Ich hatte nicht die Absicht, zur Arbeit zu gehen, es sind aber Umstände eingetreten, die mich dazu gezwungen haben. Gestern wurden eine ganze Menge Leute aus der Landwirtschaft entlassen. Karel Klinger mit Mutter und Braut, zwei Brüder Back mit Mutter und noch einige, die von Anfang an in der Landwirtschaft waren. Es sind solche, die als die Grundleger der Landwirtschaft angesehen wurden, viel geleistet haben, jetzt aber Herrn

Lederer nicht sympathisch waren. Außerdem waren das Leute, die von Bischitzkis gehalten wurden, und das ist ein Grund, sie zu entlassen. Erna wurde entlassen, weil er Scharlach hat, und Lederer erkennt überhaupt keine Krankheit an. Ich habe auch Angst herauszufliegen und will ihm keinen Grund geben, indem ich krank bin. Es wäre nicht angenehm, zum Kistenbau eingeteilt zu werden, wie so viele andere, die aus allen Abteilungen freigegeben wurden. Die ganze Ghettowache wurde aufgelöst und nur noch Männer ab 45 Jahren genommen, und alle jungen Burschen wurden zu schwerer Arbeit, Kisten- oder Straßenbau, eingeteilt.

Es gibt jetzt schöne Geschäfte, wir haben Geld und Punkte, ein Sparkonto und noch viele andere Errungenschaften bekommen. Wie das alles gehandhabt werden wird, ist mir ganz schleierhaft. Ich bin gespannt, ob ich ein paar Hosen und einen Mantel, den ich so dringend brauche, bekommen werde. Von einem Schuster habe ich mir und Mutti Sandalen machen lassen. Jedes Paar 1600 Kronen. Das ist unglaublich. Wenn ich das einmal in normalen Zeiten lesen werde, werde ich das nicht glauben können, aber es ist wirklich so. Ich habe ihm dafür ein Kilo Speck gegeben, das hat den Wert von 4000 bis 5000 Kronen für beide Paar Schuhe. Der Speck war natürlich von Karel, und so hatte ich sie umsonst. Jetzt möchte ich mir noch gerne Skischuhe oder Kanadier besorgen.

Karel schickt unermüdlich Pakete, wieder ein Kilo Fett, gebratenes Schweinefleisch, Gurken und Buchteln bekommen. Das alles hat einen unermesslichen Wert. Er schreibt dazu immer sehr liebe Briefe. Einfach und doch ... Er will immer helfen, solange er kann, das sei das Wenigste, was er für mich tun kann, da ich doch seinetwegen eingesperrt war und ihn nicht angezeigt habe. Er würde heute nicht mehr leben.

Mit Eva habe ich mich wieder einmal richtig ausgesprochen. Sie geht mit Fredy, er liebt sie sehr, sie ihn nicht so sehr. Sie würde jemanden brauchen, den sie wirklich lieb hat. Mit Egon bin ich wieder gut. Man braucht jemanden, mit dem man alle Erlebnisse besprechen kann. Ich lerne bei ihm Russisch, er bei mir Englisch. Russisch lerne ich nicht, weil er mich überzeugt hätte, dass der Bolschewismus das Ideal der Welt ist, sondern weil ich ganz einfach etwas lernen und mein Gehirn wieder etwas trainieren möchte. Ich glaube, es ist am besten, wenn ich eine Sprache lerne, die nach dem Krieg voraussichtlich ziemliche Bedeutung haben wird. Ich glaube nicht, dass ich sie je erlernen kann, aber wenn ich die Grundbegriffe und einige Worte kenne, wird es mir bestimmt nur nützen. Mir wäre lieber, intensiv Englisch zu lernen, aber es fehlt mir leider an Gelegenheiten. Mein Englischlehrer hat sich schon längere Zeit nicht blicken lassen. Es ist furchtbar, wenn man sich überlegt, wie wir hier leben. Es ist nicht nur die äußerliche Gefangenheit, da wir momentan nicht unter Hunger zu leiden haben und auch genügend körperliche Freiheit haben, fehlt mir das Lernen am meisten. Es ist wahrscheinlich sehr unbescheiden von mir, vor einem Jahr wäre ich glücklich gewesen, wenn ich das gehabt hätte, was ich jetzt habe, aber ich bin halt immer unzufrieden. Wenn ich mich wenigstens einmal in der Zeit mit jemandem unterhalten könnte, der mir geistig weit überlegen ist und von dem ich bloß allgemeine Bildung bekommen könnte, aber es gibt keine Gelegenheit dazu. Die Mädels haben ganz andere Interessen. Ich lese jetzt Madame Curie, es ist ein sehr schönes Buch. Das Russisch geht mir sehr schwer in den Kopf, ich kann das Alphabet nicht erlernen. Allerdings ist das angeblich das Schwerste. Trotzdem möchte ich so gern lernen und viel wissen.

Mittwoch, 14. Juli 1943

Seit einer Woche ist Seidl nicht mehr Lagerkommandant und an seiner Stelle steht nun Burger.[191] Seitdem sind Pakete ganz eingestellt, angeblich werden nur zweitausend im Monat bewilligt werden. Das ist weniger als bisher an einem Tag. Wer wollte, konnte ein Formular ausfüllen, unter der Bedingung, dass der Genannte um eine Marke für den Betreffenden ansucht, der ihm ein Paket schicken soll. Das ist ein zweischneidiges Schwert. Soll man jemanden in Prag angeben? Den genauen Namen und die Adresse? Wird er dadurch nicht Unannehmlichkeiten haben, dass er mit Juden in Verbindung steht? Wird bei ihm nicht eine Hausdurchsuchung gemacht werden? Alle sprechen selbstverständlich davon. Ich persönlich glaube nicht daran. Solche Gerüchte hat es schon so oft gegeben. Uns hat man in Prag auch nicht erlaubt, Pakete herzuschicken, weil sie angeblich hier dafür aufgehängt werden. Wir haben Glasers angegeben, denen kann nicht viel passieren, erstens haben sie nichts und außerdem ist sie deutsche Arierin.

Samstag, 17. Juli 1943

Jetzt bin ich zweiundzwanzig Jahre alt. Gestern habe ich mit Mama gleichzeitig gefeiert und habe viele Sachen bekommen, zwei paar Herrenhosen, die ich mir umändern lassen werde, eine Jacke, zweihundert Kronen Ghettogeld, dafür kann ich mir etwas kaufen, wenn ich etwas bekomme, einen Waschbeutel, eine Torte mit Mama gemeinsam, von Mama einen Kettenanhänger, von Egon einen langen Brief. Er schreibt furchtbar ungern, und es war bestimmt für ihn ein großes Opfer. Von Fredy habe ich ein Bild bekommen, das er selbst gemalt hat und das die Parta auf der Wiese darstellt. Schon früh ist Mutti zu meinem Bett gekommen gratulieren, das heißt, sie musste in den dritten Stock hinaufklettern. Vormittags waren wir im Stall, alle haben mir gratuliert, von den Mädchen habe ich Umschläge mit Legitimation und Durchlassschein bekommen. Von vier bis acht Uhr war ich auf der Weide. Ich habe jetzt bei Karel[192] eine Ausnahmestellung ... Dort herrscht jetzt sehr gespannte Stimmung, und ich bin die Einzige, die sich nicht mit ihm streitet. Ich bin auch wütend auf ihn, kann aber nicht so frech sein wie die anderen. Die Arbeitszeit haben wir jetzt von sieben bis halb zwei oder von halb zwei bis acht eingeteilt. Aber vor einer Woche wurde das wieder geändert, und alle müssen vormittags und nachmittags arbeiten. Es ist ganz unnötig, aber wir müssen in seinem Garten Unkraut jäten, was nicht zu unseren Aufgaben gehört. Wir hatten Badekarten und wollten um sechs Uhr baden gehen. Ihr könnt erst gehen, wenn ihr mit allem fertig seid. Vera hatte eine erregte Debatte mit ihm. Das heißt, sie sagten sich die größten Grobheiten. Sie sagte ihm alles, was wir über ihn denken, dass er glaubt, ein Herr zu sein und wir seine Dienstboten, dass er ständig mit den Händen in den Taschen herumgeht und schaut, wie wir arbeiten, Anerkennung kennt er überhaupt nicht, wir plagen uns und er hat nur noch und noch Arbeit für uns. Ob wir langsam oder schnell arbeiten, er lässt uns nie früher nach Hause, denkt sich die unmöglichsten Arbeiten aus. Er hat von allem, uns gibt er nicht das Geringste aus seinem Garten. Fremde Leute kommen sich von ihm Gemüse holen, wer weiß, für was er es eintauscht, und wir, die wir ihm täglich dieses begießen müssen und in Ordnung halten, haben nicht das Geringste davon. Wir bekommen nichts aus dem Družstvo, weil sie sagen, dass wir von Kraus genug bekommen, und er gibt uns nichts. Vera sagte zu ihm: Du weißt ja gar nicht, was Arbeit in Theresienstadt heißt. Darauf sagte er: Also wem es nicht gefällt, der muss ja nicht hierbleiben. Wir sagten, dass wir alle gehen. Am nächsten Tag meldeten wir, dass wir alle ausgewechselt werden möchten. Am Abend sollte Wilda Appell halten, er kam aber nicht. Dafür hielt Kraus ihn. Er sagte, dass ein Austausch nicht ohne Einwilligung von Lederer geht und das heißt, dass wir aus der Landwirtschaft herausgeworfen werden. Er will uns für diesmal großmütig verzeihen, allerdings nur unter der Bedingung, dass alles, was er verlangt, unbedingt ausgeführt wird, dass wir allen seinen Befehlen gehorchen werden usw. Wir waren ganz baff. Das haben wir nicht erwartet. Es war uns zwar ein bisschen leid, von den Schafen zu gehen, es geht uns ja doch nicht so schlecht, wir wollen nur einen anderen Partaführer. Statt besser haben wir es jetzt nur noch schlechter gemacht. Er ist zwar jetzt wie Zucker, aber trotzdem waren wir uns schon zweimal beschweren. Es hat aber keinen Sinn. Wilda will absolut nichts machen und kein anderer hat an uns Interesse. Ihr müsst es mit ihm alleine ausmachen, das sind immer seine Worte.

Donnerstag, 22. Juli 1943

Gestern war Lidka frech zu Emmi, das ist Kraus' Schwester, und flog aus der Stelle heraus. Kraus wartet nur auf solche Gelegenheiten.

 Ich bin jetzt wieder täglich mit Eva zusammen. Vorgestern war ich mit ihr zum ersten Mal bei Jarka im Irrenhaus. Sie geht täglich hin und bringt ihm Essen, ich bewundere sie, ich würde das nicht aushalten. Ich war ganz weg von seinem Anblick und der Umgebung, ich könnte mich nie daran gewöhnen. Jarka ist in schrecklichem Zustand, kaum noch zu erkennen, abgemagert, und das Schlimmste sind die Augen, die ich nie vergessen werde. Ganz geistesabwesend und schauen doch jeden durchdringend an. Jarka hat sich sehr gefreut, als er mich sah, lachte, hielt mich mit beiden Händen fest, hat aber dabei etwas Kindisches, so dass man mit ihm automatisch wie mit einem Kind spricht. Der Wärter geht mit ihnen sehr seltsam um. Hast du schon die Hand gereicht? Sag Danke. Sag Bitte. Bevor du nicht aufisst, bekommst du kein Wasser usw. Jarka gehorcht mit großen erschrockenen Augen wie ein kleines Kind. Eine Luft ist dort, zum Umkommen, weil die meisten unrein sind. Die Wärter haben einen entsetzlichen Dienst, ich verstehe nicht, dass sie überhaupt noch normal sind. Jarka hielt mich fest bei der Hand und ich musste ganz nah an ihn heran kommen. Er wollte mir etwas sagen. Was gibt es draußen? Ich: Nichts, gar nichts, was dich interessieren könnte. Er: Was ist oben los, warst du schon oben? Ich: Nein. Er: Ich glaube dir nicht, du beschwindelst mich bestimmt, ihr sagt mir nicht, was es gibt, zeig deine Nase. Es ist ein unheimliches Gefühl, mit einem Abnormalen zu sprechen, man weiß nie, was er im nächsten Augenblick tun wird. Dabei sagt Eva, dass es ihm jetzt schon viel viel besser geht. Er kommt bestimmt nie mehr heraus. Jarka, mit dem ich so gut war.

Eine furchtbare Tragödie geschah mit Grünbergers. Sie lebten ein halbes Jahr in der Slowakei und es ging ihnen verhältnismäßig gut. Dann wollten sie nach Ungarn und wurden dabei gefangen. Dreizehn Personen mit falschen Pässen wurden nach Pankrác[193] gebracht. Danny sprang aus dem Zug und wurde lange von der Gestapo gesucht, versteckte sich an allen möglichen Stellen in Prag, und zum Schluss fing ihn die Gestapo doch. Alle dreizehn Personen und viele Arier, darunter auch Deutsche, SS, wurden zum Tode verurteilt. Es ist alles so unwahrscheinlich, ich kann es nicht fassen, aber es ist bestimmt wahr. Wir hörten es von mehreren Seiten aus dem letzten Prager Transport. Kann ein Mensch auf Monate im Voraus zum Tode verurteilt werden? Jetzt ist es vielleicht ganz gut, dass Benny nicht hier ist. Er wäre ganz verzweifelt.

Es ist grausam, jemanden einzusperren und ihm zu sagen, in drei Monaten wirst du zum Tode verurteilt. Eva ist aufgeregt, ich habe ihr aber das Furchtbarste nicht gesagt. Ich kann es ihr nicht sagen. Insgeheim hofft sie noch, dass sie herkommen oder auf die Festung, was ihrer Meinung nach schon furchtbar wäre. Eva denkt ständig noch an Danny und Benny, die am meisten und mit ganzem Herzen noch zur Parta gehörten.

Es kamen jetzt die letzten drei Prager Transporte und Prag ist bis auf einige Ausnahmen und die Mischehen judenrein.[194] Unter ihnen war auch meine Cousine Doris Schwarz. Ich habe hier zu ihnen noch weniger Verbindung und Verständnis für sie als in Prag. Eindreiviertel Jahre Theresienstadt ändern jeden sehr. Sie hat bis jetzt schön gelebt, schön gewohnt, gut gegessen, hat noch Kleider und Schuhe, alles tadellos, sie hat massenhaft Sachen mit, muss allerdings jetzt hier Kartoffeln schälen.

Die Engländer und Amerikaner sind auf Sizilien gelandet und haben bereits große Erfolge. Hier erzählt man sich natürlich schon, dass sie ganz Sizilien erobert haben, aber es genügt schon, dass die Zeitungen schreiben, dass dort schwere Kämpfe stattfinden, die Feinde im Vorteil sind und sie einige Städte räumen mussten. Auch in Russland sind schwere Kämpfe, und die Engländer machten bereits einige Landungsversuche. Sollte das Ende doch nah sein? Ich kann es mir einfach nicht vorstellen. In der letzten Zeit habe ich zum ersten Mal angefangen zu zweifeln, ob ich Richard überhaupt je wiedersehen werde, und wenn, ob zwischen uns überhaupt noch alles unverändert ist. Mama ist zwar felsenfest davon überzeugt, aber vier Jahre sind eine schrecklich lange Zeit. Er ist dreiunddreißig, kann er so lange warten? Ich bin zweiundzwanzig, für ein Mädchen auch schon ziemlich alt. Was werde ich machen? Es gibt manchmal Momente, wo ich an mir selbst zweifle, wo ich Angst habe, dass ich allein bleibe, ich habe die vier Jahre so fest geglaubt und habe gar nicht an die Möglichkeit gedacht, dass ich nicht verlobt sein könnte.

Das Verhältnis zu Egon ist merklich abgekühlt. Er ist ein großer Egoist. Er kommt hie und da für fünf Minuten, unterhält sich, meist mit allen anderen. Als ich krank war, war er nur zweimal bei mir, obwohl er x-mal bei uns vorübergegangen ist. Ihm ist alles andere wichtiger, Russisch, Schleusen usw. Nachlaufen werde ich ihm bestimmt nicht.

Vielleicht wird aus mir sogar einmal eine Sozialistin, hier ist der Boden dafür sehr reif. Wenn ich mir die Familie Kraus ansehe, wie sie mit uns umgehen, wie sie leben und den anderen nicht das Geringste gönnen und sich einbilden, etwas Besseres zu sein als wir. Manchmal könnte man platzen. Hier sieht man sie nur im Kleinen, diese furchtbaren Klassenunterschiede. Es gibt hier Leute, die vor Übermut nicht wissen, was sie machen sollen, neben dem größten Elend. Wir persönlich sind etwas besser dran als der Durchschnitt. Hunger haben wir keinen, aber Überfluss auch nicht. Lotte hat seit dem Verbot noch kein Paket bekommen, aber ich habe jetzt zehn Kilo neue Kartoffeln gebracht, außerdem kochen wir zweimal in der Woche aus Knochen vom Hund eine gute Suppe. Sollten wir von den Schafen weggehen, werde ich wenigstens Gemüse haben. Irgend etwas wird sich schon finden. Hie und da bringe ich auch Obst, aber viel weniger als voriges Jahr.

Mittwoch, 4. August 1943
Inzwischen hat sich Verschiedenes ereignet. Nachdem Lidka zum zweiten Mal von Kraus rausgeworfen wurde, hat Wilda endlich gesagt: So geht das nicht weiter, wir werden doch die ganze Parta austauschen. Ich war nachmittags bei Wilda, weil ich wissen wollte, was mit uns geschehen wird, und habe lange mit ihm gesprochen. Ganz in Ruhe habe ich ihm alles erzählt, wie es bei uns zugeht, dass wir eigentlich nicht die Absicht hatten wegzugehen, aber dass diese Bedingungen unter Kraus für uns untragbar sind. Wir sind wie Dienstboten, arbeiten bei ihm, was wir überhaupt nicht machen müssen, und haben noch nicht ein Stück Gemüse dafür bekommen, während doch die ganze Landwirtschaft Gemüse hat. Er entschied, dass vier von uns im Stabsgarten und vier auf die Kreta gehen werden. Keiner von uns war eigentlich mit diesem Ausgang zufrieden, wir hatten gehofft, dass wir einen anderen Partaführer bekommen würden. Früh war großer Antritt, ganz militärisch, das waren wir nicht gewöhnt, alle Gruppen müssen täglich zweimal antreten.

Sonntag, 15. August 1943
Zum ersten Mal seit vierzehn Tagen wieder frei. Während der Ernte hatte niemand frei.
Im Ghetto finden Registrierungen statt. Wofür, weiß niemand, alle vermuten, dass wieder Transporte gehen werden. Es ist eine Registrierung, und das setzt allerdings Arbeitstransporte voraus.[195] Wie und wohin, weiß niemand. Wenn es jemand auf der Kommandantur wüsste, würden wir es bestimmt auch erfahren. Bis jetzt wurden ungefähr fünftausend registriert, darunter die Eltern, Mama und Lotte. Vati war augenblicklich von der Registrierung ausgeschlossen, wegen seiner Krankheit, hat sich aber freiwillig gemeldet, weil er einen besseren Grund hat, die Goldene Tapferkeitsmedaille, und andererseits hatte er Angst, dass er dadurch seine Stelle verliert, wenn er als krank gilt. So ging er hin, meldete die Kriegsauszeichnung und bekam sie auch auf seinem Bogen vermerkt und dazu eine Eins. Mutti hat auch eine Eins bekommen, angeblich heißt es Arbeit im Lager, das wäre hier. Zwei be-

deutet weggeschickt werden. Ich habe überhaupt nichts bekommen. Außerdem werden sie mich wahrscheinlich von der Landwirtschaft nicht freigeben, ich bin auf der Schutzliste. Aus dem Stabsgarten wurden fast alle Burschen freigegeben, meist AK. Die Arbeit im Stabsgarten gefällt mir und ich möchte nicht mehr zu den Schafen. Das Schönste ist die Kameradschaft, die hier herrscht. Keine Befehle, kein Streit. Wenn auch manchmal mehr Arbeit ist, mache ich mir nichts draus, es ist viel besser als die Stimmung bei Kraus.

Die letzten 14 Tage herrschte große Hitze. Ich spürte nichts davon, weil ich täglich von fünf Uhr früh bis ein Uhr gespritzt habe, der Nachmittag war frei. Außerdem ist im Stabsgarten ein großes Bassin und wir konnten dort schwimmen. Ein weiterer Vorteil ist das Schleusen. Ich ernähre damit momentan die ganze Familie, das heißt sieben Personen, nur aus dem Stabsgarten. Wenn ich das später einmal erzählen werde, wird es mir niemand glauben, wie wir alle täglich mittags und abends ausschauen. Meine Ausstattung besteht aus einem weiten Büstenhalter, Trainingshosen mit Gummi und einem weiten Rock, andere haben Hosen und Strümpfe oder Gummistiefel. Da wird hineingestopft, was nur möglich ist. Es gibt jetzt Tomaten, Paprikaschoten, Äpfel, Birnen, Karotten und Kapuste.[196] In letzter Zeit habe ich ein Kartoffelbeet entdeckt, und auch diese werden geschleust. Mittags und abends gehen die schönsten Gestalten an den Gendarmen vorüber. Manche sind eckig, andere wieder zu rund, es ist ein Bild für die Götter, uns anzusehen.

Sieht man mir etwas an? Fass mich mal an, glaubst du, dass ich so gehen kann? Gott, ich verliere bestimmt vor dem Gendarmen die Gurken. Wenn nur nicht die Berušky[197] dort sein werden. Das ist natürlich unsere größte Angst. Da nützt natürlich kein Verstecken, das sind Arierinnen aus Leitmeritz, sie sind ungefähr einmal im Monat dort, und jedesmal fallen ihnen einige zum Opfer. Gewöhnlich die vom Feld, die nichts wissen. Von uns geht immer eine voraus, wenn alles in Ordnung ist, kommt sie zurück und ruft irgend etwas Belangloses. Wenn sie dort sind, kommt sie nicht zurück. Die Gendarme können uns nicht abgreifen. Natürlich darf man auch das nicht allzu auffallend machen, er kann nach einer Kripofrau[198] schicken. Manche haben schon solche Übung, dass sie 15 Gurken auf einmal nehmen, und niemand sieht etwas. Aber das ist schon eher Sport. Mir genügt es, nur für den täglichen Gebrauch zu nehmen. Gurken tausche ich gegen Brot, und auch sonst ist für Gemüse alles zu haben. Ich habe mir zwei Paar Schuhe gekauft.

Auch von Karel in letzter Zeit wieder etwas bekommen, in einer Woche kamen 3 ½ kg Zucker, 2 kg Mehl, 1 kg Fett, zwölf Äpfel, eine Schachtel Šumáky[199] für Limonade, ein Huhn, eine Taube, ein Apfelstrudel, eine Menge Ringlots, aber jetzt ist Schluss. Löbl sagte mir, dass es jetzt sehr gefährlich sei, dass er nicht erlaube, dass Karel es noch riskiert. Er hat eine Familie mit drei Kindern und darf, Gott behüte, nicht in etwas hineingeraten. Der vorletzte Brief von ihm war ein wenig beleidigt, dass meine Eltern ihm noch nie geschrieben haben. Natürlich habe ich ihm sofort einen langen Brief geschrieben, dass Vati krank ist, und Mutti hat dazugeschrieben. Es ist kaum zu glauben, dass es auf der Welt solche Menschen gibt, die nur dafür leben, um anderen zu helfen.

Manchmal denke ich, ob Richard überhaupt noch an mich denkt, ob er nicht schon längst verheiratet ist. Ob ich nicht einmal eine große Enttäuschung erleben werde. Das wäre die größte Enttäuschung. War nicht vielleicht das ganze Warten umsonst? Hat er vielleicht inzwischen eine andere Frau gefunden? Manchmal geht es mir sehr mies und ich habe Minderwertigkeitskomplexe. Werde ich nach dem Krieg nicht schon zu alt sein, um noch jemanden zu finden? Egon wäre entschieden nichts für mich. Ich möchte am liebsten mit ihm Schluss machen, ich glaube, er auch. Mit Eva bin ich jetzt wieder sehr gut. Fredy vergöttert sie.

Eine furchtbare Plage sind die Flöhe und Wanzen. Ganz Theresienstadt ist voll von Flöhen und Wanzen, und es ist unmöglich, diese auszurotten. Binnen 48 Stunden musste die Sudetenkaserne geräumt werden. Die Männer sind alle auf Böden untergebracht worden, manche haben sich Kumbálky[200] gefunden, es ist in Theresienstadt ein reiner Kumbalismus. Die Burschen in der Landwirtschaft wohnen wieder fast alle außerhalb. Zwei Tage später musste auch die Bodenbacher Kaserne und [...] geräumt werden. Vielleicht könnten auch wir wieder übersiedeln, aber ich möchte nicht mehr mit denselben Mädchen wie damals.

Mittwoch, 18. August 1943
Ab heute besteht das Verbot, Mäntel außerhalb der Stadtgrenze

zu tragen. Wir werden schön frieren, wenn es kalt wird oder wenn es regnet. Überall sind sehr strenge Untersuchungen. Otto Back wurde eingesperrt, weil er etwas bei sich hatte. Ab morgen wird bei uns vergast.[201] Immer neun Zimmer auf einmal, nach und nach wird die ganze Hamburger Kaserne entwanzt. Wir hatten zwar in unserem Zimmer weniger als die anderen, aber die ganze Kaserne ist durch und durch verwanzt. Zwei Nächte werde ich bei Mutti schlafen, eine Nacht bei Eva. Transporte sind wieder abgesagt, auch wird niemand mehr registriert. Der Grund dafür ist allerdings traurig. Es herrschen Ruhr, Kinderlähmung und Genickstarre. Es sind hier über dreihundert Fälle von Ruhr, genau wie im vorigen Jahr. Frau Goldschmied hat es auch, und es geht ihr sehr schlecht. Sie ist ein fabelhafter Mensch, aufopferungsvoll wie wenige hier in Theresienstadt. Sie hat sich so um die Kinder gekümmert, und jetzt braucht sie selbst Pflege.

Mit Egon treffe ich mich noch hie und da, wir sind uns vollkommen gleichgültig geworden, ich möchte gerne eine neue Gesellschaft kennenlernen. Ich habe mir ein Paar Schuhe für zweitausend Kronen gekauft. Ich muss mich jetzt aber in acht nehmen mit dem Schleusen, Pepík Reiner gibt sehr auf mich acht. Es ist gemein von ihm, denn erstens nehme ich nicht mehr als die anderen, und außerdem habe ich bestimmt mehr Grund zu nehmen als eine Frau Freiberger, die hier 15 Kilo zugenommen hat, vom Ältestenrat eine schöne Wohnung bekam und noch extra Zuteilungen. Ich habe für sieben Personen zu sorgen, die auf mich angewiesen sind.

Sonntag, 22. August 1943

Gestern waren beim Hinaus- und Hineingehen große Untersuchungen. Die Berušky haben uns gründlich durchsucht, hauptsächlich nach Ghettogeld. Das hat mich aber nicht im Geringsten gestört. Früh ging von der Kleinen Festung ein Transport weg. Fast lauter Frauen, wohin weiß kein Mensch, wahrscheinlich ins Konzentrationslager. Jede hatte ein kleines Bündelchen bei sich und sie sahen sehr schlecht aus. Ich schaute mir fast die Augen aus, konnte aber niemanden erkennen. Nachmittags ging ein Transport von 17 Leuten aus dem Ghetto auf die Kleine Festung. Unter ihnen Mimi Kominík, ihre Schwester und noch viele andere, die ich aber nicht mit Namen kenne. Ich kann das noch gar nicht begreifen, ein Mensch wie Mimi, immer strahlend, immer lustig, sehr tapfer, und sie ist auf der Festung. Wegen einem Brief, den sie vor ungefähr acht Monaten geschrieben hat, als sie noch mit uns auf die Weide ging. Arme Mimi.

Am Abend war Feiertag in der Magdeburger Kaserne. Ich ging hin, Egon hatte ein fremdes Mädchen eingeladen, und das war die beste Gelegenheit, mit ihm Schluss zu machen. Wir werden weiter gute Kameraden bleiben. Er braucht etwas anderes als mich, die ich mich gebunden fühle. Donnerstag nacht schlief ich auf Muttis Platz, Freitag auf dem Platz von Frau Dr. Morgenstern und Samstag bei Eva. Wir schliefen auf dem Dach, auf Brettern und Matratzen. Es war dort eine sehr lustige Gesellschaft. Richard würde es mir sicher nicht verübeln, auch wenn ich hier mit jemandem gehen möchte. Ob er überhaupt noch an mich denkt? Ein Wort von ihm und ich wäre ganz ruhig, dann könnte mir niemand etwas anhaben. Ich warte, diese zwei Worte, und ich würde alles mit Freuden aushalten, wäre zufrieden mit allem, nur nicht diese furchtbare Unsicherheit, in der man nicht weiß, woran man ist. Eva geht mit Fredy jetzt sehr intensiv. Das Verhältnis zwischen ihnen hat sich geändert, Eva liebt ihn sehr.

Sonntag, 29. August 1943

Es war eine unangenehme Woche. Zum ersten Mal habe ich mich furchtbar allein gefühlt. Am Sonntag war ich verzweifelt. Ich kam von Eva, dort hat jedes Mädchen einen Burschen, und es ist ganz selbstverständlich, dass sie miteinander ein Verhältnis haben. Ich habe mich sehr verlassen gefühlt. Montagabend kam auf einmal Egon, und ich war ganz froh, ihn zu sehen. Er hat mich überall gesucht.

Dienstag gab es ein großes Malheur im Stall. Jemand fand heraus, dass Milch gestohlen wurde, daraufhin wurde augenblicklich die ganze Besatzung des Kuhstalles ausgewechselt, natürlich auch Egon. Er ist sehr unglücklich und weiß nicht, was er machen soll. Er erzählte mir, dass er ein Mädchen hat, sie wissen aber nicht, was sie miteinander reden sollen, sie soll sehr fad sein. Seitdem ist er wieder jeden Abend regelmäßig bei mir, wir unterhalten uns wieder wie früher.

Das Transportgespenst ist wieder einmal da. Jeder hat Angst, entsetzliche Angst. Es scheinen keine Arbeitstransporte zu sein, es werden wahrscheinlich gewöhnliche Polentransporte daraus. Bereits dreimal war die Liste komplett fertig, manche Leute wussten bereits genau, wer drinnen ist, jeder packte. Vorerst sollten alle Weisungen gehen, die seit 1. Juni eingesperrt waren, das heißt, seit Burger Lagerkommandant ist. Weiter hundertfünfzig ehemalige Ghettowachleute. Alle AK wurden zur Registrierung aufgefordert, und die, die elegant angezogen waren, wurden sofort von Burger zur Registrierung geschickt, darunter meist hohe Tiere, die gut angezogen gehen und nichts machen, ganz egal, ob sie sich am Anfang geplagt haben oder nicht. Die in Arbeitsanzügen kamen, wurden weggeschickt. Die Registrierung scheint auch so etwas wie eine Weisung zu sein, so dass AK jetzt gar nicht mehr geschützt ist. Außerdem hat jeder Angst. Auch wir wissen überhaupt nicht, ob wir im Transport sind oder nicht, wir haben niemanden, der nachsehen kann. Ich glaube nicht, dass die Eltern drin sind, wegen Vatis goldener Medaille. Außerdem ist Mutti Krankenschwester, und die sind angeblich geschützt. Wenn ich im Transport wäre, dann wäre es nur eine Weisung, aber ich war doch schon vor einem Jahr eingesperrt. Mama und Lotte haben auch große Angst, aber ich glaube, dass es dafür keinen Grund gibt. Mama ist für einen Arbeitstransport schon zu alt, außerdem ist sie Krankenschwester, und Lotte hat Kinder unter vierzehn Jahren.

Es sind jetzt wieder die wildesten Gerüchte im Umlauf, aber die Leute kommen mir vor wie kleine Kinder, die an alles glauben. Himmelhoch jauchzend, zu Tode betrübt. Wegen der Transporte sind alle ganz [...] Es wird nie mehr zu Ende gehen usw. Die Transporte wurden für ein paar Tage verschoben, so sind alle wieder glücklich. In zwei Monaten fahren wir nach Hause und alles ist wieder in Ordnung. Man muss alles mit Vorsicht genießen, ich verstehe nicht, wie man nur so sein kann.

Eine ehemalige Feldgruppe, wir vier aus dem Schafstall, Margit von den Schweinen und fünfzehn Burschen sind jetzt im Stabsgarten. Kapsi, Jenda, zwei Brüder Reiner, der eine hat die Aufsicht über alle Gärten, der andere über das Glashaus. Die Partieführerin ist äußerst unsympathisch, wir ignorieren sie vollkommen. Sie behauptet ständig, dass ihre Gruppe nicht schleust, sie selbst schleust wenig und arbeitet wie eine Wilde, aber das kann man von ihrer Gruppe nicht behaupten. Das bedeutet dann, dass wir nur allein immer schleusen. Wenn ich jetzt etwas nehme, dann ist es wirklich, weil ich es sehr, sehr dringend brauche, und auch dann mit großer Aversion. Wenn man etwas ohne Lust tut, soll man es lieber gar nicht tun, denn dann geht es schief. In den letzten Tagen habe ich nur sehr wenig genommen, manchmal überhaupt nichts. Manchmal bin ich schon so müde von alldem, ich bin so nervös, dass ich zittere, wenn ich an den Gendarmen vorüber gehe. Zweimal täglich diese paar Minuten sind eine schreckliche Nervenprobe, die auf die Dauer nur schwer auszuhalten ist. Gerade jetzt ist aber die beste Zeit und wir haben so viel Gemüse, aber ich müsste mich direkt dazu zwingen, und das mache ich lieber nicht.

Allerdings brauchen wir jetzt jedes Stück Gemüse dringend. Lotte bekommt überhaupt keine Pakete, es ist merkwürdig, dass weder von uns noch von ihnen die Marken für Pakete in Prag angekommen sind. Viele Leute bekommen Pakete bis zwanzig Kilo, jede Person darf monatlich ein Paket bekommen. Von uns hat noch niemand etwas bekommen, und Lottes Freund Gustav hat geschrieben, dass ihre Marken noch nicht angekommen sind, so dass er nichts schicken kann. Wir sind auf das angewiesen, was ich aus dem Garten mitbringe. Bis jetzt ist es ganz gut gegangen, so dass die Kinder täglich etwas Obst und Gemüse hatten. Brot tauschen wir gegen Gemüse ein. Mit Kartoffeln ist es schwerer, ich muss sie mit den Fingern aus der Erde kratzen und in die Hosen stecken, und das geht sehr schlecht. Nachdem ich drei Wochen nichts von Karel gehört habe, war er Sonntag wieder hier, und ich sah ihn einmal bei der Dresdener und auf dem Rückweg aus dem Stabsgarten, konnte aber nicht mit ihm sprechen. Es ist vielleicht besser so, wir könnten leicht auf die Festung kommen, wenn uns jemand sehen würde.

Es gibt jetzt hier nur das Ghettogericht, aber wer diesem Gericht nicht unterliegt, z.B. Verbindung mit Ariern hat, geht auf die Festung. Ich bewundere Löbl, wie er diese Nervenanspannung aushalten kann, und verstehe vollkommen, wenn er manchmal sehr klagt, dass er alles am liebsten lassen würde. Diese Nächte müssen schrecklich sein. Sonntagabend bekam ich wieder ein Paket von Karel, 1 kg Fett, 1 kg Kunsthonig, ein Stück Seife, zwei Gurken, ein Brot. Ein Brot kostet jetzt 400 Kronen, eine Zigarette vierzig. Die Preise sind ganz fantastisch und man kennt sich langsam mit ihnen nicht mehr aus. Das macht der große Unterschied zwischen denen, die alles haben, und denen, die überhaupt nichts haben. Es gibt Leute, die hier unglaublich viel verdienen, und solche, die ihre letzten Kleider zu einem Spottpreis verkaufen, zum Beispiel einen herrlichen Wintermantel für zwölfhundert Kronen. Ein Paradeiser kostet fünfzig Kronen.

Am Mittwoch kamen zwölfhundert Kinder aus der Ukraine hier an, von zwei bis zwölf Jahren, nur mit SS-Begleitung. Sie waren in einem furchtbaren Zustand, verlaust, schmutzig, in Lumpen. Einen Tag und eine Nacht waren sie in der Entlausung. Es sind alles Kinder ohne Eltern, ihre Eltern wurden vor ungefähr 14 Tagen auf die grausamste Weise umgebracht. Es ist unter Todesstrafe verboten, mit den Kindern zu sprechen, und die Ärzte und Pflegerinnen, die zu ihnen geschickt wurden, mussten ihr Gepäck mitnehmen und jedwede Verbindung abbrechen. Man erfuhr aber doch mit der Zeit alles. Die Kinder sahen, dass ihre Eltern in vergaste Gruben gejagt wurden. Manche kamen bei Pogromen ums Leben.[202]

Es gibt bereits zwölf Fälle von Kinderlähmung, und diese kann hier sehr schwer isoliert werden.

Montag, 6. September 1943

Transportfieber. Es macht diesmal vor keinem Halt, ob Alt oder Jung, ob schon lange hier oder nicht, Familien werden zerissen, fünftausend Protektoratsangehörige müssen gehen. Gestern Nachmittag wurden zweitausendfünfhundert Personen ausgetragen. Um zehn Uhr die weiteren zweitausendfünfhundert, und jetzt früh die Reserve. Von unserer Familie ist bis jetzt noch niemand drin. Ich will nur noch nicht aufatmen, es ist noch alles möglich. Jeder, wenn er nicht zufällig selbst im Transport ist, hat dort bestimmt Verwandte oder Bekannte. Fast jeder, mit dem ich bisher sprach, ist im Transport. Aus der Landwirtschaft sehr viele, vor allem Tonda und Wilda, die uns hier gehalten haben. Wie wird die Landwirtschaft ohne sie aussehen? Ich kann mir die Landwirtschaft ohne Wilda nicht vorstellen.

Fredy Hirsch war eingesperrt, weil er mit den russischen Kindern[203] gesprochen hat, und fährt. Frey, der Führer der Ghettowache, mit hundertfünfzig ehemaligen Ghettowachleuten. Dr. Janowitz, angeblich Löwenstein und noch viele andere. Ich hatte große Angst um Mama und Lotte. Hoffentlich kommen sie nicht noch dran.

Dienstag, 7. September 1943

Der Transport war furchtbar. Wenn man jemanden auf der Straße traf, wunderte man sich. Du bist noch hier? Und du auch? Gestern abend waren alle Leute auf den Sammelstellen. Schleuse gab es diesmal keine, es war auf den verschiedenen Höfen, in der Hamburger, Kavalier, Genie, Bäckerei usw. In der Hamburger war der erste Hof für den Transport abgesperrt, alles verbarrikadiert, und man konnte mit den Leuten nur aus der Entfernung sprechen. Jeder konnte mitnehmen, was er tragen konnte, und noch ein kleines Gepäckstück abgeben. Die Leute saßen die ganze Nacht auf ihrem Gepäck, gegen Morgen ist es schon ziemlich kalt, und gingen dann heute den ganzen Tag in Abständen zum Bahnhof. Alle haben die letzten zwei Nächte nicht geschlafen. In der Magdeburger haben sich unbeschreibliche Szenen abgespielt. Es ging darum, wer die besseren Nerven hat und wer es länger aushielt. Zucker hatte, wo er ging und stand, einen Schwanz von sechs bis sieben Leuten hinter sich, die alle zur gleichen Zeit auf ihn einredeten und sich gegenseitig überschrieen, und er warf sie zu einer Tür hinaus, und sie kamen zur anderen wieder herein. Dabei ist es so einfach, jemanden aus dem Transport zu bekommen. Es wird einfach eine Karte aus dem Transport genommen und in die Evidenz[204] gesteckt. Dafür muss natürlich jemand aus der Reserve an dessen Stelle. Es waren eine Menge Freiwillige dabei, meist Kinder, die sich zu den Eltern gemeldet haben. Das Schlimmste ist das Auseinanderreißen der Familien. Es gibt fast keine Familie, die nicht jemanden hier gelassen hat, und diese wissen jetzt nicht, ob sie sich nicht doch hätten melden sollen.

Aus der Landwirtschaft wurden alle herausreklamiert, die sich nicht freiwillig gemeldet hatten. Im letzten Moment hat es sich Lederer überlegt, und auch Tonda und Wilda sind draußen. Gott sei Dank!

Gestern Nachmittag und heute war Kasernensperre. Nur, das wurde nicht eingehalten. Wer wollte, konnte hinaus. Auf der anderen Seite hieß es aber, wer draußen von Heindl erwischt wird, kommt sofort in den Transport. Gestern hieß es einen Augenblick, dass alles wieder eingestellt ist, die Menschen werden ganz verrückt durch dieses ewige Hin und Her.

Montag, 13. September 1943
Der Transport ist weg und das Leben geht weiter. Im letzten Augenblick gab es noch schreckliche Szenen, noch aus dem Zug wurden Leute herausreklamiert und andere hineingegeben, ein Chaos. Und dann kam die Ruhe nach dem Sturm. Zwei Tage wurde von nichts anderem gesprochen, und dann hörte auch das auf. Angeblich war es der Letzte. Aber seit gestern wird schon wieder von einem Weiteren gesprochen. Jetzt fahren wir bestimmt alle. Da darf sich niemand mehr Illusionen machen, eventuell herauszukommen. Warum gehen nur immer Protektoratsangehörige?
Die Deutschen sind hier todunglücklich, die alten Leute sind hier ganz allein, haben schrecklichen Hunger, und wir, die wir uns hier schon einigermaßen eingelebt haben, wir müssen weg. Die Not unter den alten Deutschen ist unvorstellbar. Sie gehen den ganzen Tag von Zimmer zu Zimmer und betteln um ein Stück Brot. Andere verkaufen ihre letzten Schuhe, Kleider und Wäsche. Ich habe mir Kanadier gekauft für Paradeiser. Ich habe sie an einem Tag besorgt. Ich gab ihm 48 Stück und ein Kraut und er war hochzufrieden. Normal nehme ich nur soviel, wie ich für uns brauche, und eventuell auch für Brot.
Jetzt gibt es nicht mehr so viel im Garten zu nehmen, und es wird immer schwieriger. Außerdem sind ständig fünf Leute da, die uns beobachten. Mittwoch ließ mir Karel Kraus, nicht unser ehemaliger Chef,[205] sagen, dass ich zu ihm kommen soll. Er war mit Grass auf der Leitmeritzer Wiese und hat mit Karel gesprochen. Es ist schrecklich, er spricht ganz fremde Leute an, ob sie mich kennen. Zufällig ist das ein Bekannter von mir, er ist anständig. Aber er muss es ja auch nicht sein. Er lässt mir sagen, ich soll zu ihm kommen, er möchte gern mit mir sprechen. Ich habe ihm ein paar Worte geschrieben. Daraufhin kam Karel Kraus am Freitag zu mir und brachte mir eine schöne Armbanduhr und einen Brief, über den wir fast geweint haben. Ich soll die Uhr als Andenken nehmen, dass ich ihn nie vergesse, und wenn es mir einmal sehr schlecht geht, soll ich sie für Brot verkaufen. Aber er hofft, und was in seiner Macht steht, wird er tun, dass ich nie in eine solche Situation komme. Falls ich in einen Transport käme,

sollte ich sofort Löbl verständigen, und der würde es ihm gleich melden. Er will auf keinen Fall, dass unsere Familie wegfährt. Er hat eine Möglichkeit, uns aus dem Transport zu holen, ich soll aber mit niemandem darüber sprechen. Er wird alles aufwenden, um uns hier zu behalten. Ich habe ihm einen langen Brief geschrieben und ihn durch Karel Kraus geschickt. Jetzt war ich in einer Klemme. Soll ich Löbl etwas davon sagen? Er wird sich sehr ärgern, dass Karel schon wieder fremde Leute angesprochen hat, aber trotzdem muss ich es ihm sagen. Ich war bei ihm, er hat sich sehr gewundert und sich dann natürlich geärgert. Eine halbe Stunde darauf hörte ich, dass ein großes Malheur passiert war, dass ungefähr zwanzig Leute eingesperrt und sofort auf die Festung gebracht wurden. Verbindung mit Ariern. Bei Leitmeritz. Um Gotteswillen, das kann nur Karel sein. Ich raste aus dem Stabsgarten sofort zu Karel Kraus. Er war bei der Arbeit. Das kann nur er sein, der sich mit meinem Karel getroffen hat, ihm meinen Brief übergeben hat und dabei beobachtet wurde. Ich malte mir das alles schon in den schrecklichsten Farben aus. Mein Name ist natürlich von ihnen auch mit Leichtigkeit herauszubringen, und dann kommen noch Löbl und die ganze Gesellschaft alle auf die Festung. Ich raste zu Porges, wo Karel arbeitet. Dort ließen sie mich nicht hin ohne Durchlassschein. Zum Glück traf ich Kutscher, die mir die ganze Sache genau erzählten. Hinter Leitmeritz arbeiteten Männer auf Planierung. Heindl hat sie durchsucht und fand bei ihnen eine Menge Sachen. Also nicht Karel!

Ich weiß gar nicht, wie ich zurückgekommen bin. Ich hatte Füße wie Blei, die Aufregung ist mir so in die Beine gefahren. Diesmal ist es noch gut gegangen. Aber wie lange noch? Obwohl ich direkt gar nichts mit alldem zu tun habe, bin ich genau so gefährdet wie alle anderen. Hauptsächlich habe ich Angst um ihn. Vater von drei kleinen Kindern, der unerhört viel Gutes getan hat. Er soll das Ende gut erleben.

Italien hat kapituliert. Die Deutschen schimpfen über den größten Verrat des Jahrhunderts und haben am nächsten Tag Rom besetzt. Natürlich gehen wieder die wildesten Gerüchte um, und die Laune im Ghetto ist so heiter, als ob wir nächste Woche nach Hause fahren würden. Nur die Transporte dämpfen diese ein wenig.

Freitag, 8. Oktober 1943

Heute ist es ein Jahr her, dass ich verhaftet wurde. Das war ein furchtbarer Tag. Ich bin jetzt ständig so müde, dass ich weder zum Lesen noch zum Schreiben komme. Wir haben seit 14 Tagen nicht frei gehabt, arbeiten meist auf dem Feld und werden schrecklich von Lederer gejagt.

Sonntag, 10. Oktober 1943

Man schimpft auf die Arbeit und ich bin doch ganz froh, dass ich sie habe. Es ist das Einzige, was überhaupt so halbwegs einen Sinn hat. Heute habe ich frei und da kommt mir das ganze scheußliche Leben viel mehr zu Bewusstsein. Ich bin jetzt meist allein und mir fehlt Gesellschaft, zu der ich gehen könnte, wenn ich frei habe.

In letzter Zeit zweifle ich sehr, ob ich überhaupt jemals wieder mit Richard zusammenkommen werde und alles so sein wird wie früher. Ich kann es mir einfach nicht mehr vorstellen. Seit ich diesen festen Glauben nicht mehr habe, seit ich meine Lebensidee, meine Zukunft, Hoffnungen und Pläne nicht mehr habe, bin ich sehr unglücklich und frage mich, wozu noch das alles? Ob das alles überhaupt noch Sinn hat? Richard kann bestimmt nichts dafür. Ich war immer stolz, dass ich mich so lange gehalten habe, dass ich gegen alle gekämpft habe, jetzt bin ich nicht mehr stolz, jetzt bin ich nur noch traurig. Das lässt sich nicht mehr einholen. Aber jetzt Schluss mit dem Gejammer. Äußerlich weiß niemand, was mit mir ist, ich bin lustig, lebhaft und zeige um keinen Preis, wie mir wirklich zumute ist.

Jetzt vor einem Jahr war es noch viel schlimmer. Gestern war Versöhnungstag.[206] Viele haben gefastet. Die Landwirtschaft musste natürlich arbeiten. Es ist unglaublich, wie die meisten alten Leute, die so schrecklich hungern, die von Zimmer zu Zimmer betteln gehen um ein bisschen Suppe, doch gefastet haben. Wie stark muss in ihnen der Glaube sein.

Wir waren die letzte Woche auf Kukurutz-,[207] dann bei der Rübenernte.

Sonntag, 17. Oktober 1943

Die Rübenernte war sehr schlimm. Kälte, Schmutz und furchtbare Hetzerei. Früh im Nebel mussten wir schon schneiden, über Mittag war es etwas wärmer, aber abends war es so kalt, dass wir unsere Finger kaum bewegen konnten. Die andere Hand war vom Schneiden voller Schwielen. Lederer, der hin und her ging, hat ständig gesagt: Arbeitet, arbeitet, schnell, ich lasse euch nicht eher nach Hause, als dass alles fertig ist, und wenn es Nacht wird. Dann war zwei Tage Sellerieernte. Wieder furchtbar kalt. Zum Schleusen sehr unangenehm, weil es so schmutzig ist. Manche Mädels waren so bepackt, dass sie kaum gehen konnten. Es ist ein Wahnsinn, so viel zu schleusen, sie werden uns allen nur schaden. Aber es gibt immer Leute, die kein Maß kennen, zum Beispiel Frau Direktor Morgan, die Frau unseres ehemaligen Gymnasialdirektors, die auf einen Satz zweihundert Tomaten schleust und ins Ghetto bringt, und noch dazu sind sie von einem arischen Feld.

Die letzten Tage waren wir auf Tomatenernte. Zuerst mussten alle Rüben und Sellerie geerntet werden, und inzwischen sind alle Tomaten erfroren. Das ist wahrscheinlich Deutsches System. Ungefähr ein Waggon Tomaten war zum Wegwerfen. Früh waren sie wie Steine, mit denen man werfen konnte, später tauten sie auf, und es war nur Brei. Dreißigtausend Sträucher, die voll behangen waren, das ist keine Kleinigkeit. Nachmittags arbeiteten wir von eins bis sieben und gingen im Finstern nach Hause. Niemand hatte mehr etwas dagegen, dass geschleust wird, ich hatte hundertfünfundfünfzig Stück, Frau Morgan dreihundertsechzig. Den Weg im Dunkeln an den Gendarmen vorbei werde ich nie vergessen. Eine hatte aus Tomaten einen richtigen Buckel. Wir waren noch einige Male zur Spinaternte und einen Tag im Stabsgarten, wo es Poreé gab, was eigentlich das gefragteste Gemüse ist.

Was das tägliche Leben anbelangt, sind wir jetzt reichlich versorgt. Aus Tomaten machen wir Marmelade. Außerdem kaufen wir uns Strümpfe, ein Kopftuch, alles für Tomaten. Das ganze Ghetto wird sogar jetzt [...] bekommen. Ein Zeichen, wieviel zu haben ist. Vor vierzehn Tagen habe ich ein Paket bekommen, von Glasers. Keine sehr wertvollen Sachen, aber wir können alles gut gebrauchen, hauptsächlich zum Kochen.

Es ist sichtlich von einigen Familien etwas zusammengespart worden, jeder hat etwas dazu beigesteuert. Lotte hat zwei kleine Pakete aus den Sudeten bekommen. Von Karel bekam ich zwei Würste, zehn Stücke Käse, zwei Gläser mit Fett und zwei mit Fleisch.

Italien hat Deutschland den Krieg erklärt. Es wird auf italienischem Boden gekämpft. Auch in Russland sind die Deutschen auf dem Rückzug, sie sind bereits auf polnischem Boden. Eine weitere Front wird in den nächsten Tagen bei Calais erwartet. Viele behaupten, dass die Engländer Calais bereits besetzt haben, aber das ist wahrscheinlich nicht wahr. Es gibt dort nur Angriffe, vielleicht um die Invasion vorzubereiten oder um Deutschland zu zwingen, Truppen aus Russland abzuziehen. Trotzdem glaube ich nicht an ein baldiges Ende.

Die Kinder aus der Ukraine wurden eines Tages plötzlich zusammengepackt und samt ihren Betreuern mit der Bahn weggeschickt. Niemand weiß wohin. Angeblich nach Schweden, vielleicht in die Schweiz. Die Betreuer gehen wahrscheinlich nur bis zur Grenze mit, dann werden sie nach Polen abgeschoben. Aus Dänemark kamen zwei Transporte, einer mit hiesigen Emigranten, meist junge Burschen und Mädchen, die dort auf Gütern zur Umschulung waren, um dann nach Palästina zu gehen. Dort kamen sie nicht mehr hin, aber in Dänemark ging es ihnen ausgezeichnet. Aus Birkenau vom letzten Transport, der von hier wegging, kamen viele sehr schlechte Nachrichten.

Freitag, 22. Oktober 1943

Jetzt vor einem Jahr war ein furchtbarer Tag.[208]

Das Schleusen ist jetzt manchmal sehr riskant, manchmal geht es ganz einfach. Jetzt sind die Nächte wieder dunkel. Wieder ein Paket von Karel. Zwei Würste, 1 kg Margarine, 1 kg Fett. Wir bekommen jetzt oft Pferdefleisch, Haschée oder Fleisch mit Graupen zu essen. Das ist schon ein großer Fortschritt. Außerdem kochen wir jeden Tag ein ausgiebiges Nachtmahl, meist aus Gemüse, und ich habe schon wieder zugenommen. Jeden zweiten Abend gehe ich zu Jarka. Er freut sich immer riesig. Er liegt noch immer in der Hohenelber, hat beide Füße in Gips und ist wieder ganz normal. Er und Eva sind meine einzige Gesellschaft. Jeden Mittwoch sind Vorträge über Landwirtschaft, Landwirtschaftsmaschinen, Pflanzenlehre, Bodenbearbeitung. Es ist ganz interessant, auch einmal etwas Theoretisches zu hören, nachdem wir bis jetzt nur die Praxis kennengelernt haben.

Sonntag, 31. Oktober 1943

Wilda und Tonda wurden gestern auf die Kleine Festung gebracht. Sie waren vierzehn Tage auf der Kommandantur, angeblich wegen einer ein Jahr alten Sache, einem Brief oder etwas Ähnlichem. Die ganze Landwirtschaft ist außer sich. Noch viele andere Bekannte, Frieda Dubský, Pekárek, der ein kleines Kind zurückgelassen hat, Renée Jelínek, die einflussreichste Frau Theresienstadts, die alle Gendarme und alle Deutschen kannte, Malerin, ein Bursche, der vor zwei Monaten ein Mädchen aus Evas Zimmer geheiratet hat, und noch viele andere, im ganzen sechsundzwanzig Personen gingen hin.

Trotzdem bekomme ich von Karel ständig Pakete. Seit Samstag ungefähr fünfzig Kilo. 20 kg Mehl, 2 kg Fett, Margarine, zerlassene Butter, Kuchen, zwei Flaschen Honig, 5 kg Äpfel, 5 kg Zwiebeln, 7 kg Zucker, 2 kg gekochtes Selchfleisch und anderes. Das ist mit den normalen Paketen nicht zu vergleichen. Mir ist es schon sehr unangenehm, so viel zu bekommen. Es ist mehr, als ich brauchen kann, und ich bin schon ganz beschämt. Jeden Mittag steckt Ada Löbl den Kopf zu uns herein, und dann weiß ich schon, dass ich mir etwas abholen kommen soll. Er ist sehr vorsichtig und will nicht auf sich aufmerksam machen. Alle lachen und ärgern mich mit ihm. Karel rechnet jetzt schon mit dem Winter, und ich bin überzeugt, dass wir mit diesen Sachen den ganzen Winter bequem aushalten werden. Aber es ist jetzt auf einmal so viel, dass ich nicht weiß, wohin damit, und ich habe große Angst vor Untersuchungen. Ich schreibe ihm täglich, dass es zu viel ist und dass ich nichts mehr will.

Sonntag, 7. November 1943
Von Karel noch neun Kilo Äpfel bekommen und seither nichts. Mama hat ein Zwanzigkilopaket bekommen. Gott sei Dank, es handelt sich nicht um Essen, nur war es ihr schon so furchtbar unangenehm, fortwährend von mir zu nehmen, und in letzter Zeit, als Karel so viel geschickt hat, war Mama schon ganz unglücklich. Sie ist in letzter Zeit ziemlich nervös und streitet sich manchmal mit Lotte. Ich habe mich mit ihr und Mutti noch nie gestritten. Sie ärgert sich, dass Gustav so oft herkommt, aber nichts schickt. Auch die Kinder ärgern sie oft. Wenn sie nicht alles gleich bekommen, schreien sie, weil sie wissen, dass sie dann immer ihren Willen bekommen. Ich glaube, dass sie doch besser erzogen werden sollten, aber das ist hier sehr schwer. Sie wissen,

dass ich ständig Äpfel habe und dass sie immer welche bekommen. Aber ich will ihnen nicht alle auf einmal geben, da wären wir gleich fertig. Lotte hat ein kleines Paket aus Lissabon bekommen, zwanzig Deka Feigen. Wahrscheinlich ist es auf Auftrag von Bedřich aus Chile gekommen. Endlich eine Nachricht! Sonst haben wir nicht die geringste Verbindung mit dem Ausland, es ist unbegreiflich, wieso wir aus der Schweiz auf unsere zwei Karten keine Antwort bekommen. Was ist mit Richard? Warum gibt er kein Lebenszeichen von sich? Sehr viele Leute haben Nachricht aus England über die Schweiz, nur wir haben noch kein Wort gehört.

Theresienstadt ist wieder einmal voll von guten Nachrichten. Roosevelt ist auf dem Weg nach Teheran. In Moskau findet eine große Konferenz statt, angeblich eine Friedenskonferenz. Es ist das erste Mal, dass ein amerikanischer Präsident zu einer Konferenz fährt, da muss schon etwas Großes vorgehen. Das sind bestimmt nicht bloß Verhandlungen. Wieder kursieren Nachrichten, heuer wird noch ein Ende sein und wir fahren noch in diesem Jahr nach Hause. Da müsste aber ein Wunder geschehen und ich glaube nicht an Wunder.

Trotz all dieser guten Nachrichten ist die Stimmung hier sehr gereizt. Überall streiten sich Leute, im Waschraum, in der Front um Essen, in den Geschäften. Überall werden »šmeliny«[209] gemacht, überall herrscht Protektion, nirgends kommt man ohne Schmieren und Bekannte zu etwas. Am Anfang hat mich das furchtbar aufgeregt, jetzt mach ich das Gleiche und könnte es mir anders gar nicht mehr vorstellen. Ich habe jetzt mehr als die meisten Leute. Wenn ich sehe, wie sich Leute um ein Viertel Kilo Mehl oder zehn Deka Zucker streiten, dann weiß ich erst, was ich für Schätze habe. Und außerdem noch das Gemüse. Ich habe mir jetzt warme Schuhe, eine Trainingshose, die ich mir schon lange gewünscht habe, Hausschuhe, Schnürschuhe, Strümpfe, Socken und noch einiges, was ich brauche, gekauft. Das Ghetto ist voll mit Kleidung, wahrscheinlich mehr als draußen zu haben ist, vor allem die Deutschen haben herrliche Sachen mitgebracht und verkaufen alles für Essen. Die Preise steigen ständig. Brot kostet 600 Kronen, eine Zigarette 50, Zucker 1000, ein Apfel 100, Mehl 1200 und Gemüse hat einen enormen Wert. Mit allem wird hier gehandelt, mit Badekarten, mit Wäsche, Waschbewilligung, mit Theaterkarten.

Kulturell ist Theresienstadt jetzt auf hohem Niveau. Es gibt täglich Konzerte, Vorträge, Opern, Lustspiele usw. Ich gehe fleißig zu diesen Veranstaltungen. Jeden Abend ist irgendein Vortrag, es sind hauptsächlich Vorträge für die Jugend, einmal über Politik, einmal über Kunst. Ich gehe meist mit den Mädchen, mit Burschen bin ich sehr wenig zusammen. Auch nehme ich fleißig Englischstunden, mache angeblich Fortschritte. Jeden Mittwoch ist ein Vortrag bei der Landwirtschaft, oft gehe ich zu Jarka, der sich immer schrecklich freut. Mit Eva komme ich selten zusammen, sie ist jetzt ständig bei Fredy, und ich bin dort überflüssig. Er schläft jetzt auch bei ihnen, und auch über den Tag ist er meist dort.

In der Arbeit frieren wir jämmerlich. Früh ist jetzt immer schon Frost, wir graben, der Boden ist gefroren und wir gehen uns manchmal in einem ungeheizten Raum wärmen, wo wir uns nur gegenseitig wärmen können. Auch das Schleusen ist sehr schwer. Man ist halb erfroren und soll noch eiskalte Kapuste oder eisigen Spinat auf den Körper nehmen, wobei langsam die Eisstückchen auftauen. Dabei muss man doch die letzte Gelegenheit nützen, solange es noch etwas gibt. Aber wir kommen nach Hause in ein geheiztes Zimmer, während viele Mädchen, die auf dem Boden wohnen, es zu Hause noch kälter haben. Es ist zwar streng verboten zu heizen, aber bei uns wird jeden Tag geheizt. Wir bringen immer einige Bretter oder Holz mit.

Ich komme von der Typhusinjektion und liege, aber um zwei Uhr muss ich bei der Dresdener sein, Karel kommt.

Donnerstag, 11. November 1943

Jetzt ist fünf Uhr früh. In der Nacht um zwölf Uhr wurden wir geweckt, um fünf Uhr muss alles antreten und wir werden nach Bohušovice geführt, angeblich zur Registrierung.[210] Wir sollen uns warm anziehen und etwas zu essen mitnehmen. Was heißt das? Allgemein herrscht die Ansicht vor, dass wir weggeschickt werden. In unserem Zimmer herrscht große Aufregung, in manchen Zimmern schliefen sie weiter, aber dann wurden alle davon angesteckt, alles packt, alles räumt, alles zieht sich noch und wieder an. Ich persönlich glaube nicht, dass sie uns wegschicken, allerdings haben wir inzwischen Einquartierung bekommen, alte kranke Männer, die uns wahrscheinlich alles stehlen werden, aber das ist momentan egal. Es ist unbeschreiblich, wie es hier aussieht. Alles rast herum, macht überflüssige Sachen, aber das hat doch keinen Sinn. Ich bin vollkommen ruhig, und Mutti ist es auch. Wenn sie uns erschießen wollen oder nach Polen schicken, können wir sowieso nichts machen. Vielleicht werden wir auch das überleben.

Sonntag, 14. November 1943
Und wir sind doch wieder nach Hause gekommen, nach einem furchtbaren Tag, um zehn Uhr abends. Um sieben Uhr früh wurden wir kasernen- und blockweise in den Bohušovicer Kessel geführt und standen dort bis zehn Uhr, manche bis neun, manche bis zwölf. Das Schlimmste war, dass wir bis zum letzten Augenblick nicht wussten, ob wir überhaupt nach Hause kommen und was sie mit uns machen würden. Es war eine ganz gewöhnliche Volkszählung, nur dass die Deutschen eine Aktion daraus machten, um uns zu sekkieren und zu beunruhigen. Obwohl wir alle sehr warm angezogen waren, wir hatten nicht nur warme, sondern auch die wichtigsten Sachen übereinander an, war es furchtbar kalt. Außerdem hatte ich noch das wichtigste Essen und Waschsachen mit. Die allgemeine Laune war den ganzen Tag über nicht einmal schlecht, man hat doch schon langsam gesehen, dass es nur eine Zählung wird und dass wir abends nach Hause kommen würden.
Man stand in Reihen zu 500, wurde von den Juden ungefähr fünfzigmal gezählt, von den Deutschen zweimal. Männer und Frauen waren getrennt, allerdings kaum dass die Deutschen uns den Rücken gedreht haben, sind alle von ihren Plätzen gelaufen und haben ihre Familie gesucht. Ich war ganz in der Nähe von Mutti und Mama. Alle fünf Minuten kam der Befehl »Sofort auf die Plätze!«, da rannte und stolperte alles übereinander auf seine Plätze. So ging es den ganzen Tag. Die Kinder waren auffallend brav, selten hörte man ein Kind weinen. Schlimmer war es mit den alten Leuten, die ohnmächtig wurden oder Krämpfe und alle möglichen Zustände bekamen. Wir waren nur ziemlich müde, so dass wir uns dann zuletzt schon auf die bloße Erde legten, ganz eng zusammen, um uns zu wärmen. Schlimm war es mit dem Klosett. Entweder ging man, wo man stand, manche breiteten Decken rundherum, oder man ging in eine Mulde unter die Schanzen, wo Gendarme uns bewachten. Ich werde nie vergessen, wie es Abend

wurde und auf einmal alle anfingen zu laufen, Richtung Ghetto. Es begann zu regnen. Unser Zimmer hielt sich fest beisammen, als wenn unser Glück davon abhinge, dass wir beisammen bleiben. Alle sagten, es sei ausgeschlossen, dass sie uns nach Hause lassen, und dass es sowieso keinen Sinn hat, und trotzdem liefen alle in dieselbe Richtung, weil einfach niemand zurückbleiben wollte. Natürlich konnte man nicht weit kommen, dann stockte es. Dann ging man wieder zwei Schritte und stand wieder eine halbe Stunde. So ging das bis neun Uhr abends, und wir wussten immer noch nicht, ob überhaupt ein Mensch ins Ghetto gelassen wurde. Kinder weinten, weil sie die Mutter verloren hatten, alte Leute fielen um wie die Fliegen, weil sie es nach 14-stündigem Stehen nicht mehr aushalten konnten. Manche legten sich in die Baracken, in deren Nähe wir standen, um dort zu übernachten. Unser Zimmer hat sich allmählich auch verloren, und ich war nur noch mit Lidka, meiner Bettnachbarin, zusammen. Wir hielten uns fest bei den Händen und hätten uns um keinen Preis losgelassen. Endlich bahnten wir uns mit den Ellbogen doch einen Weg durch die Leute bis an den Rand, wo lauter Gendarme standen, und von dort liefen wir so schnell wir konnten ins Ghetto. Das war ein Gefühl! Die Siechen aus unserem Zimmer waren schon weg, und wir waren noch nie so glücklich, »zu Hause« zu sein, wie in dem ersten Augenblick, als man eigentlich schon daran gezweifelt hatte, noch einmal zurückzukommen. Schnell wurde etwas Warmes gekocht, wir klopften unsere Matratzen und gingen ins Bett. Wir schliefen wie erschlagen.

Freitag, 10. Dezember 1943
Inzwischen wurden wir noch dreimal gezählt. Edelstein und Faltin, der Leiter der Evidenz, wurden eingesperrt, weil sie angeblich Schiebungen mit Leuten bei den Transporten gemacht haben, kurz: Die Zählung stimmte nicht.[211] Alle, die beim letzten Transport ausgemustert wurden, mussten binnen zwei Stunden antreten und wurden, so wie sie waren, manche direkt aus den Betten, auf die Festung geschickt.
Jeden Abend mussten alle auf ihren Betten sein und wir wurden gezählt. Dann gab es noch eine Zählung nach Buchstaben. An vier Stellen saßen Deutsche und vor jedem wurde eine Schlange aufgestellt. Dort musste man stundenlang warten, um dann die Legiti-

mation abzugeben. Einige mussten acht Stunden stehen, wir nur noch drei. Auch hier herrschte Protektion, wer einen Bekannten hatte, musste überhaupt nicht stehen.

Anfang dieses Monats wurde eine schwedische Kommission erwartet. Große Vorbereitungen wurden getroffen, überall wurde der dritte Stock von den Betten abgenommen.[212] Die Baracken, wo erst die polnischen Kinder und dann die Deutschen waren, wurden freigemacht, und dorthin übersiedelten die Leute, die aus den Kasernen und von den Böden wegmussten. Es war beinahe wie bei einem Transport, wer Protektion hatte, konnte bleiben, die anderen mussten weg, teils auf Notbelag, manche auf die Erde. Die Zimmer allerdings waren viel angenehmer. Ich habe einen guten Platz beim Fenster, die Wand für mich und Lidka. Auch die Zimmertür (Kehren, Fußboden waschen usw.) ist jetzt besser. An der Wand haben wir eine polička,[213] für Kleider sogar einen Schrank. Eine Woche später wurde es bei Mutti gemacht, dort war es viel aufregender. Lotte hatte große Angst, dass sie übersiedeln muss. Aber dann ist alles gut ausgegangen, Lotte freute sich ungemein und bestellte sich gleich einen Schrank. Nicht ganz eine Woche später, der Schrank war noch nicht fertig, als auf einmal das große Schreckgespenst »Transport« wieder auftauchte und alles zunichte machte, alles, alles wurde anders, jede Freude verdarb und das Furchtbare trat ein: Lotte war mit den Kindern im Transport.

Montag, 20. Dezember 1943

Ich muss noch von weit vorher beginnen, wenn ich wirklich alles aufschreiben will, was geschehen ist, und werde hoffentlich nichts vergessen. Es wurde Nikolo gefeiert. In unserem Zimmer hat jeder jedem eine Kleinigkeit gegeben, und es war über alle Maßen nett und lustig. Am nächsten Sonntag war ich bei Eva, es wurde getanzt. Fast jeden Abend war ich bei einem Vortrag, die meisten waren sehr interessant. Karel schickte mit kleinen Unterbrechungen ständig etwas, so dass wir Essen im Überfluss hatten. Lotte machte sich in letzter Zeit Sorgen um Jana, bei der nach einer Grippe angeblich etwas auf der Lunge gefunden wurde. Das Verhältnis zu beiden, und besonders zu Mama, war in letzter Zeit ganz besonders herzlich. Man machte Pläne für Weihnachten, was man den Kindern schenken wird, was man sich gegenseitig schenken wird, und alles kam so anders.

Am 10., Freitag, beim Antritt, kam Fixler zu uns und sagte, dass Hilde und ich zum Kukurutzlösen gehen sollten. Wir zwei arbeiteten mit sechs Burschen, Altmann hatte Aufsicht. Das ist ein Deutscher mit einem großen Hakenkreuz, der aber sehr gut Tschechisch spricht, ganz gemütlich ist und sehr oft weggeht, damit wir bequemer schleusen können. Zehn Tage waren wir dort, und binnen dieser Zeit gingen zwei Transporte. Der erste wurde am 15., Mittwoch, ausgetragen, und Lotte war mit den Kindern darin. Sie wusste es allerdings schon seit Sonntag. Es war absolut nichts zu machen. Eine Menge Bekannte bemühten sich, sie herauszubekommen, sie war in der Reserve, musste aber auf jeden Fall antreten und bekam noch in der Schleuse eine andere Nummer. Sie war unerhört ruhig, packte zwei Nächte ununterbrochen und glaubte vom ersten Augenblick nicht an ein Herauskommen. Mama war in einer furchtbaren Klemme. Soll sie mitfahren? Alle rieten ihr davon ab, und sie entschloss sich nach langem Überlegen, nicht mitzufahren. Montag kam Evas Onkel und sagte mir, dass Eva im Transport ist. Ich lief sofort hin, mit der Möglichkeit habe ich überhaupt nicht gerechnet. Fredy hat sich freiwillig mit ihr gemeldet. Ich half ihr packen, sie hat sehr wenig Sachen, ich habe ihr Essen gebracht. Die einzige Beruhigung ist, dass Fredy mit ihr fährt, und dass das arme kranke Wesen, denn sie ist schwer krank, obwohl sie gut aussieht, nicht ganz allein und verlassen ist. Eva ist ganz ruhig, hat nur Sorge um Fredy und packt hauptsächlich für ihn. Was ist da zu helfen. Ich konnte das Versprechen, das ich ihren Eltern gab, vielleicht nicht so ganz 100 Prozent einhalten, aber ich wusste, dass Fredy sie abgöttisch liebt und er sich so um sie sorgt, wie es kein anderer kann. Dienstagfrüh vor der Arbeit war ich noch bei ihr, brachte noch Fett, Konserven, Zucker, Äpfel. Ich musste in die verflixte Arbeit gehen und hätte doch so viel wichtigere Sachen zu tun. Vormittags sprach ich noch mit ihr, Fredy hatte noch immer nicht die Einberufung bekommen. Er ist ganz nervös, ob man ihn überhaupt nehmen wird, Leute betteln und flehen in der Magdeburger, und sie wollen sie nicht nehmen. Nachmittags haben wir mit Steiner Lotte in die Schleuse gebracht. Sie hatte sehr viel Gepäck, so dass wir einen Wagen nehmen mussten.

Abschied Mamas von Lotte und den Kindern ... Mit Mama nach Hause gegangen. Wie viele solcher Abschiede werden wir noch miterleben? Wie viele noch, wo man nicht weiß, ob und wann man sich je wiedersehen wird? Das ist das Furchtbarste in Theresienstadt. Lotte hat sich fabelhaft gehalten. Ich war noch abends mit einigen Schmés zweimal bei ihr, habe ihr ein Nachtmahl gebracht und einige vergessene Sachen. Abends war es schon ein großer Kampf hineinzukommen. Es gibt verschiedene Schleusen. Die Jägerkaserne wurde ausgeräumt, und alle Burschen sind in der Hamburger am Boden untergebracht, halb erforen, und kommen immer zu uns sich wärmen. Das ganze Parterre der Hannover ist eine Schleuse und alle Baracken der Produktion. Eva war in der Hannover, und es war unmöglich, zu ihr zu kommen.

In der Nacht wurden im ganzen Transport die Nummern geändert und es ging nach dem Alphabet. Als ich vormittags von der Arbeit kam, stand die ganze Straße entlang der Transport. Es war sehr kalt. Burger führte sich schrecklich auf, benahm sich wie ein Wilder, ohrfeigte jeden, der ihm in den Weg kam, stopfte die Leute in die Waggons mit oder ohne Gepäck, das war ihm ganz egal. Zum Schluss fehlten ihm Leute, da wurden einfach welche von der Straße genommen, die auf der falschen Seite gingen, ohne Gepäck, und jenen, die Gepäck hatten, wurden die Rucksäcke heruntergerissen, weil nicht genug Platz war für die Menschen. 2500 gingen, und die nächsten 2500 wurden am 16., Do, einberufen.[214] Großer Krach in der Magdeburger. Burger ließ sich die Liste aller Administrativen, Arbeiter der Produktion, des Arbeitseinsatzes, der Proviantur usw. vorlegen, kurz aller, die bisher am meisten geschützt waren, und wählte von ihnen ganz willkürlich Leute aus, deren Namen ihm nicht gefielen, und das waren einfach Weisungen. Früh um sieben Uhr kam Egon zu mir, seine Mutter ist im Transport, er meldete sich freiwillig und bat mich, ihm beim Packen zu helfen. Natürlich habe ich bei ihm den ganzen Vormittag gepackt, dann bin ich heimgegangen, schauen, ob wir nicht auch drin sind. Mama ist in der Reserve!

Das haben wir doch nicht erwartet. In den letzten Tagen hat sich Mama schon beruhigt und war sogar froh, dass sie mit uns hierblieb, sie hätte Lotte sowieso nicht helfen können, Lotte ist energisch und tapfer genug. Wenn wir allerdings gegangen wären, hätte sie sich mit uns gemeldet. Und jetzt ist sie selbst im Transport! Also wurde wieder gepackt. Steiner ist rührend brav, er hat Mama sehr geholfen. Sie hat sehr hohe Reserve. Ich war mit ihr in der

Schleuse den ganzen Freitagnachmittag, Samstagvormittag und -nachmittag. Auf den Zug gewartet, am späten Nachmittag ist er gekommen. Jetzt war der Augenblick, wo es sich entschied. Seit drei Uhr früh wurden Namen aufgerufen, die normale Transportnummern bekommen haben. Den ganzen Tag bei ihr, Mama ist nicht dabei. Abends um sechs Uhr war es zu 99 Prozent sicher, dass sie hier bleibt. Ich ging ihr Nachtmahl holen und wollte sie um sieben Uhr von der Schleuse abholen, da hörte ich, dass die ganze Reserve antreten musste. Angeblich nur zur Übersicht, Burger wollte sie sich ansehen, andere sagten, dass ihm 500 Leute fehlten, ein furchtbares Chaos, Frauen bekamen Schreikrämpfe, ich stand wie vom Blitz getroffen, schaute, schaute und sah Mama nicht. Ob sie doch alles bei sich hat, die Bettrolle, wird ihr jemand helfen? In die Jägerkaserne gelaufen. Dort Scheinwerferbeleuchtung, darunter saß Burger beim Tisch, um ihn herum zwei Koksöfen und ein ganzer Stab von Menschen, die nur auf seinen Wink warteten, was der Herrgott befiehlt. Die arme Mama! Weiter rückwärts war es finster, voller Sträucher, dort wimmelte es von Menschen, die sich in den Sträuchern versteckt hielten, um so ihrem Schicksal zu entkommen. Drinnen in der Jägerkaserne versteckten sich Leute unter Betten, hinter Betten, unter Brettern, auf dem Klosett, ganze Familien, und wenn sie aufgerufen wurden, gingen sie einfach nicht hin, und es gelang ihnen scheinbar. Mama hat sich sicher nicht versteckt, Mama wird sofort gehen, wenn sie sie nur einmal aufrufen. Wenn ich sie nur finden könnte! Wenn ich sie nur sehen und ihr helfen könnte, sie ist so allein, Heini Brock wird sich nicht um sie kümmern können, er weiß ihre Nummer nicht, auch Wilda Heller kann sich in diesem furchtbaren Chaos nicht um sie kümmern. Wenn ich doch so einen Overall wie die Transporthilfen bekommen könnte! Einige von ihnen angesprochen, sie angebettelt, sie möchten mir ihn doch borgen, nein, sie können nicht, und wenn dann Leute fehlen oder irgendetwas nicht in Ordnung ist, wird die ganze Transportleitung und -hilfe in den Transport gesteckt, so wie sie sind. Otto Kraus erging es so.

Es war einfach unmöglich, sie zu finden, und so musste ich später schweren Herzens nach Hause, zitternd vor Aufregung. Wenn ich doch Mama noch einmal hätte sehen können und mich verabschieden, aber so hilflos war ich noch nie. Immer habe ich mich bis jetzt durchgesetzt, wenn ich irgendwohin wollte, zu jedem Transport bin ich hingekommen, wenn ich wollte, und gerade dieser, der so furchtbar wichtig für mich war, ist weg, und ich konnte Mama nicht finden. Man ist so machtlos. In der Nacht überhaupt nicht geschlafen, um fünf Uhr früh in die Schleuse gegangen, ob vielleicht nicht doch – ein kleiner winziger Hoffnungsschimmer –, was, wenn sie doch hiergeblieben wäre? Eine ganze Menge Bekannte dort, die sich auf irgendeine Weise herausgeschwindelt haben. Einige sagten, dass sie vielleicht doch hier ist, auf die Evidenz gegangen, viele Nummern in ihrer Nähe sind hier, ihre Nummer ist gestrichen.

Die nächsten Tage furchtbar unglücklich, die ganze Welt ist wieder grau in grau, mit niemandem gesprochen. Wir mussten übersiedeln, aus unserem Zimmer wird Ambulation. Jetzt werden wir wieder übersiedeln und in einer Woche werden wir sowieso wegfahren. Wir haben wahnsinnig viele Sachen, hauptsächlich Lebensmittel. Ich glaube, niemand hat so viel wie wir. Ungefähr 10 kg Fett und alles en gros. Was kann man damit machen? Aufessen ist unmöglich.

Der Weihnachtsabend war sehr traurig. Ich war bei Jarka, habe ihm Essen gebracht, und dann bei den Eltern. Mutti war rührend. Sie hat für mich eine Menge Kleinigkeiten vorbereitet, ich bin ihr schrecklich dankbar dafür, sie spürt, wie unglücklich ich über das Alleinsein bin, und alles wäre nicht so schlimm gewesen, wenn Mama, Lotte und die Kinder hier gewesen wären. So waren wir nur zu dritt. Ich weinte wieder einmal nach langer Zeit. Silvester war ähnlich. Wir wollten einige Burschen von der Landwirtschaft einladen, dann hieß es aber, dass Kontrollen sein werden, und wir verschoben es auf Samstagnachmittag. Ungefähr 20 Leute waren bei uns, es wurde gegessen, Harmonika gespielt und gesungen. Es ist halt immer dasselbe, wenn ich nur nicht so allein wäre. Sonntag mit den Burschen spazieren gegangen, dann wollten wir uns ein Requiem anhören, wurden aber nicht hineingelassen.

Großer Krach in der Jägerkaserne. In der Nacht sind Heindl und Burger und noch einige SS-Leute in die Jägerkaserne eingedrungen und haben eine Menge Burschen festgenommen, einige haben um große Beträge Karten gespielt, andere geraucht usw. Wahrscheinlich Anzeige. Die ganze Nacht waren Verhaftungen von Leuten, die wahrscheinlich durch Prügeln der Ersten verraten wurden. Niemand hier hat ein reines Gewissen. Ich hatte große Angst um Löbl, aber dort waren sie gar nicht.

Wir arbeiten wieder im Stabsgarten, haben ideale Arbeitszeiten (von 8–10 Uhr und 1–3 Uhr). Beim Kukurutz kam eines Tages Lederer und brüllte: »Was machen die Weiber hier? Weiber haben hier nichts zu suchen, ihr habt mich belogen, das habt ihr hinter meinem Rücken gemacht!« Altmann hat sich vergeblich bemüht, uns dort zu behalten, hat ihm sämtliche Vorteile genannt, Lederer ließ sich nicht abbringen.

Drei Tage nach dem Krach in der Jägerkaserne traf ich Löbl. Er sah furchtbar aus. »Was ist los?« – »Mein Bruder ist verhaftet.« Die Verhaftungen gingen weiter. Unter anderem kamen sie auch auf eine Mansarde jemanden holen, durchsuchten dabei die Mansarde und fanden bei Löbl eine Menge Zigaretten, Geld und massenhaft Lebensmittel. Er wurde sofort eingesperrt, am nächsten Tag holten sie den anderen Bruder aus der Hohenelber, der dort im Krankenhaus lag. Ich ging zweimal zu Frau Löbl, wollte fragen, was los ist, zu Ada traute ich mich nicht, aber sie war nicht zu Hause. Kurz vorher bekam ich noch eine Menge Lebensmittel von Karel.

Januar 1944

Wir arbeiten jetzt seit ein paar Tagen im Glashaus, Margit Forscher, Martha Holzbauer, Elly, Magda und ich. Es ist für uns eine Auszeichnung und wir sind darüber sehr froh. Sonntag um zwei Uhr wartete ich vergeblich auf Karel in der Dresdener. Er kam nicht. Sonntagabend sagte unter anderem Frau Weisel ganz zufällig: »Weißt du, Evička, wen sie gestern eingesperrt haben? Du kannst dich doch sicher noch an den Eisenbahner erinnern, dessentwegen du voriges Jahr gesessen bist? Er wurde gefangen, als er einen Koffer ins Ghetto befördern wollte. Es ist wahrscheinlich auch im Zusammenhang mit der Affäre Löbl.« Ich sagte darauf: »Ich kann mich dunkel an ihn erinnern.« Und war wie vom Schlag gerührt. Weiter war ich keines Wortes fähig. Das kann doch nicht sein. Ein Mensch wie Karel, der täglich sein Leben für uns riskiert hat und bis jetzt einen so unglaublichen Schutzengel hatte, dass man wirklich dachte, ihm kann nichts passieren, er ist zu gut, als dass ihm etwas zustoßen könnte. Ganz abgesehen davon bin ich jetzt auch mit darin. Ich musste, wenn auch sehr ungern, zu Mutti gehen und ihr verschiedene Sachen bringen, Fett, Weckgläser mit Fleisch, alles, was halbwegs auffallend ist. Es ist zwar egal, wenn sie meinen Namen haben, bin ich sowieso darin, und dass sie ihn haben, ist ziemlich sicher, denn erstens war in dem Koffer, den sie abgefangen haben, sicher ein Paket und ein Brief für mich, zweitens machen sie bei ihm eine Hausdurchsuchung und finden höchstwahrscheinlich auch Briefe von mir. Eine unangenehme Nacht. Im Ganzen ungefähr eine Stunde mit schrecklichen Träumen geschlafen, bei jedem Geräusch im Gang aufgefahren. Jetzt kommt Burger mich holen. Alles ist vorbereitet für den Fall, dass sie mich holen und ich sofort gehen muss, auch meine Aussage. Nichts gekommen.

Zwei Tage in dieser Verfassung herumgegangen. Dienstagnachmittag nach der Arbeit, als ich aus dem Glashaus komme, stehen draußen zwei Männer, der eine Jirka Neumann, einer aus der Parta Löbl. Karel lässt mich schön grüßen und schickt mir Gebäck. »Was ist mit Karel?« – »Na nichts. Er ist in Ordnung.« Ich: »Was, er ist nicht eingesperrt?« – »Nein, ganz im Gegenteil.« Diese Antwort habe ich erst später verstanden. Ich war außer mir vor Freude.

Mittwoch, 12. Januar 1944

Am Abend beim Vortrag im Družstvo. Auf einmal ruft mich Zwi heraus, meiner Mutter ist angeblich schlecht. Draußen steht der, der mir am Tag zuvor die Nachricht von Karel überbracht hat. »Sie müssen schnell mit mir kommen. Karel ist hier und will Sie sprechen.« Ich kam gar nicht dazu, aufgeregt zu sein. Wir gingen in die Sokolovna,[215] über einen stockdunklen Hof, über Bretter, nur hie und da leuchtete seine Taschenlampe auf. Wir kamen in einen Schuppen. Es war ganz finster, nur spürte man, dass hier Leute waren. Einige Zigaretten leuchteten. Gedämpftes Gespräch, ungefähr vier oder fünf Männer dort, das war nicht genau zu erkennen. Aus einer Ecke kam mir jemand entgegen. Eine Taschenlampe leuchtete mir für einen Moment ins Gesicht. Karel. Er streckte mir beide Hände hin und sagte: »Guten Abend.« Er drückte herzlich meine Hand. Nach einigen Momenten gingen die Männer hinaus, dann war ich mit Karel allein. Wir setzten uns auf Bretter und er begann zu erzählen. Er erzählte in kurzen abgebrochenen Sätzen, alles, was ihm am Herzen lag seit der Zeit, als wir uns das letzte Mal gesprochen hatten. Das war an dem Tag, als sie mich einsperrten. Er erzählte mir, was er für Sorge um mich hatte, wie er sich bemühte, mit mir in Verbindung zu treten, wie er täglich um Theresienstadt herumfuhr, um mich zu sehen. Was er Leuten gab, nur um eine Zeile von mir zu bekommen, und wie oft alles umsonst war.

Um acht Uhr kamen die Männer mich abholen. Karel gab mir noch schnell eine Menge Äpfel, eine Zeitung, dann gingen wir. Ich war noch ganz benommen, es kam mir alles wie ein Traum vor, aber es war Wirklichkeit. Schnell zu Mutti und ihr alles erzählt.

Donnerstag, 13. Januar 1944

Aus Deutschland kamen eine Menge Leute, die bis jetzt als Arier anerkannt waren, die in Mischehen lebten, arische Kinder haben, die jetzt plötzlich nach dem Gesetz Juden wurden. In unser Zimmer kamen vier Frauen. Wir glauben, es sind Spitzel, jedenfalls machen sie einen solchen Eindruck. Es ist unangenehm, sie im Zimmer zu haben. Die ganze Familie Löbl ist eingesperrt, auch die Mutter und die Schwester, sie wurden von Burger und Heindl furchtbar verprügelt, aber verraten haben sie nichts. Allgemein wurde davon gesprochen, dass eine Kaserne für Mischlinge freigemacht werden müsse. Manche sagen die Dresdener, manche die Hamburger, und wir legten uns ruhig schlafen. In der Nacht kam plötzlich der Befehl, bis morgen Mittag müsse das Parterre geräumt sein und nicht ein Stückchen Holz dürfe herausgenommen werden. Das kann ja lustig werden. Bei mir ist das besonders kompliziert mit Mutti. Mutti hat schrecklich viele Sachen, das lässt sich nicht beschreiben. Auch Sachen von Mama und Lotte, die sie nicht mitnehmen konnten, und auch Sachen, die sie seit eineinhalb Jahren, seit sie in dem Zimmer wohnt, gehortet hat.

Freitag, 14. Januar 1944

Seit den frühesten Morgenstunden herrscht ein großes Chaos, Wagen fahren, Koffer werden geschleppt. Wir haben noch ruhig geschlafen, dann angefangen zu packen, bis elf Uhr sollten wir draußen sein. Das war unmöglich, da wir noch nicht wussten, wohin. Angeblich wird sich die Landwirtschaft um uns kümmern. Fixler verspricht sich zu sorgen, aber bis jetzt sind wir noch nicht weiter, außer dass wir wahrscheinlich in den Westbaracken ein bis zwei Zimmer bekommen, die aber noch nicht geräumt sind. Mutti muss vorläufig auf den Boden der Geniekaserne. Wie wir ihr Gepäck heraufbringen sollen, ist mir schleierhaft. Alle Gänge sind vollgestopft mit Leuten, die Gepäck schleppen, Männer, Frauen, Kinder, alles hastet, eilt und ist in Aufregung. Es kommt mir vor wie ein aufgescheuchter Ameisenhaufen. Endlich ist auch Mutti eingepackt. Es ist fast unmöglich, all ihre Gepäckstücke zu zählen. Aus dem Stabsgarten einen Schubkarren geholt. Unterwegs Arthur getroffen, den Vertrauten von Karel, der mir sagte, abends käme Karel und ich müsse hinkommen. Mit dem Schubkarren die drei schwersten Koffer mit Lebensmitteln zu Vati gebracht. Es war eine furchtbare Schinderei. Inzwischen sind unsere Burschen mit einem Ochsengespann gekommen, unsere Sachen abzuholen, und haben sie ins Družstvo gebracht. Wir müssen in die Westbaracken übersiedeln. Dort ist aber für uns kein Platz. Wieder ins Družstvo zu Fixler gegangen. Er kann uns nicht helfen, geht wieder in die Magdeburger, hat aber keine Antwort bekommen. Mit Mutti langsam Stück für Stück auf den Boden gebracht. Es ist schrecklich kalt, direkt unter einer Dachluke, die wir verstopfen mussten. Jetzt sieht man besonders, wie schwer alles ist, wenn man allein ist. Vati kann uns nicht helfen, allen anderen helfen Männer, nur wir zwei müssen alles ganz allein machen. Bekannte habe ich genug, aber ich sagte ihnen: Lasst das nur, ich mach es schon allein.

Nachmittags entschied es sich, dass wir in die Westbaracken müssen, und zwar auf die Plätze, die bis jetzt für Koffer frei waren. Sieben Zentimeter über der Erde. Margit hat für mich einen Platz besetzt in einem Zimmer mit lauter Deutschen. Die Plätze sehen aus wie eine Hundehütte, man kann nur hineinkriechen, für Gepäck ist überhaupt kein Platz, weil die Betten zu niedrig sind, als dass man etwas darunter geben kann. Nachmittags auf ein Fuhrwerk noch die schwersten Sachen von Mutti geladen, die wir unmöglich auf den Boden schleppen können, und gab sie doch unter mein Bett, so dass wir jetzt nur ungefähr vierzig Zentimeter Raum haben. Matratzen ließen wir im Družstvo, einige Bretter konnten wir doch aus der Kaserne herausbekommen. Bei Mutti am Boden genachtmahlt und dann wieder in die Sokolovna gegangen. Wieder genauso wie das letzte Mal. Karel ist manchmal wie ein kleines Kind, und ich kann mir gar nicht vorstellen, dass dieser

Mensch sein Leben für uns einsetzt, dass er dabei hart ist wie Eisen, dass er sich viele Meter auf der Erde auf allen vieren vorwärts bewegt und das alles gern für uns tut. Wieder eine Menge Sachen und eine Zeitung bekommen. Um acht Uhr noch zu Mutti gelaufen, sie hätte sonst die ganze Nacht nicht schlafen können. Sie wollten mich nicht in die Kaserne lassen, dann doch hingekommen, nur einen Kuss, ich lebe, alles in Ordnung, dann nach Hause. Ich war todmüde und noch die Aufregung dazu, das war ein Tag.

Samstag, 15. Januar 1944
Das Wohnen ist fürchterlich. Man kann sich im Bett nicht rühren und draußen schon überhaupt nicht. Mutti wohnt noch schlimmer, am Boden herrscht eine derartige Kälte, dass sie sich dort überhaupt nicht aufhalten kann und sich noch zu mir wärmen kommt. Der einzige Lichtblick ist, dass ich mit Margit beisammen bin. Abends wieder in den Schuppen hinter der Sokolovna. Es ist ein ganz merkwürdiges Gefühl, man kommt sich vor wie in einer anderen Welt. Am Tag führe ich das eine Leben und am Abend ein anderes. Abends ist es immer wie bei einer Verschwörung. Die Burschen machen aus Brettern ein Zimmer, nur der Schein einer kleinen Taschenlampe erleuchtet ein wenig und wird sofort wieder gelöscht. Karel spricht immer sehr viel, dass er mich sehr gern hat, und ich glaube es auch. Er hat es in den anderthalb Jahren, seit wir uns zum erstenmal sahen, so oft bewiesen, ohne jedwede Gegenleistung und ohne die geringste Aussicht auf eine solche. Was er für uns getan hat, ist einfach unglaublich.

Sonntag, 16. Januar 1944
Es ist merkwürdig, ich habe auf einmal ganz plötzlich wieder eine Anziehungskraft auf die Burschen. In mir ist eine Veränderung vorgegangen. Ich unterhalte mich mit allen Burschen, habe das unangenehme Gefühl verloren, das ich immer hatte, wenn ich mit jemandem sprach oder in Gesellschaft war. Alle haben jemanden, nur ich nicht. Das hat jetzt alles aufgehört. Ich habe wieder Selbstvertrauen und habe auf einmal eine Menge Verehrer nach so langer Pause. Ich gehe jeden Tag mit einem anderen und unterhalte mich. Zum Beispiel mit einem, der in einem Turm wohnt, eine fantastische Wohnung hat, sonst aber ein großer Schmock ist. Na,

zum Unterhalten genügt es. Ein Cousin von Jarka ist dabei, Fritzek Braun, ein bisschen zu klein für mich, T., der nach so langer Freundschaft plötzlich sein Herz für mich entdeckt hat und sogar sehr hartnäckig ist. Otto Kellner,[216] der ganz anders ist als alle anderen, sehr still, macht keine großen Worte, hat keine schöne Wohnung, ist weder hartnäckig noch zudringlich, kein Schmock, und derjenige, der mir weitaus am besten gefällt. Ich weiß nicht, ob ihm überhaupt an mir liegt, er hat noch nie etwas Derartiges gezeigt oder schon gar nicht gesagt, aber er gefällt mir. Ich möchte gern etwas über sein Leben wissen und möchte mich gerne mit ihm unterhalten. Wir sind jetzt jeden Sonntagnachmittag mit den Burschen von der Landwirtschaft beisammen, früher kamen sie zu uns in die Hamburger und jetzt gehen wir zu ihnen. Abends ist wieder alles wie gewöhnlich, ich gehe jetzt schon allein in die Sokolovna. Jirka Neumann ist die ganze Angelegenheit nicht recht, er schaut mich kaum an. Na, was soll ich machen. Karel ist hart, wenn er sich etwas in den Kopf setzt, weicht er nicht mehr davon ab. Auf der anderen Seite ist er naiv, wie ein kleines Kind, lässt sich leicht beeinflussen und möchte mir alles geben, was ich nur wünsche. Er ist bestimmt kein Schmuser, der groß tut, aber er muss ein großes Vermögen haben.

Seit wir aus der Hamburger übersiedelt sind, wurde die Kaserne zuerst vergast. Nach drei Tagen wurde sie geöffnet, aber niemand durfte hinein, nur mit einem besonderen Durchlassschein. Mutti als dort Beschäftigte wird vielleicht wieder dort wohnen können. Wahrscheinlich wird ein Transport kommen, noch weiß niemand etwas Bestimmtes, allgemein wird vermutet, dass dort einige Zeit Quarantäne herrschen wird, und wir haben Angst, dass es so wie bei den polnischen Kindern sein wird, bei denen die Pflegerinnen mitfahren mussten, als sie weggingen. Mutti kann aber unmöglich länger auf dem Boden bleiben. Abgesehen von dem Schmutz ist dort eine derartige Kälte, dass sie in der Nacht überhaupt nicht schlafen kann. Inzwischen hat sie die Übersiedlung in die Baracken bekommen. Das scheint aber ein Irrtum zu sein, weil alle anderen Schwestern aus der Hamburger automatisch dort bleiben. Mutti hatte große Laufereien, dann einen Durchlassschein für die Hamburger bekommen und übersiedelte einfach dorthin. Nachmittags haben wir wieder alles hingeschleppt mit großen Schwierigkeiten, jeder OD-Mann und jeder Ghettowachmann macht

Schwierigkeiten. Mutti hat mir immer ihren Durchlassschein durchs Fenster gereicht, und so bin ich hereingekommen. Mutti hat einen schönen Platz, nur ist sehr unsicher, ob sie dort wird bleiben können. Das Zimmer ist noch ganz leer, wir zwei säuberten alles und richteten alles ein. Trotz strengsten Verbots schlief Mutti dort.

Als am nächsten Tag der Transport kam, herrschte ein furchtbares Chaos. Sämtliche Straßen um die Hamburger waren abgesperrt, alles war ganz rätselhaft, die Kaserne musste augenblicklich geräumt werden, und Mutti ist wieder ohne Unterkunft. Diese ewige Unsicherheit und das ständige Hin und Her sind fürchterlich. Mutti macht jetzt Dienst in der Sokolovna bei Enzephalitis und meldet sich freiwillig jede Nacht zum Dienst, weil sie nirgends sein kann. Die E. ist eine neue Krankheit. Im normalen Leben kommt sie angeblich sehr selten vor, es ist eigentlich eine Gehirnkrankheit und hat gewöhnlich schwere Folgen. Hier sind bis jetzt nur leichte Fälle, die Leute schlafen viel, haben erhöhte Temperatur, Kopfschmerzen und Gleichgewichtsstörungen. Außerdem gibt es noch eine Menge anderer Anzeichen ... Auch in den Augen kann man das feststellen. Beängstigend ist hier nur die große Verbreitung dieser Krankheit. In den Jugendheimen sind besonders viele Fälle, dort haben sie ganze Zimmer. Es muss sehr ansteckend sein, nur weiß bisher noch niemand, wodurch. Die Krankheit selbst ist nicht schwer, schlimmer sind die Recidiven, die oft zwei-dreimal folgen.

Wir pikieren im Garten Salat und Radieschen, es ist eine ganz hübsche Arbeit, nur ist es sehr kalt. Unsere Gruppe soll ausgetauscht werden, Kreta gegen Stabsgarten. Auf die Kreta soll die Gruppe Hedi [...] kommen, ohne Ausnahme, und die Gruppe Kreta wird Feldgruppe. Dort ist die Arbeit sehr einfach. Weniger einfach wird es im Stabsgarten zugehen, wo ein Teil der Gruppe Hanka [...] hinkommt, allerdings auch von unserer alten Gruppe einige bleiben sollen. Wir vier von den Schafen sollen mit Margit bleiben. Das ist gut. Am nächsten Tag wurde das wieder geändert. Lederer erlaubt nur 25 Mädchen im Stabsgarten, so müssen noch einige weg, Elli und Hilde wahrscheinlich. Von mir und Lidka kein Wort. Als ich Pepík fragte, sagt er: »Nein, du bleibst sicher bei uns.« Dann sollte wieder Lidka weg und ich mit Margit hierbleiben. Pepík ist auch falsch, jedem sagt er etwas anderes, und da wir meist im Glashaus sind, erfahren wir nichts, nur was Pepík uns sagt. Alle sind aufgeregt, lauter Intrigen, alle laufen zu Pepík, jeder will ihn beeinflussen, jeder möchte in den Stabsgarten. Endlich Auftritt vor Lederer, der sich die Gruppen ansehen kommt. Jeder Name wird vorgelesen und er sieht sich jeden einzeln an. Weisel hat durchgesetzt, dass Eliška im Stabsgarten bleibt, so sind wir wieder alle beisammen.

Ich bin fast jeden Abend bei Karel. Er bringt mir immer so viele Sachen, fragt ständig, was ich mir wünsche, aber ich will gar nichts, ich habe mehr, als ich brauchen kann. Ich komme keinen Abend vor zehn Uhr nach Hause. Ich »helfe Mutti in der Sokolovna«. Doktor Fantl begleitet mich immer nach Hause wegen der Ghettowache. Ich führe ein ganz aufregendes Leben, aber auf die Dauer könnte ich das nicht aushalten. Ich bin schrecklich nervös. Im Leben war ich noch nicht so nervös. Wenn mir jemand etwas sagt, habe ich gleich Tränen in den Augen, meist ganz grundlos. Es ist wahrscheinlich die ständige seelische Anspannung, in der ich mich befinde. Am Tag unterhalte ich mich besser als lange Zeit vorher, es ist vielleicht eine Abreagierung des Abends. Ich lache, habe Freude, wenn es mir gelingt, mit allen drei Burschen zu gehen und sie mir doch auf Distanz zu halten. So lange habe ich mir Gesellschaft gewünscht und jetzt habe ich so viel, mehr als mir lieb ist. Nach langem Hin und Her wurde uns noch ein Teil eines anderen Zimmers zur Verfügung gestellt. Wir übersiedelten zu lauter Deutschen, aber das macht nichts, wir sind schon glücklich, dass wenigstens ein paar von uns beisammen sind.

Februar 1944

Am 1. Feber sind wir übersiedelt. Ich wohne mit Eva Taussig im dritten Stock, unter mir Margit mit Evas Mutter. Im Ganzen sind hier 13 Personen aus der Landwirtschaft. Otto half mir bei der Übersiedlung, brachte das ganze Gepäck aus dem Družstvo, machte mir eine polička usw. Endlich habe ich wieder meine Sachen beisammen und werde ein wenig zur Ruhe kommen. In dem alten Zimmer war das unmöglich. Nachmittags half mir noch T., einige Sachen von Mutti zu mir zu bringen. Mutti gefällt er gut, mir weniger. Abends das letzte Mal in der Sokolovna. Jetzt ist 14 Tage Schluss, weil Mond ist. Um elf Uhr nach Hause gekommen. Eva einen Liebesroman erzählt. Sie hat keine Ahnung. Nur Margit weiß etwas, sie hat Verständnis dafür, sie hat sich auch öfter in einer derartigen Situation befunden.

Mutti ist inzwischen wieder in die Hamburger übersiedelt, hat alle Sachen in Ordnung vorgefunden, hat ihren Platz behalten, und aus dem rätselhaften Transport wurde ein ganz normaler Transport aus Holland mit furchtbar viel Gepäck, weil man den Leuten sagte, sie sollen alles mitnehmen, was sie besitzen, Geld, Schmuck, Rauchwaren, und alles wurde ihnen abgenommen. Mutti ist Stationsschwester in der Krankenstube, hat lauter alte Holländer zu versorgen, etwas mehr Dienst als früher, aber sonst blieb alles beim Alten. Sie kann jetzt wieder für mich und Vati kochen, und wir treffen uns jeden Abend bei ihr zum Nachtmahl. Vati bringt auch manchmal Essen, er bekommt in verschiedenen Küchen immer etwas, und Mutti wärmt es ihm meist mittags auf. Er ist jetzt wieder zufrieden und guter Laune. Bis eines Tages vom Gesundheitswesen die Zuschrift kam, er darf aufgrund seiner Krankheit nicht mehr arbeiten. Er ist ganz unglücklich, hat sofort ein Bittgesuch geschrieben. Bis jetzt wissen wir noch nicht, wie es ausfällt. Vorläufig arbeitet er noch, es wäre für ihn schlimm, wenn er nichts mehr zu tun hätte.

Den ganzen Jänner war es wie im Frühling, sehr wenige Tage unter Null und Schnee überhaupt keiner. Mitte Feber begann auf einmal der Frost und es schneit jeden Tag. Im Garten ist alles voller Saat, die wird erfrieren. Dann kam der Befehl: Es darf nicht mehr geheizt werden. Im Ghetto ist keine Kohle. Bis jetzt wurde bei uns fleißig geheizt, die Holzräume lassen sich sehr gut heizen, und wir hatten oft eine richtige Hitze, besonders im dritten Stock. Jetzt wird nichts mehr gefasst und wir frieren. Mit dem bissel Holz, das wir schleusen, kann man sich nicht mal das Essen aufwärmen. Eine weitere Katastrophe sind die Kartoffeln. Seit Anfang Feber sind keine Kartoffeln mehr in Theresienstadt. Abends in der sogenannten Kartoffelsuppe schwimmen einige Kartoffelschalen, sonst gibt es dreimal die Woche Graupen, die niemand mehr sehen kann. Mir schmecken sie noch ganz gut. Die übrigen Tage bekommen wir Buchteln, Hefeknödel mit Zucker oder mit Gulasch. Hie und da gibt es einen Brei aus gemahlenen Graupen mit Sana und Zucker, der ist scheußlich.

Langsam gehen mir die Burschen schon auf die Nerven. Den »Schmock« bin ich schon losgeworden, Fritzek Braun ist zwar nett, aber … ich weiß eigentlich selbst nicht, was für aber. T. lässt sich nicht so leicht abweisen. Er wartet oft zwei Stunden vor meinem Zimmer, und wenn ich ihm sage, dass ich keine Zeit habe, kommt er am nächsten Tag wieder. Jeder andere an seiner Stelle hätte es schon längst aufgegeben. Am liebsten möchte ich mit Otto gehen, aber er ist so schüchtern, manchmal direkt abweisend und sehr stolz. Wir gingen zusammen zu einem Konzert, natürlich ohne Karten, und während alle anderen vor der Tür draußen standen, gingen wir rückwärts in die Kanzlei, die nebenan ist, und hörten alles wunderbar. Wir hielten uns bei der Hand und es tat mir sehr gut. Ist das sehr schlecht von mir, jemanden gern zu haben?

Seit Mama weg ist, ist die letzte Verbindung zu Richard abgerissen, ich weiß gar nicht, ob er noch lebt. Seit diesem Abend gehen wir jeden Abend spazieren. Wir unterhalten uns über alles Mögliche, hauptsächlich über unser bisheriges Leben, und verstehen uns gut. Er kann manchmal sehr lustig und ausgelassen sein, nur in Gesellschaft ist er so still und ernst. Der tägliche Spaziergang ist uns zur Gewohnheit geworden und würde mir schon sehr fehlen. Es ist sehr kalt, aber wir spüren es nicht. Wir debattieren intensiv und es ist uns heiß. Er weiß bereits alles von mir, ich weniger von ihm. Ich frage nicht. Hie und da erzählt er aus seinem Leben, das sehr schwer war. Als 16-Jähriger starb ihm der Vater und er, obwohl er der Jüngste war, musste das Gut übernehmen, weil die zwei älteren Brüder ihren Beruf hatten. Er studierte außerdem, was nicht leicht war. Dann mussten sie flüchten und verloren alles. Zwei Jahre arbeitete er als Kutscher auf einem fremden Gut, er konnte als Jude keine leitende Stellung einnehmen, aber alle hatten ihn sehr gern. Dann arbeitete er auf einem Bau, dann als Installateur, dann gingen Transporte, er kam zu Krämer, hatte eine gute Stellung dort, und die Deutschen hielten ihn, so lange es ging, er kam nach Theresienstadt mit dem CK-Transport.[217] Er war in Prag mit Ditta Mautner verlobt, kam genau ein Jahr nach ihr her, und hier fanden beide, dass sie nicht zusammenpassen. Das war für Otto ein großer Schlag, von dem er sich eigentlich erst jetzt durch mich erholte. Er war ein Eigenbrötler geworden. Wir sprechen nie von der Zukunft, wie um etwas nicht zu zerstören. Otto ist nicht gesund. Er hat Magengeschwüre und hat manchmal starke Schmerzen. Es ist schlimm zu sehen, dass er

Schmerzen hat und wie er sich bemüht, dass ich es ihm nicht anmerke. Aber ich sehe es doch und kann ihm gar nicht helfen.

Er weiß so ziemlich alles von Karel und ist damit nicht einverstanden, aber das ist meine private Angelegenheit und da will er mir nicht reinreden.

Es kam der 18., Freitag, das Ende des Mondes, und Arthur kam mich abholen. Der Schuppen steht nicht mehr und wir waren im Laboratorium. Karel war in Prag, in unserem Haus, hat Kohns meinen Brief gebracht, und weil Frau Kohn geklagt hat, dass sie sich wenig zu essen besorgen kann, hat er ihnen gleich eine ganze Menge Lebensmittel, zehn Kilo Mehl, Fett und noch vieles andere gebracht. In der Nacht hat er es mit vielen Schwierigkeiten nach Prag gebracht, nur weil sie unsere Bekannten sind, weil sie nett zu uns waren. Das ist ganz Karel.

Ich habe jetzt wieder Lebensmittel in Hülle und Fülle, auch Schokolade. Noch zweimal haben wir uns in der Sokolovna getroffen, gingen von dort durch Theresienstadt spazieren, Karel wollte sich alles anschauen. Wir gingen zu dritt, Karel, Arthur und ich, Karel in unserer Mitte, und Arthur hatte große Angst, dass wir jemanden Bekannten treffen. In die Hamburger gegangen, er wollte Mutti kennenlernen, hat mit ihr gesprochen. Er setzt alles durch, was er will.

Lederer musste weg von hier, unser alleiniger Chef ist jetzt Kurzawe. Auch Burger ist weg und an seiner Stelle kam Rahm.[218] Das Ghetto atmet auf. Rahm ist etwas besser. Er kann zwar auch ohrfeigen, aber so ein Tier wie Burger findet man selten, und schlimmer konnte es nicht werden.

Die ganze Familie Löbl entlassen. Gott sei Dank! Ich habe mich sehr gefreut. Ich werde mich jetzt nicht mehr mit Karel treffen können, aber mir ist es sogar lieber so. Das habe ich mir aber nur gedacht und habe nicht mit Karels hartem Kopf gerechnet. Er will es ohne Wissen der Löbls machen, nur mit Arthur. Das ist mir schrecklich unangenehm. Es ist furchtbar schwer, zu ihm nein zu sagen, ihm, der so viel für mich getan hat. Abends um acht Uhr kamen Karel und Arthur mich abholen. Arthur war furchtbar nervös, hatte große Angst, jemanden von Löbls zu treffen. Wir gingen wieder eine Stunde spazieren.

Am nächsten Tag hat angeblich Löbl davon erfahren, dass ich mich mit Karel traf. Durch mich ist es unmöglich herausgekommen, obwohl Arthur es vermutet. Am nächsten Tag kam Ada Löbl zu mir. Wir hatten eine lange Besprechung. Er hat es erfahren und will unbedingt, dass damit Schluss ist. Ich muss ihm einen Brief schreiben. Jetzt fiel mir etwas ein. Das mit dem Verraten ist ein Schmäh. Vielleicht hat Arthur es selbst verraten, und jetzt wollen sie Karel sagen, dass es durch mich herauskam. Dann wird Karel vielleicht endlich einwilligen, sich nicht mehr mit mir zu treffen, wenn sie ihm sagen, dass auf mich kein Verlass ist. Das war immer das Einzige, was Karel von mir verlangte für alles, was er für mich tat. Schweigen sollte der einzige Dank sein. Wie wird er das aufnehmen? Ich versprach Löbl, mich nicht mehr mit ihm zu treffen. Der Brief musste geschickt geschrieben werden. Ich bin mir keiner Schuld bewusst, aber ich sehe vollkommen die Angst von Löbl ein. Es ist eben keine Frauensache. Auch habe ich Angst, die Eltern in Gefahr zu bringen oder sogar Karel. Das wäre für mich das Furchtbarste. Am nächsten Abend kam Arthur wieder, ich müsse mit ihm kommen, Karel wolle unbedingt mit mir sprechen. Er kam dann aber nicht, weil Löbl die ganze Sokolovna beobachten ließ und es Karel auf irgendeine Art unmöglich machte hereinzukommen. Am nächsten Abend kam Arthur wieder, und ich musste mit ihm gehen. Wir gingen einen halsbrecherischen Weg zwischen Zäunen, geduckt, unter Brettern, zwischen Stößen von Brettern, jeden Augenblick horchend, ob sich nicht etwas rührt. Arthur voran, ich hinterher, zeitweise auf allen vieren, immer ängstlich bedacht, keinen Lärm zu machen, denn fünfzig Meter vor uns war ein Gendarm. Wir kamen an einen Drahtzaun, dahinter bei einem Baum bewegte sich plötzlich etwas auf ein Zeichen, Karel.

Er kam näher, ich auch. Nur in der Hocke konnte man sprechen. Wir setzten uns in den Schnee, weil es bequemer war. Ich sagte ihm, dass er nicht böse sein soll, aber wir dürfen uns nicht mehr treffen. Er sah es ein. Ich war ungefähr eine halbe Stunde dort. Karel ist überzeugt, dass ich ihn nicht verraten habe, und das ist die Hauptsache. Er glaubt mir, sieht alles vollkommen ein und ist mit allem einverstanden. Dann gingen wir den halsbrecherischen Weg zurück.

Otto hatte sich große Sorgen gemacht und ich war glücklich, dass ich es hinter mir hatte und auch ihn beruhigen konnte. Für vierzehn Tage herrschte vollkommene Ruhe.

Inzwischen habe ich mich mit Otto mehr und mehr angefreundet. Er ist nicht fehlerfrei, ist manchmal launenhaft, verschlossen, leicht beleidigt, ein Dickkopf, und manchmal kenne ich mich in ihm nicht aus. Aber trotzdem habe ich ihn sehr gerne.

Eine Karte aus der Schweiz bekommen. Grete Duschenes schreibt, dass sie meine Karte bekommen und an Richard weitergeleitet hat. Er wird sich sicher sehr freuen. Ich bin ganz verrückt vor Freude. Sie schreibt sehr lieb, wie sie sich über meine Nachricht gefreut hat und dass ich in der Landwirtschaft arbeite. Für mich ist das Wichtigste, dass ich jetzt vielleicht endlich eine Verbindung zu Richard habe. Wenn ich gewusst hätte, dass Otto es so ernst meint, vielleicht hätte ich nie angefangen, mit ihm zu gehen. Ich habe die Sache von Anfang an sehr leicht genommen, ich wollte nichts Ernstes, wollte mich nur unterhalten, aber er nimmt es sehr ernst.

März 1944

Im Ghetto gibt es noch immer keine Kartoffeln. Es gibt ständig Knödel mit Sauce oder Fleisch oder Graupen. Es ist unglaublich, wie viel Mehl sie für uns verwenden. Zum Nachtmahl bekommen wir jetzt einmal die Woche sechzig Deka Brot und [...] oder eine Semmel. Man kann nur staunen. Manchmal bekommen wir auch Marmelade. Mit dem Zusatz mittags, das ist eine halbe Portion, ist man ziemlich satt. Nach langem Hin und Her haben die Mädels der Landwirtschaft diesen Zusatz endlich auch bekommen. Auch Kohle ist wieder gekommen, so dass man, wenn fleißig geschleust wird, täglich heizen kann. Es herrscht jetzt eine unverschämte Kälte. Es gibt keinen Tag, an dem es nicht schneit, oft wachen wir früh auf und draußen liegt hoher Schnee. Und dabei ist März.

Rahm führte sich gleich ausgezeichnet ein. Er ordnete an, dass in allen Krankenhäusern Blumen stehen müssen. Er will nach Möglichkeit, dass alle Menschen in ihrem früheren Beruf beschäftigt sind. Allgemein munkelt man, dass Zigaretten kein Kontraband mehr sein werden.

Man muss keine Uniform mehr grüßen, weder Gendarm noch SS-Mann, das ist merkwürdig. Ein Transport von zweihundert jungen Burschen ging aus dem Ghetto zum Barackenbau nach Deutschland.

Unsere Produktionsbaracken wurden abgerissen und nach

Deutschland geschafft. Angeblich für die unzähligen obdachlosen Deutschen, die durch Flugangriffe um alles gekommen sind. Auch bei uns hört man fast täglich Sirenen in der Nacht, sehr oft auch in der Mittagszeit. Wir können hier im Ghetto ganz ruhig sein, im Gegenteil, wir freuen uns sehr darüber, aber in Deutschland ist das der größte Schreck. Wir können uns das gar nicht vorstellen, was so ein Fliegerangriff bedeutet, bei dem meist Tausende Leute ums Leben kommen und doppelt so viele um ihr ganzes Hab und Gut. Das ist endlich Krieg im Herzen von Deutschland, wo es sie am härtesten trifft. Die Russen haben bereits größtenteils die polnische Grenze überschritten, im Süden stehen sie vor Odessa. Tarnopol ist in russischen Händen.

Mit dem Transport der zweihundert Arbeiter ging auch Arthur mit, was ich aber erst viel später erfuhr. Komisch, dass er mir gar nichts davon gesagt hat, obwohl ich am selben Tag noch mit ihm gesprochen habe. Vielleicht ist ihm der Boden zu heiß geworden wegen Karel. Mir ist es fast lieber, dass Karel jetzt keine Möglichkeit mehr hat, sich mit mir zu treffen. Hoffentlich übernimmt es jetzt nicht dieser furchtbar unsympathische Junge, der auch in der Parta ist und meiner Ansicht nach zu allem Schlechten fähig wäre. Es ist mir unangenehm, dass er überhaupt vom ihm weiß, aber er war mit Arthur sehr gut. Ich möchte am liebsten Karel vor ihm warnen. In die Hand eines solchen [...] möchte ich nicht geraten. Außerdem wird er bestimmt nicht schweigen.

Neun Menschen wurden entghettoisiert.[219] Es sind Leute mit gültigen Pässen ungarischer oder schwedischer Staatsbürgerschaft, die angeblich von ihren Verwandten dort angefordert wurden. Binnen eines halben Tages mussten sie reisefertig sein und vor der Kommandantur bereit stehen. Manche wollten gar nicht, weil sie hier jemanden zurückließen. Eine bekannte Familie war überglücklich, nach Hause zu kommen. Der erste Transport von hier nach Hause! Vor der Kommandantur wurden ihnen die Sterne abgenommen.

 Ich gehe jetzt zu keinen Vorträgen mehr, es tut mir sehr leid, aber ich komme nicht dazu. Daran hat Otto Schuld, aber ihm geht es genauso und wir haben uns vorgenommen, wenn die erste Zeit, wo wir uns noch nicht genug kennen, vorüber sein wird, werden wir zusammen lernen, zu Vorträgen gehen und uns bilden. Manchmal gehen wir zu Konzerten. Außerdem gehe ich noch oft zu Jarka. Es ging ihm schon ganz gut. Er ging schon aus und hat mich sogar zweimal besucht. Auf einmal in der Nacht hatte er einen Blutsturz und musste sofort in die Geniekaserne überführt werden. Er hat offene Tuberkulose und muss wieder liegen, Gott weiß wie lange. Ich gehe sehr oft hin, er ist sehr traurig, obwohl er das alles nicht vollkommen begreift. Für mich ist es kein Opfer, mich um ihn zu kümmern und ihm Essen zu bringen, auch kein blödsinniges Heldentum. Alle raten mir furchtbar ab hinzugehen wegen der Ansteckungsgefahr, aber ich habe einfach das Bedürfnis zu helfen und helfe, wo ich kann. Es ist ja doch so wenig, was man tun kann. Am Anfang hat sich Otto geärgert, dass ich Jarka mehr Zeit widmete, als er für notwendig hielt, aber jetzt sieht er es ein. Pepík Reiner, der Chef über alle Gärten, hat Tuberkulose und wird nicht mehr arbeiten dürfen. Diese Krankheit nimmt jetzt erschreckend zu.

Die Arbeit ist jetzt unangenehm. Im Feber und März ist schlechtes Wetter und wir müssen arbeiten von sieben bis elf und von eins bis fünf. Wir setzen Salat, Kohlrabi, Kapuste, führen Erde, packen Mistbeete, es ist furchtbar schwere Arbeit. Dabei sind wir ständig nass, man steht den ganzen Tag in der Nässe oder im Schnee und alle Sachen sind feucht. Wenn nur schon endlich Frühling werden möchte!

Jede Frau im Ghetto musste unterschreiben, dass sie, falls sie in andere Umstände kommt, es sofort melden wird.

Die Sokolovna musste augenblicklich geräumt werden, und es sind dort ein Kino, ein Tanzsaal und eine »würdige« Betstube eingerichtet worden. Ferner besteht ab sofort Schulpflicht für alle Kinder von sechs bis vierzehn Jahren. Das ist das Beste, was sie überhaupt machen konnten. Dies ist von großer Bedeutung für alle Juden, wir wären sonst ein Volk von Verbrechern geworden, wenn die Jugend ohne Schule direkt zum Schleusen erzogen heranwächst. Das wird jetzt vielleicht besser sein, denn bisher war es streng untersagt, die Kinder zu unterrichten, und das wurde leider Gottes auch eingehalten.

Auf einmal dürfen wieder Kinder zur Welt kommen, das Abnehmen von Ungeborenen ist strafbar.

Der Ringplatz wird hergerichtet, mit Springbrunnen, einem Musikpavillon und Park. Es ist mir schleierhaft, was das bedeuten soll, aber irgendeinen Grund wird es sicher haben. Wahrschein-

180

lich kommt jemand aus dem Ausland, denn dass sie das aus Liebe zu den Juden machen, ist kaum anzunehmen.

Karel ist jetzt wieder oft hier und ich bekomme durch Löbl Pakete mit Essen und Zeitungen. Ich komme nicht mehr mit ihm zusammen. Löbl hat doch eine große Macht über ihn.

Samstag, 1. April 1944

Endlich ist Frühling. Im Garten ist alles schon grün, die ersten Radieschen werden geliefert und geschleust. Ich habe ein Paket aus Lissabon bekommen. Das kann nur von Richard sein. Es ist merkwürdig, dass gerade jetzt, wo ich kaum noch an seine Existenz geglaubt habe, er sich bemerkbar macht. Die ganzen Jahre, in denen ich ohne Nachricht von ihm war und doch so fest geglaubt habe … und jetzt endlich eine Nachricht. Es ist ein schweres Problem, aber ich will jetzt nicht darüber nachdenken, es hat ja doch keinen Sinn.

Ich war eine Woche krank, hatte Fieber und mir war schlecht, vielleicht von dem Schnitzel von Karel. Otto war sehr lieb und kam täglich zwei- bis dreimal zu mir. Es ist jetzt Sommerzeit eingeführt, dass heißt Ausgangszeit bis neun Uhr, die zwei Osterfeiertage sogar bis zehn Uhr.

Montag, 10. April 1944

Die Russen marschieren sehr schnell vorwärts, haben Kowel eingenommen, in Odessa gibt es Straßenkämpfe. Wird vielleicht doch das Ende kommen?

Ich gehe jetzt jeden Morgen von sechs bis sieben Uhr mit Otto auf die Bastei, wir lernen Weltliteratur. Diese Stunden sind wunderbar, und obwohl der Schlaf einem fehlt, möchte ich sie um keinen Preis aufgeben. Im Garten ist jetzt Hochsaison. Seit drei Wochen arbeiten wir jeden Sonntag durch. Es ist manchmal schon zum Verzweifeln, dass man überhaupt keine Zeit für sich hat. Salat gibt es schon eine Menge und wird auch fleißig geschleust. Ich bin heuer nicht imstande zu schleusen, es ist mir direkt widerwärtig, und ich habe nur etwas, wenn mir die anderen etwas geben. Für wen soll ich schleusen? Auch bin ich nicht darauf angewiesen, es lohnt sich für mich wirklich nicht, sich deshalb in Gefahr zu begeben. Das letzte Mal habe ich von Karel sogar Schmetten und Zickel bekommen. Mit Otto bin ich jeden Abend bis neun Uhr beisammen, wir haben beide Sehnsucht nach einer Wohnung, wo wir manchmal allein sein könnten und nicht immer auf der Straße oder in einem Zimmer mit zwanzig fremden Leuten.

Montag, 1. Mai 1944

Gestern hatten Otto und ich frei und waren zusammen in einer Mansarde, zum ersten Mal allein. Es war für mich ein großer Entschluss und ich hatte große Angst.

Mittags war ein Appell und binnen einiger Stunden wurde ein Transport von ungefähr 40 jungen Männern einberufen, darunter zehn von der Landwirtschaft, lauter gute Bekannte. Von den Vorhergehenden kommen keine guten Nachrichten – eine Menge von ihnen wurden wegen Verbindung mit Ariern direkt ins Konzentrationslager geschafft, darunter auch Arthur. Das hat er nötig gehabt, hier hat er so große Sachen gemacht, um sich dort wegen einer Kleingkeit erwischen zu lassen? Ein Abenteurer, aber ein guter Kerl.

Die Offensive wird von den Deutschen täglich erwartet, die Russen rücken vor. Angeblich wird Birkenau geräumt.

Donnerstag, 25. Mai 1944

Eva, meine Nachbarin, ist krank. Es fehlte ihr alles Mögliche, dann wurde festgestellt, dass es eine Leberentzündung ist. Ihr wurde von Tag zu Tag schlechter. Nach 14 Tagen ging sie zum Frauenarzt. Sie ist schwanger. Zuerst wussten es nur Jirka und ich. Soll sie es der Mutter sagen? Ich bin gleich in die Hohenelber gegangen, habe mit dem Arzt verhandelt. Es war sehr unangenehm. Es ist unmöglich zu verheimlichen, sie muss drei Tage liegenbleiben, es muss über Munk gehen. Ihre Mutter hat sich zuerst aufgeregt, nachher hat sie sich fabelhaft benommen, ganz verständig. Keine Vorwürfe gemacht, mit Jirka gesprochen, als wenn nichts geschehen wäre, ihm bloß gesagt, dass er noch ein dummer Junge ist. Nach zwei Tagen kam die Bestätigung vom Gesundheitswesen. Seit sie es wusste, war sie nicht mehr krank, sah nur furchtbar aus und wir unterhielten uns jeden Abend bis spät in die Nacht. Es ist keine Kleinigkeit, wird das nicht Folgen für ihr ganzes Leben haben? Ich glaube, ich wäre unglücklich, und erst Mutti! Um etwas zu erfahren, wie sie dazu steht, habe ich es ihr erzählt. Sie ist fest davon überzeugt, dass sie sich auf mich verlassen kann und dass ich niemals etwas Derartiges machen würde. Ich habe nicht mehr davon gesprochen. Wenn ich in eine derartige Lage käme, dürfte Mutti niemals etwas davon erfahren. Es ist gar nicht ausgeschlossen, heute passiert es Eva und morgen vielleicht mir. Ich dürfte Mutti niemals so schwer enttäuschen, für sie wäre es ein großer Schlag. Am 11., Sonntag, ging Eva ins Krankenhaus. Ich war mit Otto noch einige Male auf der Mansarde.

Binnen einer Woche sollen 7000 Leute weggeschickt werden.[220] Wer weiß, ob nicht jemand von uns auch darunter sein wird? Wie lange werden wir noch beisammen bleiben? Samstag wussten schon viele, dass sie drin sind. Sonntag wurde ausgetragen. Samstag musste Mutti aus der Hamburger übersiedeln, es war dort Schleuse. Zuerst hieß es, sie muss auf den Boden, wir packten für sie mit Otto, dann musste sie aber nur nach nebenan ins Schwesternzimmer. Sonntag kamen die Leute in die Schleuse, Montag ging der Transport ab. Ich tat dort freiwillig Dienst mit vielen anderen von uns, wir halfen den Leuten Gepäck tragen, es war diesmal gut organisiert, wir konnten ihnen alles bis in die Waggons geben. Otto erfuhr, dass er vielleicht im nächsten Transport ist, die Organisation, die ihn bis jetzt schützte, wird ihn wahrscheinlich schicken, weil er jung ist und keine Familie hat. Ich werde mich vielleicht mit ihm melden, aber er will es nicht erlauben. Was soll ich machen? Ganz gleichgültig ist es ihm auch nicht, er ist täglich beim Doktor, aber wenn sie ihn schicken, geht er.

Eva wurde operiert. Ich war täglich zweimal mit Jirka dort. Eva hält sich ausgezeichnet, nie ein Wort von Vorwürfen. Zwei Tage später erfuhr sie, dass sie im zweiten Transport ist, der Dienstag geht. Otto hat inzwischen erfahren, dass er wahrscheinlich nicht drin ist, aber sein Doktor mit Familie. Vati und Otto sind täglich in der Magdeburger, die Transporte werden ständig geändert, ob nicht doch jemand von uns darin ist? Die Eltern sind ziemlich sicher wegen Vatis Medaille, nur um mich haben sie Angst. Ich fühle mich irgendwie sicher. Dienstag den ganzen Tag wieder Gepäck getragen, bis vier Uhr nachmittags. Dann waren alle Leute mit Gepäck in den Waggons. Taussigs und eine Menge von der Landwirtschaft sind für den dritten Transport geblieben, haben aber keine Hoffnung herauszukommen. Dienstag nachmittag war bereits der dritte Transport zusammengestellt. Ist es möglich, dieses Glück, dass wirklich niemand von uns direkt betroffen ist?

Abends traf ich Vati, er war ganz aufgeregt: »Du bist drin.« Ich war vollkommen ruhig, niemand, dem ich es sagte, wollte es glauben. Mutti war ahnungslos, sie hat beinahe einen Herzschlag bekommen. Die Eltern sind furchtbar aufgeregt, Otto wurde weiß wie die Wand, zündete sich schnell eine Zigarette an und ging seiner Mutter melden, dass er mitfährt. Im Družstvo alle benachrichtigt, überall furchtbare Aufregung. Es wurde wieder eine neue Liste gemacht, alle, die schon einmal drin waren und herauskamen, sind wieder drin. Überall Chaos. Ich habe eine ganz niedrige Nummer, keine Reserve, also fast keine Hoffnung herauszukommen. Fixler hat für uns alle angesucht, dass wir wenigstens in die Reserve kommen. Wenn der uns schon keine Hoffnung machen kann! Mutti bei mir geschlafen, die ganze Nacht gepackt, vier Mädels haben mir bis ein Uhr geholfen. Mittwoch früh Einreihung bekommen. Um sechs Uhr bei Otto, er ganz verzweifelt, dann ins Družstvo gegangen. Mittags muss ich schon einrücken. Vormittags noch gepackt und Verschiedenes erledigt. Eine große Beruhigung, ich fahre mit der ganzen Familie Löbl. Wenn jemand Beziehungen hat, so sind es Löbls, Karel lässt uns nicht im Stich. Von ihnen 5000 Kronen bekommen. Vormittags mit Otto bei seiner Mutter. Sie ist selbstverständlich dagegen, wie kann eine Mutter schon anders denken, ich habe ihr vollkommen recht gegeben, er soll nicht mitfahren. Otto ist hin- und hergerissen, er liebt seine Mutter sehr und will mich nicht allein fahren lassen. Otto ging sich beraten und man sagte ihm, dass seine Mutter ohne ihn nicht mehr geschützt ist und dass er sie wahrscheinlich automatisch in den Transport hineinzieht. Das war ausschlaggebend. Er ist zwar noch nicht ganz entschlossen, aber es ist fast sicher, dass er nicht mitfährt. Ich rede mir ein, dass es so besser ist, er muss bei seiner Mutter bleiben. Für die Eltern ist es ein furchtbar schwerer Entschluss hierzubleiben, Mutti möchte viel lieber mitfahren als hierbleiben, und Vati und ich hatten große Mühe, es ihr auszureden, dass sie für mich nur eine Last wäre, dass es von ihr sehr egoistisch wäre mitzufahren, und dass Vati sie hier braucht. Endlich ließ sie sich überreden. Es musste für sie ein furchtbarer Entschluss sein, sie zeigte es nur nicht. Ich bin ganz ruhig, wenn man mittendrin ist, ist man sich dessen gar nicht bewusst, viel schlimmer sind die dran, die diese Zweifel haben und nicht wissen, was sie machen sollen.

Emka, unsere Partaführerin, war einige Male mit mir bei Gerson, Ziegler und Fixler, sie lässt nicht locker. »Unsere beste Arbeiterin dürft ihr nicht wegfahren lassen.« ... Otto redet kein Wort, schaut mich nur immerzu an, und ich versuche ihn abzulenken, indem ich ihm alle möglichen Arbeiten aufgebe. Mittags gebe ich meine Menagekarte, Punkte und Geld ab, gehe mich abmelden und rücke ein. Hundertmal Abschied nehmen. »Auf Wiedersehen in Prag.« Vati sitzt Tag und Nacht in der Magdeburger, läuft von einem zum anderen und versucht, mich herauszubekommen. Er lässt nicht locker und findet auch wirklich überall lebhaften Anteil. Alle kennen ihn und wissen, dass seine einzige Tochter, sein einziges Glück im Transport ist und er das bestimmt nicht überleben wird. Er ist todunglücklich. Mutti spricht nicht, packt nur und küsst mich ab und zu, hat Tränen in den Augen und spricht nur, was noch alles einzurichten ist, was ich noch brauche. Ein großes Glück ist, dass Mutti in der Hamburger wohnt und einen Durchlassschein hat, den wir uns abwechselnd borgen, Mutti, Otto und ich, so dass wir ständig hinaus- und hineinkönnen. Einmal habe ich die Transportnummer um den Hals, einmal den Durchlassschein in der Hand und einmal die weiße Binde der Transportleitung, wie ich es gerade brauche. So vergeht der Nachmittag. Gegen fünf Uhr schreit plötzlich Vati zu uns herauf: »Sie ist draußen!«

Unter Lachen und Weinen laufen wir hinunter, ich glaube es noch nicht, aber in der Magdeburger hat man es Vati gesagt. Ins Družstvo gelaufen, dort weiß kein Mensch Bescheid. In die Hamburger zu Helenka, mit der ich mich sehr angefreundet habe, Helenka weiß es schon, wir drei mit der [...] sind auf der Liste der Herausreklamierten, die Schließer Trude Joliš gezeigt hat. Ich traue mich immer noch nicht, es zu glauben. Es wäre zu schön. Otto kommt, streichelt mich nur, er hat auch schon ein bisschen Hoffnung, aber wir laufen immer noch herum wie im Traum. Mutti ist noch sehr aufgeregt. Rahm steht auf dem Hof und Hunderte Leute pilgern zu ihm und klagen ihm ihr Leid, er möchte sie doch aus dem Transport geben. Er hört sich alle an und erfüllt wirklich einigen die Bitte. Plötzlich um sechs Uhr der Befehl: »Alle auf ihre Plätze, alle müssen vor den Rahm.« Was wird mit uns, die wir herausreklamiert sind? Jetzt wird er uns womöglich wieder hineingeben, und was dann? Gerson gefragt, er weiß es auch nicht, es scheint eine ganz neue Disposition zu sein, und alle Reklamationen werden wahrscheinlich ungültig sein. Wir müssen auch hingehen. Ein aufregender Augenblick, wir waren fast die Ersten. Er fragt: »Was arbeiten Sie?« – »Landwirtschaft.« – »Wo?« – »Im Stabsgarten.« Draußen.

Ich wurde in die Reihe der Herausreklamierten geschickt. Alle gratulierten. Ist jetzt wirklich schon Schluss, und das endgültig? Niemand weiß es. Die meisten jungen arbeitsfähigen Leute sind herausgekommen. Wer »Landwirtschaft« sagte, war draußen. Sehr viele sind herausgekommen. Es dauerte unendlich lange, bis alle durch waren. Natürlich wurden viele Schwindeleien gemacht, es gab Leute, die vier- fünfmal an Rahm vorübergingen und immer wieder hofften, herauszukommen. Oder sie versuchten, im Gewimmel zu dem Tisch der Ausgereihten zu gelangen. Und kein Ende und kein Ende. Von sechs bis zwölf Uhr standen wir dort. Es ist ein furchtbares Gefühl zu sehen, wie das Schicksal von Tausenden Menschen von einem einzigen Menschen abhängt, wie er jeden Einzelnen im Bruchteil einer Sekunde beurteilt. Es kommt mir vor wie bei einem Massengericht: Leben oder Sterben. Einfach nach dem Gesicht. Seit zehn Uhr stand Gerson neben Rahm mit der Liste der Landwirtschaft, und wenn jemand von uns kam, sagte er Rahm: »Er ist nicht auf der Liste«, und Rahm: »Weiter«, und er war im Transport, so dass eigentlich über uns nicht mehr Rahm, sondern Gerson bestimmte.

Es war ein unglaublicher Zug von diesem, und es gehörte viel Mut dazu und vor allem ein vollkommen reines, unbeeinflussbares Gewissen, und das hat Gerson. Es muss ein gigantisches Theater gewesen sein, der Hof taghell von Scheinwerfern beleuchtet, eine Riesenschlange von Menschen, in der Mitte Rahm, und bei ihm teilt sie sich in zwei Teile, die einen gingen glückstrahlend zu dem einen Tisch, die anderen verzweifelt, unglücklich zu dem anderen. Die ersten blieben im Hof stehen in Reihen zu sechs.

Um zwölf Uhr war endlich Schluss. Was wird jetzt geschehen? Ein aufregender Augenblick. Wir konnten kaum noch stehen und nur die Nervenanspannung hielt uns noch auf den Beinen. Alle Balkons um den Hof bis hinauf ringsherum waren vollgestopft mit Menschen, die diesem gigantischen Drama zuschauten. Ich sah oben die Eltern mit Otto. Ich war die Allererste in der ersten Reihe. »Noch einmal alle antreten.« Bevor ich überhaupt zur Besinnung kam, war ich vor Rahm, der mich abermals dasselbe fragte und nur hinzufügte: »Allein?« – »Ja, allein.« – »Also hierher«, und ich war wieder in einer Reihe. Es wurde abermals geteilt, nur wusste jetzt niemand mehr, wer draußen und wer nicht draußen war. Noch eine furchtbare Stunde Ungewissheit mitgemacht. Todmüde. Wir standen in zwei Reihen, in beiden ungefähr gleich viele Leute, alles starke, gesunde, junge Menschen, ganz wenige Familien. Was werden sie mit uns machen? Einer meinte, es wird ein Arbeitertransport daraus, einer meinte, sie werden aus uns eine neue Rasse züchten.

Um ein Uhr war alles beendet. Der spannendste Augenblick der Nacht: Eppstein ging zu der anderen Gruppe und sagte ihnen etwas. Rahm war inzwischen auch schon nervös, brüllte herum wie ein Stier, bot allen Ohrfeigen an. Dann kam Eppstein zu uns. »Alle, die hier stehen, sind aus dem Transport ausgereiht, morgen bekommen Sie die Ausreihungen, falls jemand irrtümlich in den Transport kommen sollte, soll er sich augenblicklich bei mir melden.« Wie ich ins Bett kam, weiß ich nicht mehr. Um fünf Uhr früh weckte mich Margit. »Du bist in der Reserve, zieh dich sofort an ...« Im ersten Moment erschrak ich, was das bedeuten soll, Mutti fing an zu weinen, ich beruhigte sie, ich bin doch draußen, das ist bestimmt ein Irrtum. Unterwegs erfuhr ich, dass alle, die draußen sind, Nummern von 7–8000 bekamen, und die Reserve über 8000 kam herein und wir sind draußen. Zu Otto gelaufen. Er war noch bis fünf Uhr in der Magdeburger bei seinem Bruder, der es ihm schon hundertprozentig gesagt hat, dass ich draußen bin. Sie schreiben schon die Ausreihungen, die wir im Laufe des Tages bekommen werden. In der Nacht war Löbl bei Mutti, sie als Mutter darf es nicht erlauben, dass ich mich mit Karel treffe, er hat große Angst um mich. Ich gehe wie im Taumel herum, kann es einfach immer noch nicht fassen. Vormittags bekam ich die Ausreihung. Den ganzen Tag beim Transport geholfen. Taussigs das Gepäck bis in den Waggon gebracht. Die arme Eva. Sie ist so unglücklich. Jirka kümmerte sich nicht mehr um sie, hat sich gar nicht mehr von ihr verabschiedet. Trude Jolisch mit Mutter auch weggefahren. Nachmittags habe ich mich niedergelegt. Otto war die ganze Zeit bei mir, hat mich gestreichelt, meine Hände geküsst. Wir sind restlos glücklich. Abends gab es ein festliches Nachtmahl, Schinkenkonserve und Wein. Mutti Nachtdienst, mit

Otto in der Hamburger geblieben. Es war riskant, man muss sich abmelden, aber andere blieben auch dort. In einem kleinen Zimmer übernachtet. Ich bin so glücklich.

Juni 1944

Theresienstadt steht Kopf vor lauter Verschönerung. Es wird eine Kommission erwartet, und die unglaublichsten Sachen werden dafür vorbereitet. Den ganzen Sonntag, musste gearbeitet werden. Nachdem der erste Glückstaumel vorüber war, gewöhnte ich mich schnell wieder an das normale Leben und war nur im Stillen glücklich. Es gibt Salat in Massen, zweimal in der Woche wird von fünf Uhr früh geliefert. Auch wir bekommen Zuteilungen, die vollkommen genügen.

Die Verschönerung besteht darin, dass alle Parks wundervoll hergerichtet werden, alle freien Plätze werden mit Rasen besät, teils auch mit Blumen, und überall werden Bänke aufgestellt. Der Ringplatz ist ganz besonders schön. Ein Musikpavillon steht darauf, wo täglich am Abend Konzerte sein werden. Die Ausgehzeit wurde bis zehn Uhr verlängert. Beim Säuglingsheim haben sie einen Pavillon aufgestellt, der jeder Beschreibung spottet. Ein großes Planschbecken, ein Ringelspiel, viele Spielsachen, entzückende Kinderbettchen, nur ist er gesperrt und von einem Ghettowachmann bewacht. Die Sokolovna ist ganz neu eingerichtet. In dem großen Saal wurden schöne Möbel aufgestellt, dort werden Vorträge gehalten, Konzerte und Theater gespielt. Auf der Terrasse sind Sessel mit Tischen und bunten Sonnenschirmen aufgestellt, es gibt eine Bibliothek mit guten Büchern, ein Restaurant mit allem Komfort. Eine Baracke musste binnen zwei Stunden zu diesem Zweck übersiedeln. Es gibt Tische mit weißen Tischdecken, Kellner und Kellnerinnen mit Häubchen und weißen Schürzchen, geschälte, auf Zwiebeln geröstete Kartoffeln, Gurkensalat, Teller mit Besteck, aber alles nur zwei Tage vor der Kommission und zwei Tage danach. In dieser Zeit war das Essen reichlicher und besser, es gab Gemüse und zum Nachtmahl Suppe, Kartoffeln und eine Semmel. Dafür war einen Monat vorher das Essen viel schlechter und hinterher auch. Außerdem wurde die Villa von Kurzawe geräumt und ein Kinderheim für kranke Kinder eingerichtet.

Am Freitag, dem 23. 6., war die Kommission da. Mittags mussten wir alle ausrücken, schön angezogen, mit Rechen und Hacken, lustig singen, alle auf Leiterwagen. Unterwegs trafen wir die Kommission, die aus ungefähr zehn Männern bestand, Dänen, Schweden, angeblich der Leiter des Schweizer Roten Kreuzes, auch Faschisten sollen unter ihnen gewesen sein. Eppstein führte sie überall herum. Rahm ging süß lächelnd hinterher. Die Herren sollen sehr skeptisch gewesen sein, haben lange nicht alles geglaubt, was sie sahen, Gott sei Dank. Es ist alles so ein scheußliches Theater. Ganz Theresienstadt sprach natürlich nur davon. Kinder sollen extra abgerichtet worden sein, die Rahm auf der Straße umarmen und ihn bitten sollten: »Onkel Rahm, komm mit uns spielen.« Daraufhin sagte er: »Nein, liebe Kinder, heute habe ich keine Zeit, aber morgen«, und zog eine Schachtel Sardinen aus der Tasche. »Schon wieder Sardinen?« Und noch viele andere Komödien. Eppstein wird von Vostrel im Auto gefahren.

Juli 1944

[...] alles an, überlegt hin und her, inzwischen kommen Schliesser und noch einige solche Größen, beraten, es tut ihnen sehr leid, aber wir müssen noch in der Nacht heraus. Die Übrigen haben bereits fest geschlafen, als wir zurückkamen. Unsere Decken gepackt, ins Družstvo gezogen. Gerson erlaubte uns, in der Kanzlei zu schlafen. Nicht viel geschlafen, aber viel dabei gelacht. Ich werde nicht vergessen, wie wir neun Häufchen Unglück mit Decken durch Theresienstadt wanderten, manche mit Lockenwicklern. Wie wir ins Družstvo kamen, ging das Fenster auf und eine verschlafene Stimme sagte: »Ihr kommt Geräte holen?« Der alte Katz hat auch in der Nacht nicht seine Pflicht vergessen. Dann saßen wir noch längere Zeit auf der Pumpe bei Mondschein und lachten. Es war ein lustiges Ende meines Geburtstages.

Am Montag, 17.7., gleich ein großer Schlag. Heindl übernahm die Aufsicht über die Landwirtschaft. Er ist der Schlimmste, den man sich vorstelllen kann, und führte sich gleich wunderbar ein. Am ersten Tag ließ er zwei Leute einsperren. Am zweiten Tag wieder Krawall, am dritten Tag ließ er die Arbeitszeit auf elf Stunden verlängern. Gleich am ersten Tag der verlängerten Arbeitszeit beobachtete er hinter einem Baum den Stabsgarten und sah, dass sich vier Mädchen setzten. Darauf raste er wie ein Toller mit dem Motorrad durch den ganzen Garten zu ihnen, und sie müssen 14 Stunden arbeiten. Sie müssen den ganzen Garten in tadellose

Ordnung bringen, früher wird ihnen die Strafe nicht erlassen. Das ist einfach unmöglich. Gleichzeitig hatten noch drei andere Gruppen dieselbe Strafe und kamen von sieben Uhr früh bis zehn Uhr abends in den Stabsgarten arbeiten. Es dauerte keine Woche, da kam Haindl eines Vormittags und stellte den ganzen Stabsgarten auf den Kopf. Durchsuchte alles, kroch überall auf dem Boden herum und fand etwas Gemüse, eine Kleinigkeit, für ihn aber genug, um über den ganzen Stabsgarten die Strafe zu verhängen, dass wir jeden Abend außer der normalen Arbeit noch von acht bis neun Uhr arbeiten müssen. Als er Isi, unseren Partaführer, sah, ging er auf ihn los und brüllte ihn an, was er jeden Abend nach elf Uhr hier mache, wohin er die Schubkarren mit Erde und darunter Gurken führe, was er am Abend auf den Schanzen mache, kurz: Er ist anscheinend ganz genau informiert. Nach jedem Wort eine Ohrfeige, ein anderer wäre gleich nach der ersten umgefallen, Isi blutete nur. Zum Schluss warf er ihn ins Bassin. Er flog aus dem Stabsgarten und muss täglich 18 Stunden arbeiten, von halb vier Uhr früh bis halb zehn Uhr abends. Isi wird es aushalten.

Eine neue Sorge ist, dass alle Offiziere sich melden mussten und registriert wurden. Allgemein heißt es, dass sie fortgeschickt werden in ein Internierungslager, nach Celle bei Hamburg. Vati ist auch darunter. Ich weiß nicht, was ich machen soll. Vom ersten Moment war ich überzeugt mitzufahren, aber Otto überredete mich und ist ganz unglücklich. Auch die Eltern sind überzeugt, dass ich hier bleiben muss, und ich weiß wirklich nicht, was ich machen soll.

Die Russen haben bereits Lemberg, Lublin, Brest Litowsk und nach hiesigen Nachrichten sollen sie noch viel weiter sein. Die Stimmung ist allgemein sehr hoffnungsfroh. Ob es wirklich bald ein Ende haben wird?

Ich bin nach der Arbeit immer todmüde. Von sechs bis elf, eins bis sieben, acht bis neun Uhr, ich kann mich kaum auf den Füßen halten. Dazu ist das Schlafen entsetzlich, in den Baracken habe ich schon ungefähr zwei Monate nicht geschlafen. Es wimmelt von Wanzen dort am Tag und erst recht in der Nacht.

Juli–August 1944

Draußen schlafen ist nicht schlecht, nur ist jetzt so regnerisch, dass das auch unmöglich ist. Ich schlafe meist bei Mutti, wenn sie Nachtdienst hat, aber das ständige Hin und Her ist unangenehm. Zum Lesen und Lernen komme ich fast überhaupt nicht, knapp dass ich einmal in der Woche Englisch habe. Ich möchte schrecklich gern übersiedeln, habe aber wenig Aussichten. Otto hat auch keine Möglichkeit. Mit Karel ist alles in Ordnung, nur ist Otto sehr dagegen, und ich hatte mit ihm eine erregte Debatte. Eines Tages hatte ich plötzlich Fieber, über 38, wahrscheinlich von der Sonne. Aber – wo liegen? Nur in der Hamburger. Musste mich dort krankmelden. Fünf Tage gelegen, da kam gerade die Entwesung in den Baracken dazwischen. Ich musste in die Dresdner auf den Boden. Der Boden ist schrecklich, heiß zum Umkommen und Tausende Flöhe und Wanzen. Zehn Tage dauerte die Entwesung. Ich ging wieder in die Arbeit. Wir haben einen neuen Chef, einen älteren Mann, sehr anständig und vernünftig, macht sich keine überflüssigen Probleme, ist Fachmann und weiß genau, was er will. Inzwischen wurde ein Arbeitstransport ausgetragen, für den 22. August. Drei von der Landwirtschaft wurden zur Verfügung gestellt, zwei davon kamen heraus und Otto kam herein. Er wurde ausgelost. Sofort zu Gerson gelaufen, er kann leider gegen das Los nichts machen. Nachmittags bei Rahm, bei der ärztlichen Untersuchung, angenommen. Ich hatte inzwischen alles gepackt, er musste am gleichen Nachmittag in die Jägerkaserne übersiedeln. Auf den Boden der Hamburger geschleppt, weil seine Kaserne vergast wird. Ottos Mutter musste es schonend beigebracht werden. Ottos Bruder in der Magdeburger tat, was er konnte, aber es gibt wenig Hoffnung. Früh in der Arbeit gratulierten mir alle, er ist draußen. Verrückt, wieso? Gerson bestätigte es, abends hat Eppstein angerufen, Kellner ist draußen. Nur wusste er nicht, wo Otto wohnt. Er wollte es nicht glauben. Mittags kam er mich abholen, er war zwar draußen, ist aber schon wieder drin. Gerson gewann plötzlich an dem Fall Interesse. Ging mit ihm zu Eppstein, ich wartete draußen. Eppstein machte ihnen wenig Hoffnung, die Liste sei schon in Prag. Man kann momentan gar nichts machen. Ottos Bruder gelang es nach vielen Bemühungen, ihn zum Röntgen zu bringen, er geht von dem Standpunkt aus, mit Magengeschwüren müsse er nicht fahren, das sei ein ausreichender Grund. Ich musste inzwischen den ganzen Vormittag in der Entwesung sitzen, das ist eine schreckliche Prozedur, man wird gebadet, alle Sachen und Handtücher werden inzwischen entwest, und man muss dort in einem geborgten Schlafrock drei Stunden sitzen. Ich bin im Schlafrock durchgebrannt und in die Hamburger. Im Röntgenbild wurde ein Geschwür gefunden, zwar veraltet, aber es wurde gefunden. Eine kleine Hoffnung ist wieder da. Damit zu Reinisch gegangen, er erkennt das nicht an. Er ist geeignet für leichte Arbeit, Gartenarbeit ist eine verhältnismäßig leichte Arbeit, und wenn er es hier machen konnte, kann er es überall machen. Reinisch ist glatt wie ein Aal, sehr freundlich, lässt mit sich reden, ich weiß nicht, warum alle Leute sich so vor ihm fürchten, allerdings wird er höchstwahrscheinlich auch nichts machen. Er versprach, es Rahm nochmals vorzulegen. Abends nochmals zu Gerson gegangen, bedankten uns für seine Mühe, die aber leider vergeblich war. »Was, vergeblich? Kommen Sie mit mir.« Packte uns beide und zu Reinisch. Doktor Weiß musste mitgehen. Er soll ihm einen Ersatz stellen, und Reinisch erklärte sich bereit, wenn dieser Ersatz gesund ist, ihn für fähiger zu erklären als Otto. Es ist ein Fortschritt, wenn Reinisch es Gerson verspricht. Danach waren wir in der Wohnung eines Mitglieds der Arbeitszentrale, der die Sache organisiert, sprachen aber nur mit seiner Frau. Gerson erklärte ihr alles, dass er großes Interesse daran hat, Otto hierzubehalten, auch möchte er uns nicht auseinanderreißen, das muss sie doch verstehen. Um zehn Uhr gingen wir noch in die Magdeburger, Gerson sagte nochmals alles S. von der Arbeitszentrale. Um elf Uhr nach Hause, wollen noch nicht hoffen. Doktor Weiß bis ein Uhr bei Reinisch. Früh kam ich zu Gerson, er machte ein sehr bedenkliches Gesicht. Eine neue Schwierigkeit sei aufgetaucht. Sie beriefen den Ersatz, konnten ihn nicht finden, die ganze Ghettowache alarmiert, Fluchtversuch wurde gemeldet und erst früh fanden sie die Leute. Das war zu spät, um halb acht mussten sie schon vor Rahm sein. Im letzten Augenblick noch das! Früh war niemand auf der Arbeitszentrale, nochmal zu Gerson, Kurzawe versprach, mit Rahm zu sprechen. Wieder in die Magdeburger. Otto angetreten, ich zu S., er sehr anständig, es tue ihm so leid, aber die Chancen seien gering. Die Burschen mussten zur Kommandantur vor Rahm. Ich ging nochmal – aus Verzweiflung – durch die Sperre zu Eppstein und fragte, ob noch eine Hoffnung bestehe. Es tue ihm sehr leid, aber es sei leider nichts mehr zu machen. Der Ersatz, der von der Landwirtschaft gestellt wurde, sei kein genügender Ersatz, so dass er, obwohl er in der Nacht schon draußen war, wieder hineingegeben werden musste. Jetzt war mein letzter Hoffnungsfunke dahin. Also muss er doch fahren, alle Bemühungen waren umsonst. Alle mussten vor Rahm. Als Otto an die Reihe kam, wurde Doktor Reinisch gerufen. Er sagte ihm etwas und Otto musste sich ganz allein hinter die anderen stellen. Was sollte das bedeuten? Sollte er vielleicht doch ...? S. stand neben mir und sagte ganz aufgeregt: »Kellner ist draußen, wir müssen Ersatz für einen Gärtner schicken«, und drückte mir die Hand. Noch fünf andere wurden ausgereiht. Dann mussten alle noch lange stehen, zuerst sprach Rahm mit ihnen, dann Eppstein, dann wurden die, die im Transport sind, entlassen, dann musterte Rahm nochmals die, welche ausgeschieden wurden, und dann kamen sie. Ein Wunder ist geschehen, Otto ist draußen. Und ich liege in seinen Armen.

August 1944

Die Situation hat sich in einem Monat derart verändert, die Engländer feiern derartige Erfolge, dass es fast unglaublich scheint. Seit der Invasion im Juni haben die Engländer blitzartig begonnen, direkt in den Krieg einzugreifen. Von Frankreich marschierten sie nach Belgien, hatten Belgien binnen drei Tagen vollkommen besetzt, Holland binnen weiterer paar Tage, in der nächsten Woche war ganz Frankreich bis auf unbedeutende Ausnahmen besetzt. In Südfrankreich landeten ebenfalls Amerikaner, besetzten Südfrankreich, gingen über die Alpen nach Italien, im Osten besetzten die Russen Rumänien, Bulgarien, in der Slowakei gab es einen Aufstand. Die Aufständischen besetzten bereits einen großen Teil der Slowakei bis auf Pressburg, die Russen haben Karpatorussland eingenommen und sind angeblich auch schon in der Slowakei, kurz: Es ist alles kaum zu glauben. Die Engländer haben den Westwall an verschiedenen Stellen durchbrochen, und in den nächsten Tagen wird erwartet, dass sie den Rhein überschreiten. Aachen sollen sie schon haben. Die Wirkung dieser Ereignisse auf das Ghetto ist ungeheuer, die Leute sind glücklich, überall freudige Gesichter, täglich ist ein-, zweimal Fliegeralarm, sie scheinen bereits von Belgien und Frankreich zu fliegen, Brünn und Pardubitz wurden angeblich bombardiert. Man sieht ganz deutlich große Fliegergeschwader von fremden Flugzeugen.

September 1944

Die Deutschen geben viel zu, sie sind in einer sehr, sehr ernsten Lage. Kurzawe hielt einen Appell ab, in dem er sagte, er hoffe, nachdem wir so lange gut ausgekommen sind, werde sich das jetzt nicht ändern. Er werde wahrscheinlich nicht mehr die Möglichkeit haben zu sprechen. Wir sollen uns nicht verleiten lassen von verschiedenen Leuten von draußen, sollen uns zu keiner unbesonnenen Tat hinreißen lassen, die dann unser Verderb sein könnte.

Eppstein hielt eine Rede mit ungefähr demselben Inhalt, nur noch inniger bat er uns einige Male und wiederholte seine Bitte, im Interesse von uns allen, diese Zeit noch auszuhalten und Ruhe zu bewahren, denn es sei ein falsches Heldentum, wenn unverantwortliche Menschen glaubten, sie müssten für ihre Befreiung etwas tun, es sei vollkommen falsch und jeder kleinste Zwischenfall könne ganz Theresienstadt zum Verderb sein. Er verglich uns mit einem Schiff, das nahe dem Hafen sei. Dieser Hafen sei jedoch mit Minen umgeben und einzig der Kapitän wisse einen Weg, zwar einen Umweg, aber einen, der uns heil zum Hafen brächte. Die Besatzung höre vom Hafen Stimmen, die sie riefen, und Aufmunterungen zu kommen, und die Besatzung sei bereits ungeduldig und könne den Hafen nicht erwarten, und es sei doch das einzig Richtige zu warten.

Das ist die Theorie, wie allerdings die Praxis ausfallen wird, ist die Frage. Ich glaube kaum, dass sich bestimmte Leute durch solche Reden werden zurückhalten lassen, und man weiß auch gar nicht, was richtig ist.

Mit Otto waren wir während der Feiertage bei Gerson, er hat sich sehr gefreut, hat sich lange Zeit mit uns unterhalten und von uns sogar ein Geschenk genommen, ohne beleidigt zu sein, wovor wir Angst hatten. Die Feiertage wurden heuer freudiger gefeiert als in den vorhergehenden Jahren. Die Laune ist derart gut, als ob jeden Tag Schluss sein könnte. Ich rechne zwar noch mit einigen Monaten, und was dann mit uns geschehen wird, ist eine große Frage, die ich nicht sehr optimistisch betrachte.

Die Arbeit ist immer gleich, wir schleusen sogar noch ständig, kein Haindl konnte uns davon abraten. In den letzten Tagen ist er aber nicht mehr bei uns, er hat die Produktion übernommen. Die armen Glimmerleute!

Otto macht mir große Probleme. Er will unbedingt heiraten, sprach schon mit Mutti darüber. Mutti ist nicht dafür, sie will, dass ich nichts übereile. Otto ist außerordentlich lieb, sehr anständig, hat mich unermesslich gern und möchte mir alles geben, was er mir von den Augen abliest. Und ich wäre nie mehr allein. Andererseits ist er Bauer, ein Beruf, in den ich absolut nicht passe, ist nicht sehr gebildet und nicht energisch oder zielbewusst. Mit Richard darf ich ihn nicht vergleichen. Wenn ich Otto verlasse, wäre er vollkommen unglücklich, und ich will doch auf jeden Fall warten. Ich bat ihn um einige Zeit und er wird mir eine Zeit zum Überlegen lassen und wird nicht mehr davon sprechen. Aber wie lange?

Von Karel habe ich über einen Monat keine Nachricht. Es wird doch nichts passiert sein? Wenn ich mich sehr bemühen würde, könnte ich wahrscheinlich jetzt für Lebensmittel und eine Menge Zigaretten eine bessere Wohnung bekommen, aber ich denke dauernd, das lohnt sich doch nicht mehr, vielleicht bin ich auch zu bequem dazu, mir ein Stück Boden einzurichten, es ist mit einer Menge Laufereien und Arbeit verbunden. Wenn ich mich manchmal über das Wohnen beschwere, kann ich nur mir selbst Vorwürfe machen, dass ich zu bequem bin. Helena baut sich eine schöne Mansarde. Otto hat keine Möglichkeit, er hat nur sehr wenig Gemüse, und das gibt er seiner Mutter oder tauscht es gegen Medikamente. Bei Ottos Mutter bin ich sehr oft, ich gebe ihr, was möglich ist an Gemüse und Lebensmitteln. Obwohl ich von allem viel habe, reicht es fast nicht für alle Bekannten, die es brauchen.

Oktober 1944 – geschrieben am 19. Mai 1965
Hier ist mein Tagebuch für vier Monate unterbrochen. Wie so oft vorher, haben Transporte alles zunichte gemacht.

Im Oktober ging unerbittlich ein Transport nach dem anderen nach Polen.[221] Im Gegensatz zu allen früheren Transporten waren aber diesmal kein Aufschub, keine Reklamation, keine Berufung, keine Begnadigung möglich. Die Insassen Theresienstadts waren in bestimmte Kategorien eingeteilt und jeder Transport war für eine Kategorie bestimmt. So gingen einmal Junge, das andere Mal Alte, einmal Offiziere und Juden mit Kriegsauszeichnungen, dann der Ältestenrat usw. Wer in eine dieser Kategorien fiel, ging. Die Landwirtschaft blieb geschützt, und so blieb ich bis zum Schluss, mutterseelenallein.

Als Erster ging im Oktober Otto, dann Gerson, dann meine Eltern. Ich meldete mich damals freiwillig, kam bis zu Rahm und bat um Erlaubnis, mit meinen Eltern fahren zu dürfen, umsonst. So blieb ich verurteilt zum Leben und zu Theresienstadt.

Ich war vollkommen vernichtet und apathisch. Mein Leben war sinnlos geworden, mein Tagebuch war sinnlos geworden, und so hörte ich auf zu schreiben.

Karel Košvanec unterstützte mich auch weiter. Nach der Verschickung der Löbls nach Polen übernahmen andere Mitglieder der Parta die Verbindung mit ihm. Leute weit geringeren Formats als Löbl, eher Schwarzhändler als Abenteurer. Aber auch diese wurden größtenteils nach Polen geschickt.

Karel bat mich damals, die Verbindung zu ihm aufrechtzuerhalten. Ich tat es. Von nun an war ich es, die in jeder mondlosen Nacht beim Stacheldraht hinter der Sokolovna auf Karel wartete. Und so wurde ich Zeuge seines Mutes und seines fast unheimlichen Instinktes für alle möglichen Gefahren.

Sein Weg ins Ghetto führte entlang eines Bachs, dessen Ufer mit Sträuchern bewachsen waren. Der letzte Teil des Weges führte zwischen zwei mächtigen Bastionen der alten Festung entlang, auf denen Wachen mit Maschinengewehren und Scheinwerfern standen. Die letzten paar Meter ging es einen steilen Abhang bis zum Stacheldrahtverhau hinab. Karel war fähig, jeden Schattten, jede dunkle Stelle auszunützen, lange und lautlos auf allen vieren zu kriechen, stundenlang oft nur einige Meter vor dem Stacheldraht bewegungslos zu liegen, jede Spur im Schnee hinter sich zu verwischen.

Wenn er endlich ankam, oft erst gegen zwei Uhr nachts, brachte er einen ca. fünfzig Kilo schweren Sack, ein Paket für mich und einen Brief. Von mir nahm er ein Paket mit Gold und Geld, das ich von Pacovský bekommen hatte, sagte einige kurze Worte oder Anweisungen und verschwand im Dunkeln. Ich schleppte dann den schweren Sack zur Sokolovna, in deren Keller Frau Fantl ein kleines Zimmer allein bewohnte. Dort wurde der Inhalt des Sackes in kleine Pakete sortiert und am nächsten Tag unauffällig den Empfängern überbracht.

Für mich war es ein enervierendes Doppelleben. Am Tage Arbeiterin in der Landwirtschaft, in der Nacht die Treffen mit Karel. Ich tat dies ohne Freude, Genugtuung, Interesse, auch ohne Vorteile für mich, sondern nur aus Dankbarkeit Karel gegenüber und weil mir wirklich am Leben nicht mehr lag.

Im Jänner setzte ich mein Tagebuch fort. Es hatte aber bereits einen anderen Charakter, war eine bloße Registrierung der Ereignisse der letzten paar Tage. Nichts war mehr so wichtig, dass ich es in der Zukunft in Erinnerung behalten wollte, nichts so persönlich, dass ich es nur einem Tagebuch anvertrauen wollte.

Montag, 1. Januar 1945
Zwei Transporte aus der Slowakei, Frauen und Kinder halb erfroren.[222]

Sonntag, 7. Januar 1945
Krank. Drei Tage und drei Nächte geschlafen.

Donnerstag, 11. Januar 1945
Karel gekommen.

Sonntag, 14. Januar 1945
Große Affäre. Eine Menge Zigaretten wurde gefunden, 21 Leute verhaftet, große Strafen, Drohungen für das ganze Ghetto. Angst um Karel.

Montag, 15. Januar 1945
Ausgehsperre, ab Mittwoch Licht- und Heizsperre, wenn die arische Verbindung nicht gefunden wird. Karel war wieder hier.

Dienstag, 16. Januar 1945
Werden sich die Betreffenden bis morgen melden?

Mittwoch, 17. Januar 1945
Die Arier haben sich gefunden, es sind SS. Alle Strafen aufgehoben. Karel vorübergefahren.

Donnerstag, 18. Januar 1945
Russische Offensive an der ganzen Front. Neue Tanks auf Schlitten. Eine neue Flüssigkeit erfunden für Kampfunfähigkeitmachung des Militärs.

Freitag, 19. Januar 1945
Zwei Transporte aus der Slowakei.[223]

Samstag, 20. Januar 1945
Die Russen haben Krakau, Kattowitz, Lódź, angeblich Breslau, gehen gegen Berlin. Ob unsere Leute schon frei sind?

Dienstag, 23. Januar 1945
Binnen 24 Stunden müssen eine Reihe Blocks geräumt werden, alle Holländer zusammengesiedelt, auf der Bastei werden Tag und Nacht Baracken gebaut. Es werden große Transporte erwartet, aber von wo?

Freitag, 26. Januar 1945
Ich bringe täglich Frau Kellner einen Liter Milch. Es ist zwar riskant, aber sie trinkt sie gern.

Montag, 29. Januar 1945
Meine beste Freundin ist jetzt Helena.

Dienstag, 30. Januar 1945
Die Russen haben die Oder überschritten, sind angeblich 100 km vor Berlin.

Mittwoch, 31. Januar 1945
1000 Leute aus Prag gekommen, die jüdischen Teile aus Mischehen.[224] Aus dem ganzen Protektorat und welche, die in Prag am Hagibor eingesperrt waren und dort Glimmer gespalten haben. Von meinen Bekannten niemand. Abends noch in der Schleuse, Zigaretten, und Geld wurden ihnen in Mengen abgenommen.

Donnerstag, 1. Februar 1945
Täglich kommen mehrere Transporte aus allen Teilen Deutschlands, den Sudeten, lauter jüdische Teile aus Mischehen.

Freitag, 2. Februar 1945
Vergeblich auf Karel gewartet.

Samstag, 3. Februar 1945
Die Russen sollen vor Berlin, Ostrau, Nachod sein. 1000 Leute
sollen am Montag angeblich in die Schweiz fahren. Manche glauben wirklich daran, die meisten nicht.

Sonntag, 4. Februar 1945
Prager Transport gekommen. Ich habe die Einberufung bekommen, ich lehnte ab, es ist scheinbar freiwillig. Frau Fantl fährt (verrückt), habe ihr in der Nacht packen geholfen. Abends Karel hier.
Ich kann mir nicht vorstellen, dass es in die Schweiz geht, es ist zu
fantastisch. Herrliche Waggons für den Transport gekommen.
Sollte es doch in die Schweiz gehen?[225] Werde ich es nicht noch bedauern? Aber das ist ja egal, für mich allein. Frau Fantl hinterließ
mir eine Menge Erledigungen. Abends Karel gekommen.

Mittwoch, 7. Februar 1945
Wieder Karel. Es ist schrecklich, in der Nacht immer mit dem
schweren Gepäck durch ganz Theresienstadt zu gehen und immer
das Problem, »wohin damit?«.

Donnerstag, 8. Februar 1945
Von Pacovský eine Mansarde bekommen, wo ich die Sachen lassen kann.

Sonntag, 11. Februar 1945
Täglich Transporte aus Deutschland, alle Mischehen werden getrennt. Prager Transport angekommen.[226]

Montag, 12. Februar 1945
200 Burschen aus Deutschland gekommen, der ganze Barackenbau und ein paar Mädchen. Niemand hat mehr erwartet, dass sie
noch kommen werden.

Dienstag, 13. Februar 1945
Die Burschen noch eingesperrt unter Gendarmenbewachung. Viele Frauen sind glücklich, die ihre Männer dort haben.

Mittwoch, 14. Februar 1945
Karel jede Nacht hier, ich bin nicht ausgeschlafen, nervös.

Donnerstag, 15. Februar 1945
Herr Kohn aus Prag mit Bruder gekommen. Emmi Schmied, Karels neue Bekannte, abends mit mir gegangen.

Freitag, 16. Februar 1945
Endlich treffe ich Karel das letzte Mal, ich atme auf, ich kann nicht mehr.

Samstag, 17. Februar 1945
Die Russen in unmittelbarer Nähe von Berlin, Dresden ganz zerstört. Täglich fahren hier Züge von Flüchtlingen durch, Richtung Reichenberg.

Sonntag, 18. Februar 1945
Eine Baracke abgebrannt. Schuhreparaturwerkstätte. Viele Ohrfeigen und für ganz Theresienstadt Heizverbot zur Folge.

Montag, 19. Februar 1945
Ein großer Flugangriff auf Prag. Angeblich 2000 Tote.

Dienstag, 20. Februar 1945
Reichenberg und Dresden evakuiert. Täglich Ströme von Flüchtlingen zu Fuß, mit Wagen, Autos und Bahn durch Theresienstadt, in schlimmem Zustand.

Donnerstag, 22. Februar 1945
Sieben Leute aus Litzmannstadt gekommen, 20 Tage zu Fuß gegangen. Niemand darf mit ihnen sprechen, ganz abgeschlossen auf der Bastei.

Freitag, 23. Februar 1945
Von Karel Zeitungen bekommen, Brief aus Prag an Kohn.

Samstag, 24. Februar 1945
Täglich Transporte aus Deutschland. Alle ohne Sterne, privilegierte Ehen.

Sonntag, 25. Februar 1945
Prager Transport gekommen,[227] Doktor Glaser.

Dienstag, 27. Februar 1945
Die Prager fühlen sich, als wenn sie etwas Besseres wären, und sind hier furchtbar unzufrieden, nichts ist ihnen recht und sie bedauern sich schrecklich.

Freitag, 2. März 1945
Die Türkei im Krieg mit Deutschland.

Sonntag, 4. März 1945
Karel ist gekommen. Ich habe ihm gesagt, dass es nicht so oft geht, er ist beleidigt. Einen sechs Seiten langen Brief geschrieben.

Donnerstag, 8. März 1945
Karel will nicht mehr kommen, ist mir egal.

Montag, 12. März 1945
Karel ist gekommen, hat nur mit Emmi gesprochen. Baracken werden fleißig gebaut.

Dienstag, 13. März 1945
Täglich neue Transporte aus der Slowakei, aus Ungarn, man hört hier alle möglichen Sprachen, am wenigsten Tschechisch.

Mittwoch, 14. März 1945
Mit Emmi bei Karel.

Donnerstag, 15. März 1945
Abends wieder Karel. Mit den Nerven schon ganz hin. Allein hingegangen, es war Licht dort, die ganze Nacht wurde gearbeitet. Aufgeatmet.

Freitag, 16. März 1945
Wahrscheinlich wird wieder Licht sein, ganz froh. Bin am Abend wieder hingegangen, dunkel, Karel dort schon gewartet. Plötzlich wieder Licht, schnell ein paar Worte gewechselt, er sich entschuldigt, 2800 Zigaretten mitgebracht.

Montag, 19. März 1945

Jeden Tag ein bis zwei, manchmal auch drei Flugalarme. Jedesmal Hunderte Flugzeuge über Theresienstadt. Die Arbeit wird ständig unterbrochen.

Dienstag, 20. März 1945

Ganz Theresienstadt steht Kopf vor lauter Aufräumen und Saubermachen. Eine ärztliche Kommission wird erwartet.[228]

Mittwoch, 21. März 1945

Bei den Kühen sehr wenig zu tun, wir liegen viel in der Sonne, sind braungebrannt, es ist herrliches Wetter.

Donnerstag, 22. März 1945

Es wurde viel Milch geschleust, wir dürfen mittags nicht mehr zur Arbeit gehen, unser deutscher Aufseher ist mit uns dort die ganze Zeit. Und doch ...

Freitag, 23. März 1945

Wir arbeiten jetzt nur früh und nachmittags jeweils anderthalb Stunden, während die anderen den ganzen Tag arbeiten, und können mit jedem Fuhrwerk herausfahren, wohin wir wollen. Freiberger eingesperrt, niemand weiß warum.

Samstag, 24. März 1945

Leichen werden jetzt nur mehr begraben und nicht verbrannt.

Sonntag, 25. März 1945

Wieder einmal Verschönerung, es wird eine ausländische Kommission erwartet. Herrliche Auslagen, die Kommandantur für jüdische Kanzleien eingerichtet.

Montag, 26. März 1945

Die Engländer gehen schnell vor, haben den Rhein an mehreren Stellen überschritten.

Dienstag, 27. März 1945

Die Russen haben bereits einige Dörfer in den Sudeten eingenommen. Um Ostrau wird gekämpft.

Mittwoch, 28. März 1945
Freiberger wieder frei, niemand weiß, weshalb er eingesperrt war.

Donnerstag, 29. März 1945
Alle Bilder in ganz Theresienstadt müssen gestempelt werden. Bilder von Leuten, die weg sind, dürfen nicht aufgehängt werden. Überall herrscht eine Stimmung, als ob jeden Tag Kriegsende sein wird. Theresienstadt in einem Freudentaumel. Mich berührt das alles sehr wenig.

Mittwoch, 4. April 1945
Abends mit Emmi und Vera bei Karel, plötzlich erschien ein Gendarm, was wir dort machen, untersuchte uns, fand nichts. Ich hatte Gold und 3000 Zigaretten bei mir, wir müssen auf die Kommandantur. Endlich ließ er sich überreden und ließ uns gehen.

Donnerstag, 5. April 1945
Morgen kommt die Kommission. Es sind schöne Lastautos gekommen mit Schokolade, Reis, Zucker, Käse. Wir fassten 1 kg Zucker, 3 Käse, 20 dkg Reis, Kinder und Alte bekamen Schokolade.

Freitag, 6. April 1945
Die Kommission ist den ganzen Tag mit Autos herumgefahren, hat alles angeschaut, abends weggefahren. Karel hat geschrieben, er erwartet uns diesen Abend bei der Sokolovna, Franta Lustig ist mit uns gegangen. Ich bin sehr froh, vielleicht wird er das übernehmen.
In die Kommission wurden viele Hoffnungen gelegt, dass sie hierbleiben oder uns mitnehmen, nichts hat sich bewahrheitet.
Alle Rucksäcke müssen abgeliefert werden. Natürlich geben wir nichts.

Sonntag, 8. April 1945
40 Männer fahren wieder zum Barackenbau. Meist arisch versippte, aber auch andere.
Pressburg und Teile von Wien besetzt.

Montag, 9. April 1945

Abends mit Franta bei Karel. Alles in Ordnung. Mit Franta ist es viel besser als mit den Frauen. Die Sachen in die Hamburger gegeben, um elf Uhr zu Hause.

Dienstag, 10. April 1945

Abends Franta allein bei Karel. Noch in der Nacht bei mir, alles hat geklappt.

Fünf Leute durchgebrannt, überall strenge Kontrollen.

Mittwoch, 11. April 1945

10 km von Bremen, 70 von Nürnberg entfernt. Dienstag Königsberg gefallen, angeblich Žilina, alle deutschen Frauen und Kinder aus Prag evakuiert. Von hier sind schon zehn Leute durchgebrannt, überall große Verbindung mit Ariern.

Donnerstag, 12. April 1945

Der dritte Transport zum Barackenbau abgegangen, hauptsächlich Mischehen. Sieben Männer von hier weg, überall Verschärfungen, Kontrollen, niemand darf nach neun Uhr draußen sein.

Freitag, 13. April 1945

Um fünf Uhr kam plötzlich der Befehl, alle Dänen müssen um acht Uhr in der Schleuse sein, sie fahren nach Schweden. Großer Jubel. Abends keine Kontrolle, mit Franta bei Karel.

Samstag, 14. April 1945

Acht weiße Autobusse mit rotem Kreuz gekommen, schwedische Chauffeure mit allen Leuten unterhalten, viele Zigaretten mitgebracht. Die Dänen fuhren von Tausenden beneidet unter Musikbegleitung heim.

Montag, 16. April 1945

Abends Franta, Marie und Frau Kellner bei mir.

Dienstag, 17. April 1945

Franta auf der Post, mit Karel gesprochen, Zeitungen bekommen.

Mittwoch, 18. April 1945

Große russische und amerikanische Offensive vor Berlin, zwischen Leipzig und Dresden erwartet man Verbindung der beiden. Wien in russischen Händen.

In der Nacht auf Mittwoch plötzlich Alarm: »Wir sind frei!« Ganz Theresienstadt in einem Taumel, alles umarmt sich, Hymne wird gesungen. Rahm hält Appell, bittet um Ruhe, Murmelstein dementiert alles. Wir sind nicht unter Rotem Kreuz, alles ist beim Alten, der Jubel [...] Ein großes Glück, dass nicht geschossen wurde. Die Deutschen bereiten sich zum Abmarsch vor, alle Papiere werden verbrannt, alle Vorräte und wertvollen Sachen weggeschafft. 600 Leute sollen in die Schweiz gehen, die dort jemanden haben.

Sonntag, 22. April 1945

Alle wollen in die Schweiz fahren, jeder sucht Verbindung. Es dürfen nur Kinder fahren, die die Eltern draußen haben, oder Leute mit nachweisbarem Visum oder Ausländer. Großer Schwindel dabei. Alle Prominenten fahren auch.[229]

Nachmittags großer Transport gekommen. Etwa 2000 Männer und Frauen aus allen möglichen Konzentrationslagern, in entsetzlichem Zustand, fast verhungert, verdurstet, fürchterlich anzuschauen. Die Männer sind alle aus Polen und 80 Frauen aus dem letzten Transport. Magda, Lidka, Nita Petschau nach der Entbindung, fast ganz unkenntlich. Abgemagert bis auf die Knochen, alle mit Fieber, gestreifter Uniform, abgeschnittenen Haaren. Lidka ins Krankenhaus gebracht, konnte sich kaum auf den Beinen halten, die meisten mussten getragen werden, erzählen grauenhafte Sachen.

Abends um neun Uhr alle Burschen vom Barackenbau zurückgekehrt. Waren eine Woche zu Fuß unterwegs, darunter viele Arier, Schwerverbrecher, die zu lebenslänglichem Zuchthaus verurteilt waren, viele Polen, Verbrecher, die nie ein normales Leben kennengelernt haben, das alles ist jetzt hier.

Donnerstag, 26. April 1945

Täglich kommen Hunderte von Männern und Frauen aus allen Konzentrationslagern, meist zu Fuß. 200 junge Mädels aus dem letzten Transport angekommen, in verhältnismäßig besserem Zustand als die ersten. Von den Männern hie und da einer von hier, sonst alles Polen und Ungarn, die fast alle drei bis vier Jahre KZ hinter sich haben und grauenhaft aussehen. Die Frauen sind in etwas besserem Zustand.

Ich helfe als Krankenschwester bei den Transporten aus. Alle haben Fieber, Durchfall, wenn sie das Geringste essen, sind vollkommen verlaust, alle typhusverdächtig. Ein Mitglied des Schweizer Roten Kreuzes hat es übernommen, sich um uns zu kümmern, und hat uns versichert, uns in jeder Weise zu unterstützen und um unsere Sicherheit zu sorgen. Fast alle kamen von Birkenau und erzählen die unglaublichsten Sachen. Sofort nach der Ankunft dort wurden Männer und Frauen getrennt, dann alle ausgezogen, und die SS suchte sich eine kleine Anzahl von ihnen heraus. Diese blieben ungefähr eine Woche in einer Baracke, die mit elektrischem Draht umgeben war. Von dort wurden sie in verschiedene Gefangenenlager geschickt. Die Übrigen wurden wahrscheinlich vergast. Tag und Nacht waren die Flammen und der Rauch zu sehen von denen, die verbrannt wurden. Alle Kranken, Alten, Kinder mit Müttern, aber auch Gesunde, ganze Transporte ohne Unterschied.

Montag, 30. April 1945
Die letzten Kämpfe um Berlin, zwei Drittel bereits besetzt, Hitler liegt im Sterben, Mussolini hingerichtet. Alle Deutschen fliehen aus dem Protektorat.

Dienstag, 1. Mai 1945
Täglich Dienst im Krankenhaus. Lidka in die Hohenelber geschafft. Es ist ein schrecklicher Dienst, alle sind verlaust.
Abends mit Franta auf Karel gewartet am Bauhof bis halb zwölf. Er wollte ins Ghetto kommen. Zu Emmi gegangen. Auf dem Rückweg sprach mich jemand an – Karel. Er war anderswo als vereinbart über den Zaun geklettert. Bis halb drei hiergeblieben.

Donnerstag, 3. Mai 1945
Am nächsten Tag war Karel wieder hier. Ich habe ihm alles gezeigt, er ist lange nicht der einzige Arier hier, viele arische Teile aus Mischehen sind gekommen, jeden Abend gehen Leute weg. Ich soll auch gehen.

Freitag, 4. Mai 1945

Ist es möglich, dass wirklich Schluss ist? Einfach unglaublich. Die Deutschen sind angeblich schon weg von hier, niemand weiß etwas, verrückte Stimmung, alles in Erwartung ...

Samstag, 5. Mai 1945

Schluss! Konec!

Nachwort

Die Deutschen verließen Theresienstadt am 5. Mai 1945. Karel Košvanec tauchte unvermittelt im Lager auf und flehte mich an, mit ihm zu kommen, da Theresienstadt typhusverseucht sei. Er nahm mich auf seinem Fahrrad mit und fuhr mich zu sich nach Hause. In dieser Nacht erwachte ich mit hohem Fieber; ich fürchtete, ich würde die Nacht nicht überleben. Ich bat Karel, mich zurück ins Ghetto zu bringen. Ich wusste, dass ich an Typhus erkrankt war und dass ich im Krankenhaus von Theresienstadt besser versorgt werden könnte, nachdem das Internationale Rote Kreuz die Leitung dort übernommen hatte. Ich habe nur schemenhafte Erinnerungen an die folgenden sechs Wochen, doch als ich entlassen wurde, hatte ich niemanden mehr, zu dem ich hätte gehen können. Ich war vollkommen mittellos; die wenigen Besitztümer, die ich noch hatte, waren mir im Krankenhaus gestohlen worden.

Dann bekam Ottos Mutter, die mich versorgt hatte, während ich im Krankenhaus lag, einen Brief von ihrem einzigen noch lebenden Sohn, Even. Er schrieb, dass er aus einem Konzentrationslager nach Prag zurückgekehrt war und sich dort eine Wohnung mit einigen anderen Überlebenden teilte. Die nächsten drei Monate lebte ich dort zusammen mit fünfzehn bis zwanzig anderen Zurückgekehrten. Wir alle überlebten einzig durch die Versorgung mit Kleidung und Essen, die von der Organisation für jüdische Flüchtlinge bereitgestellt wurde. Theresienstadt zu verlassen bedeutete Freiheit, zum ersten Mal seit vier Jahren. Ich hätte glücklich sein sollen. Ich war es nicht. Ich war zutiefst unglücklich und emotional abgestumpft. Mein Leben schien jede Bedeutung verloren zu haben. Ich konnte nicht verstehen, wieso gerade ich überlebt hatte. Zuerst hoffte ich noch, jemanden von meiner Familie wiederzufinden, aber nachdem ich mit Überlebenden aus Polen gesprochen und von ihnen zum ersten Mal von den Gaskammern und den Vernichtungslagern erfahren hatte, begriff ich, dass ich allein auf der Welt war, dass ich meine Familie nie mehr wiedersehen werde.

Richard hatte nicht jüdische Verwandte in Prag, aber ich konnte mich nicht mehr an ihren Namen erinnern. Also setzte ich mich mit einem Telefonbuch hin und ging es Seite um Seite durch. Ich erkannte den Namen, als ich ihn las: Šindelář. Ich rief sie an. Sie freuten sich sehr, von mir zu hören, und erzählten mir, dass Richard aus England zurückgekehrt sei, als Soldat der Tschechischen Armee. Tatsächlich sei er sogar nur ein paar Tage zuvor in Prag gewesen anlässlich einer Siegesfeier, habe die Stadt aber wieder verlassen müssen, da die Sowjets keine westlichen Soldaten in Prag duldeten. Er habe versucht, seine Familie zu finden und habe nach Theresienstadt geschrieben, um etwas über unser Schicksal zu erfahren. Doch obwohl ich zu der Zeit, als sein Brief in Theresienstadt eintraf, dort im Krankenhaus lag, wurde ihm mitgeteilt, wir seien alle nach Polen abtransportiert worden. Die Šindelářs gaben mir seine Adresse und ich schrieb ihm einen sehr zurückhaltenden Brief – schließlich bestand die Möglichkeit, dass er längst eine andere geheiratet hätte. Aber ich ließ ihn wissen, wo er mich erreichen könne, wenn er dies wünschte. Am Tag, nachdem er den Brief erhalten hatte, erschien er in unserer Wohnung.

Ich kann nicht beschreiben, was ich fühlte, als ich ihn dort in der Tür stehen sah. Es war eine Mischung aus Freude und Unsicherheit. Ich hatte von diesem Augenblick so viele Male geträumt, doch als ich ihn nun sah, fühlte ich, dass er mir fremd geworden war. Mehr als sechs Jahre waren vergangen. Wir würden uns wieder ganz neu kennenlernen müssen. Da wir in der überfüllten Wohnung nicht ungestört miteinander reden konnten, machten wir einen langen Spaziergang. Als Richards dreitägiger Urlaub zu Ende war, ging er zurück zu seinem Regiment; ich blieb in Prag.

Während der kommenden Monate nutzte Richard jede freie Minute dazu, für uns eine Wohnung zu finden. Er wurde im August 1945 aus der Armee entlassen; wir heirateten drei Wochen später. Unsere Flitterwochen bestanden aus einem Besuch auf dem Friedhof. Es war die einzige Möglichkeit, unsere Familien zu besuchen.

Wir taten unser Bestes, wieder ein normales Leben zu führen. 1946 bekamen wir eine Tochter und vier Jahre später noch einen Sohn. Wir bemühten uns beide nach Kräften, das Auf und Ab des kommunistischen Regimes zu überstehen, aber Richards Dienst in der Tschechischen Armee in England sowie die Tatsache, dass wir beide Juden waren und nicht aus der Arbeiterklasse stammten, bescherten uns Jahre der Angst, Unsicherheit und beruflicher Verfolgung. Jetzt hat sich der Kreis des Lebens geschlossen. Richard starb am 7. Januar 1993. Glücklicherweise lebte er lange genug, um mitzuerleben, wie sein Land zur Demokratie zurückkehrte, sah seine Kinder heranwachsen und heiraten und bekam vier gesunde und glückliche Enkelkinder. Trotz aller Schwierigkeiten schätzten wir uns stets glücklich, uns wiedergefunden und die Chance erhalten zu haben, eine neue Familie zu gründen. Wir konnten uns zu jeder Zeit aufeinander verlassen und uns gegenseitig Mut machen.

Ich lebe nach wie vor in Prag, in der Nähe meines Sohnes und seiner Familie, aber ich verbringe jeden Sommer in Ohio bei meiner Tochter und ihrer Familie. Unsere Eltern wären glücklich, uns so zu sehen.

Eva Mändl Roubíčková

»Interessiert das heute überhaupt noch jemanden?«
Überlegungen zum Tagebuch von
Veronika Springmann und Wolfgang Schellenbacher

»Interessiert das heute überhaupt noch jemanden?«, fragte Eva Roubíčková regelmäßig, sobald wir über die Veröffentlichung ihres Tagebuchs sprachen. Damit der Holocaust nicht nur zu einer Sache von Zahlen wird, ist es unabdingbar, immer wieder das individuelle Erleben, den einzelnen Menschen in den Mittelpunkt zu rücken. Gerade Tagebücher sind hier faszinierende Quellen, erzählen sie uns Nachgeborenen doch etwas über den erlebten Alltag. Sie geben uns Aufschluss darüber, wie die Schreiberin ihren Alltag bewältigte. Eva Roubíčková war eine der wenigen Häftlinge, die das Ghetto Theresienstadt von Anfang bis zum Ende miterlebt haben. Dadurch wird dieses Tagebuch zu einer ganz besonderen Quelle für die Geschichte Theresienstadts. Eva Roubíčková wurde am 16. Juli 1921 in Žatec (Saaz) in eine deutschsprachige jüdische Familie geboren. In ihrem Vorwort betont sie ihre glückliche Kindheit und das kulturelle und soziale Eingebundensein in die dortige Gemeinde. Damit folgt sie einer Erzählweise, die häufig bei jüdischen Überlebenden zu finden ist: Die Beschreibung des blühenden Lebens macht den durch den Holocaust herbeigeführten Bruch noch deutlicher.[1] Nach dem Münchner Abkommen und der damit verbundenen Annexion des sogenannten Sudetengebietes siedelte sie mit ihrer Familie nach Prag über. Die antisemitischen Übergriffe waren unerträglich geworden.[2] Nun beginnt sie kontinuierlich Tagebuch zu schreiben.

Das Tagebuch
Eva Mändl Roubíčkovás Tagebuch stellt eine Besonderheit dar innerhalb der Theresienstädter Geschichte. Es ist nicht nur eines der wenigen Tagebücher, das fast die komplette Dauer des Ghettos Theresienstadt umspannt, es ist dazu eines der wenigen Tagebücher, die von Frauen verfasst wurden. Nach der Befreiung hat Eva Roubíčková ihr Tagebuch lange Zeit verdrängt. Sie wollte

Theresienstadt vergessen. Unterstützt und ermuntert von ihrem Mann Richard Roubíček, diktierte sie ihm in den sechziger Jahren das in Gabelsberger Kurzschrift auf Deutsch verfasste Diarium. Er übersetzte das Manuskript ins Tschechische. Eine englische Übersetzung erschien 1998 in den USA.[3] Weder auf Deutsch noch auf Tschechisch wurde es bis heute veröffentlicht.[4] In der Theresienstädter Historiografie finden sich zwar immer wieder Hinweise auf das Tagebuch von Eva Roubíčková – immerhin umfasst es einen Zeitraum von Dezember 1941 bis zum 5. Mai 1945, also den größten Teil des Bestehens des Ghettos.[5]

Die Häftlinge in nationalsozialistischen Lagern waren extrem unterschiedlichen Bedingungen ausgesetzt, die – abgesehen vom Geschlecht – entscheidend davon abhingen, in welchem Lager sie inhaftiert waren, welcher von den Nationalsozialisten geschaffenen Häftlingskategorie sie zugeordnet wurden und welcher Nationalität sie angehörten. Darüber hinaus war die individuelle Haftsituation von unvorhersehbaren Zufällen abhängig, »circumstances beyond a person's control«[6], wie es Ruth R. Linden in ihrer Untersuchung bezeichnet. Um das Leben und Überleben in den Konzentrationslagern annähernd nachzeichnen und verstehen zu können, ist es unabdingbar, diese unterschiedlichen Bedingungen im Blick zu haben. Nicht anders als für die Frauen- und Geschlechtergeschichte insgesamt ist bei einer Untersuchung der Erfahrungen von KZ-Überlebenden nach den verschiedenartigen Handlungs- und Erfahrungsräumen von Frauen und Männern zu fragen.[7] Dabei gilt es zu beachten, dass es die »eine« Geschichte der Frauen genauso wenig gibt, wie »eine« Geschichte der Männer.[8] Germaine Tillion, Historikerin und Überlebende des Konzentrationslagers Ravensbrück, formuliert diesen Gedanken zugespitzt auf das Konzentrationslager Ravensbrück: »Eines Tages werden wir die Zeugenaussagen über die Konzentrationslager zu einer Sammlung vereinigen, und an diesem Tag werden wir uns daran erinnern müssen, dass es tausend verschiedene Lager in jedem KZ gab und dass für einige Leute Dinge, die sie nicht unmittelbar betrafen, auch nicht existierten.«[9]

Als Quellen für die Innensicht der Konzentrationslager bilden Selbstzeugnisse von Verfolgten eine besondere Quelle, da sie uns über Überlebensstrategien Auskunft geben, über Funktionsweisen des SS-Apparates und die Binnenstruktur der Häftlingsgesellschaft. Im Konzentrationslager geschriebene Tagebücher lassen uns auch darüber etwas wissen, welche Strategien gefunden wurden, um das Ich zu bewahren. Schreiben im Konzentrationslager bzw. in Theresienstadt diente auch der Bewältigung des Elends.[10] Es war zugleich eine Überlebenshilfe, bot Möglichkeiten zu kleinen Fluchten ins Reich der Fantasie und war eine wichtige Hilfe zur Wahrung eines Restes menschlicher Würde in einer entwürdigenden Situation. Eva Roubíčková, die zu Anfang des Tagebuchs täglich schrieb, verstand sich nicht als Chronistin, sondern suchte im und mit dem Tagebuch ein Forum, ihre Gedanken und Gefühle mitteilen zu können.[11]

Gewöhnung an das Umfeld – Formen der Aneignung

»Langsam gewöhnen wir uns an das Ghettoleben«, schreibt Eva Roubíčková im Sommer 1942.[12] Ein Satz, der beim Lesen des Tagebuchs irritiert und verunsichert; verstehen wir »gewöhnen« doch oft eher als ein sich mit den Umständen abfinden. Die Autorin verleiht in meiner Lesart diesem »Gewöhnen« hingegen eine andere Bedeutung; herausgestrichen wird hier ein sich aneignen, im Sinne von sich aktiv kümmern, sich mit den Umständen vertraut machen und diese für sich zu nutzen wissen. Wenn sie beispielsweise schreibt: »Mutti hat die Aufsicht über die Kartoffelschälerinnen übernommen. Sehr schwere Arbeit, aber wir versprechen uns ziemlich viel davon. Sie kann besser Kartoffeln nehmen und dann hat sie eher Verbindung mit der Küche. Hoffentlich stimmt das«[13], skizziert sie gerade diese Fähigkeit zur Aneignung, die in Theresienstadt letztendlich überlebensnotwendig und überlebenssichernd war. Aneignung wird hier verstanden als Ausdruck von erfinderischem, kreativem Potenzial, mit den Umständen umzugehen, und umschließt eine Vielfalt von Handlungs- und Aktionsmöglichkeiten.[14]

Im Tagebuch finden sich viele Einträge, die sich mit dieser Form der Aneignung auseinandersetzen. »Wir sind hier doch etwas ruhiger als in Prag, wo man die letzte Zeit nur noch halb gelebt hat. Das haben wir alles hinter uns. Was kann uns schon noch passieren?«, schreibt Eva Roubíčková einige Tage nach der Ankunft in Theresienstadt. Zweierlei drückt sich hier aus: Einerseits die zermürbende Zeit vor der Deportation und andererseits die große Sehnsucht nach einem stabilen Umfeld, dem – wie es Eva Roubíčková nennt – »normalen Leben«. Diese Stabilität wird immer wieder zur Sehnsucht und ist nie Gewissheit – gerade durch die ständige Präsenz der Transporte. »Große Aufregung. Ein Transport von hier nach Polen. Werden wir dabei sein? Es ist grauenhaft, man hat gedacht, wenigstens hier sicher zu sein und jetzt ist man hier genauso weit wie in Prag.«[15] Diese Destabilisierung steht dem Prozess der Aneignung gegenüber und zieht sich als kontinuierliche Bedrohung durch das Tagebuch. Ständig als zu erwartende Strafe präsent – »Einmal sind wir um halb zwölf heimgegangen, bei der Bastei hat uns ein Ghettowachmann angehalten, großer Krawall, er wollte uns anzeigen, sagte etwas von Polen, wir waren verzweifelt«[16] –, scheint das Damoklesschwert Transport disziplinierende Wirkung ausgeübt zu haben. Im Verlauf des Tagebuchs wechseln Phasen der Zuversicht mit denen der Zweifel und Ängste. Wichtig für diesen Prozess der Aneignung ist die Bildung von Netzwerken. Einige dieser Netzwerke basierten auf Bekanntschaften aus ihrer Prager Zeit und mussten nicht neu hergestellt werden. In Eva Roubíčkovás Tagebuch nehmen die Beziehungsgeflechte und ihre Bedeutung für die Autorin einen großen Raum ein. Nie ausgeführt, nur zwischen den Zeilen zu lesen ist, dass Eva Roubíčková durch ihre Bekanntschaft mit Karel Košvanec in den Schmuggel von Lebensmitteln und Zigaretten in größerem Stil eingebunden war. Gerade gegen Ende mehren sich Einträge in ihrem Tagebuch, die auf eine Nervosität und Anspannung hinweisen: »Wieder Karel. Es ist schrecklich, in der Nacht immer mit dem schweren Gepäck durch ganz Theresienstadt zu gehen und immer ›wohin damit?‹.«[17]

Beziehungen

Bemerkenswert an Eva Mändl Roubíčkovás Tagebuch ist die Tatsache, dass Richard Roubíček, ihr Verlobter, eine zentrale Position einnimmt. Er fungiert in dieser Form des kommunikativen Handelns nicht als direkter Ansprechpartner (wie beispielsweise die fiktive Briefpartnerin Kitty im Tagebuch von Anne Frank), ist aber die Person, an deren Urteil sich Verhalten (sowohl ihr eigenes als auch fremdes) messen lassen muss. Eva Roubíčková lernte ihren zukünftigen Ehemann bereits in Žatec kennen und verlobte sich in Prag mit ihm. Richard Roubíček ging 1939 ins Exil nach England. Weil sie noch minderjährig war, erhielt Eva Roubíčková keine Arbeitserlaubnis in England und somit auch kein Visum. Sie wird aber in Theresienstadt eine enge Verbindung sowohl zu seiner Schwester Lotte als auch zu seiner Mutter halten. Richard bedeutet für Eva Vergangenheit und Zukunft zugleich. Er ist im Tagebuch Hoffnung und Vision. Die Erinnerung an Richard verleiht Stabilität und ist die Gewissheit, dass es außerhalb von Theresienstadt ein Leben gibt. Während er in den Einträgen des ersten Jahres kaum Erwähnung findet, schreibt Eva Roubíčková am 10.1.1943: »Wann gehen wir nach Hause? Das ist das Schlagwort in Theresienstadt. Es sagt sich sehr schön, aber gesetzt den Fall, dass wirklich Ende wäre, wie wird dieses sein, wie wird der Sieg aussehen? Es ist sehr, sehr unwahrscheinlich, sogar unmöglich, dass wir einfach wieder dort anfangen, wo wir aufgehört haben. Wo wollen wir eigentlich hin? Wo haben wir denn unsere Heimat? Was wird mit uns nach dem Krieg geschehen? Wer weiß, was mit Richard ist, ob er überhaupt noch an mich denkt. Für mich ist er gleichbedeutend mit Zukunft, aber wird er auch noch daran denken?«[18] Richard wird in vielen Punkten zur moralischen Instanz, zur Person, an die sie sich indirekt wendet: »Wir sind eine Familie, haben alles gemeinsam. Wenn uns doch Richard so sehen könnte!«[19] Die Rolle Richards als Ansprechpartner gewinnt in dem Maß an Bedeutung, wie sich die äußeren Verhältnisse verschlechtern. Eva Roubíčková fühlt sich zunehmend überfordert, die Verantwortung, die sie für die Familie übernommen hat, wird erdrückend: »Es wächst mir alles über den Kopf. Wenn wenigstens Richard hier wäre, dann könnte ich alles mit ihm besprechen.«[20]

Gerade später, wenn sie Beziehungen zu anderen Männern in Theresienstadt eingehen wird, bleibt die Bedeutung Richards als wichtigster Bezugspunkt uneingeschränkt bestehen. Einerseits formuliert sie, sich selbst entlastend, »Richard würde es mir sicher nicht verübeln, wenn ich hier mit jemanden gehen möchte. Ob er überhaupt noch an mich denkt?«[21], andererseits werden an ihm die anderen Männer gemessen: »Mit Richard darf ich ihn nicht vergleichen.«[22]

Anders als in Konzentrations- und Vernichtungslagern gibt es in Theresienstadt Informationen über den Kriegsverlauf; Nachrichten von draußen setzt Eva Roubíčková ebenfalls ins Verhältnis zu Richard: »... und die Engländer machten bereits einige Landungsversuche. Sollte das Ende doch nah sein? Ich kann es mir einfach nicht vorstellen. In der letzten Zeit habe ich zum ersten Mal angefangen zu zweifeln, ob ich Richard überhaupt je wiedersehen werde, und wenn, ob überhaupt zwischen uns noch alles unverändert ist … Es gibt manchmal Momente, wo ich an mir selbst zweifle, wo ich Angst habe, dass ich alleine bleibe, ich habe die vier Jahre so geglaubt und habe gar nicht an die Möglichkeit gedacht, dass ich nicht verlobt sein könnte.«[23] Die Zweifel und Ängste zeigen, wieviel ihr die Perspektive einer gemeinsamen Zukunft mit Richard bedeutet, es ist, wie sie an anderer Stelle formuliert, ihre »Lebensidee«. Die Motivation, die Eva Roubíčková für ihr eigenes Handeln aus dieser Perspektive zieht, ist gleichbedeutend mit Kontinuität und spiegelt das normale Leben. Theresienstadt wird dagegen in eine Ausnahmesituation gerückt.

In vielen Berichten über nationalsozialistische Konzentrationslager findet sich die Auseinandersetzung mit dem eigenen Handeln und dessen moralischer Bewertung.[24] Das Tagebuch als Kommunikationspartner und als Alter Ego wird auch zu einer wichtigen Instanz in Eva Roubíčkovás Reflektion über Theresienstadt. Zweifel, Sorgen und Ängste finden hier ihren Platz, genauso wie ihre eigenen Überlegungen zu den Strategien des Überlebens. Gerade die ständige Bedrohung durch die Transporte, die ausgesprochenen und unausgesprochenen Normen im Ghetto, die lebenswichtigen Bekanntschaften und die Sorge um die Familie prägen die Wahrnehmung der jungen Frau. Theresienstadt ist der Bezugspunkt, von dem aus sie denkt, wahrnimmt und schreibt. Das Schreiben dient Eva Roubíčková dazu, immer wieder Optimismus herzustellen in einer Situation, die von Hoffnungslosigkeit geprägt ist. »Wenn sie uns erschießen wollen oder nach Polen schicken, wir können sowieso nichts machen. Vielleicht werden wir auch das überleben.«[25] Dieser Optimismus hatte die Funktion der emotionalen Stabilisierung für Eva Roubíčková selbst, aber auch für die sie umgebenden Familienmitglieder.

Brüchig wird diese Zuversicht durch die ständige Präsenz der Transporte: »Es sind wieder die wildesten Gerüchte, aber die Leute kommen mir vor wie kleine Kinder, die an alles glauben. Himmelhoch jauchzend, zu Tode betrübt. Wegen der Transporte sind alle ganz […] Es wird nie mehr zu Ende gehen usw. Die Transporte wurden für ein paar Tage verschoben, so sind alle wieder glücklich. In zwei Monaten fahren wir nach Hause, und alles ist wieder in Ordnung. Man muss alles mit Vorsicht genießen, ich verstehe nicht, wie man nur so sein kann.«[26]

Obwohl Eva Mändl Roubíčková bisweilen versucht, Theresienstadt als Normalität zu beschreiben, muss das als Versuch gelesen werden, die von ihr erlebte Wirklichkeit in Kongruenz mit ihren Hoffnungen und Sehnsüchten zu bringen. Das Tagebuch von Eva Roubíčková kann durchaus als »Territorium des Selbst«[27] begriffen werden; hier komponiert sie ihre Erlebnisse, Erfahrungen, Betrachtungsweisen, Wahrnehmungen und Deutungen zu einem Text, der ihr eine Hilfestellung inmitten einer schrecklichen Welt geben kann. Ein Prozess, der ihr ganz alleine gehört und den sie beeinflussen kann. Gerade in der Enge von Theresienstadt wurde es wichtig, jenseits der körperlichen (äußerlichen) Grenzen des Selbst ein »Ich« zu schaffen, das in seiner Verinnerlichung unantastbar blieb. Die ständig abgehenden Transporte stellten eine lebensbedrohliche Gefahr dar und hielten die meisten Häftlinge in Theresienstadt in einer emotional belastenden unsicheren instabilen Situation.[28] Auch wenn in Theresienstadt die Bedingungen für viele Häftlinge besser waren als in den Konzentrationslagern oder gar in Auschwitz, wurde das Leben durch Bedingungen erschwert, »under which life could not flourish: Living space was replaced by dying space ... Theresienstadt was a ghetto, but it was more than that. It was one of the portals to Auschwitz, one of the sluices on the way to the gas-chamber.«[29] Insofern bedeutete Theresienstadt für viele ein Leben auf Abruf unter harten Bedingungen. Eva Mändl Roubíčková stellt sich in ihrem Tagebuch als handelnde aktive Person dar. Aus den Zeilen ist herauszulesen, wie wichtig es ihr war, Alltag herzustellen und wirksam werden zu lassen; gleichzeitig lesen wir aber auch, wie mühsam dieser Versuch selbst in der Darstellung im Tagebuch wurde. Sie versucht bis zu ihrem Zusammenbruch im Herbst 1944 heiter zu erscheinen und optimistisch zu wirken, eine Rolle, die ihr wahrscheinlich in ihrem familiären Netzwerk zugesprochen wurde und die sie nicht zuletzt von sich selbst erwartete. Nachdem aber alle ihr nahestehenden Personen deportiert worden waren, bricht diese Fassade zusammen und die Verzweiflung hindert sie daran, weiter zu schreiben. Der letzte Eintrag stammt vom September 1944. Die Realität selbst und auch die Trauer über die auf Transport geschickten Familienangehörigen war nun so übermächtig, dass sie

die Fähigkeit der Sprache, das Erlebte auszudrücken, überstieg.[30]
Trotz allem fängt sie am 1. Januar 1945 an, stichpunktartig ihr
wichtige Ereignisse zu vermerken. Ab April 1945 werden die Einträge wieder ausführlicher bis zu ihrem letzten Eintrag am 5. Mai
1945: »Schluss! Konec!«

Theresienstadt

Am 24. November 1941 wurden die ersten 342 jüdischen Häftlinge aus Prag, vornehmlich junge Männer, nach Theresienstadt deportiert, um die ersten Aufbauarbeiten für das geplante Ghetto
durchzuführen: Das »Aufbaukommando 1«. Seit dem 10. Oktober 1941 war nach mehreren Besprechungen – u.a. zwischen
Reinhard Heydrich und Adolf Eichmann – Theresienstadt als
mögliches jüdisches Durchgangsghetto in Betracht gezogen worden.[31] Theresienstadt (tschechisch Terezín) schien in mehrerer
Hinsicht geeignet für dieses Vorhaben. Die Stadt verfügte über eine Befestigung, die leicht in ein Gefängnis umgewandelt werden
konnte. Außerdem lag ein Bahnanschluss in der Nähe. In der Pla-
nung des jüdischen Ghettos Theresienstadt wurde von Beginn an
der Aspekt des »Sammel- und Durchgangslagers« betont. Trotzdem gibt es Aufzeichnungen und Dokumente vor dem 24. November 1941, in denen Theresienstadt auch als Altersghetto sowie
als Sammelort für »verdiente Juden« erwogen wurde.
Auf der Wannseekonferenz im Januar 1942 wurde Theresienstadt
die Rolle eines »Altersghettos« sowie eines Ghettos für Personen
mit Kriegsauszeichnungen und prominente Jüdinnen und Juden
zugeschrieben. Mit dieser Lösung sollten mögliche nationale und
internationale Interventionen gegen die Deportationen gestoppt
werden. Theresienstadt, eine kleine Garnisonsstadt 65 km nörd-
lich von Prag und unweit des Zusammenflusses von Elbe und
Eger, wurde Ende des 18. Jahrhunderts von Maria Theresia und
Josef II. errichtet. Die Festung wurde nach dem Bastionsmuster
des französischen Baumeisters Vauban erbaut. Sie besteht aus
zwei sternförmig angelegten Festungen – der sogenannten »Großen« und der »Kleinen Festung«. Die Kleine Festung diente bereits kurz nach ihrer Errichtung als Gefängnis. Es diente ab Juni
1940 auch als Außenstelle des Prager Gestapo-Gefängnisses.
Innerhalb der Großen Festung, die erst nach der »Samtenen Re-
volution« 1990 endgültig als Garnisonsstadt aufgegeben wurde,

lebten vor 1941 etwa 3735 Einwohner.[32] Das Aufbaukommando I errichtete ab Dezember 1941 eine Zentralküche, eine Tischlerei, eine Bäckerei etc., kurz: eine Infrastruktur, die – wie auch das Tagebuch zeigt – wesentlich für den Alltag der späteren Ghettobewohner sein sollte. Die Organisation der Transporte, die Auswahl an zu deportierenden Personen aus dem »Protektorat Böhmen und Mähren« sowie die Beschaffung der technischen Hilfsmittel wurden dabei der Jüdischen Gemeinde Prags auferlegt. Das Ghetto Theresienstadt unterstand formell der von Adolf Eichmann und seinem Stab aufgebauten »Zentralstelle für Jüdische Auswanderung« in Prag und damit wiederum dem RSHA. Bereits am 4. Dezember 1941 kamen das zweite Aufbaukommando sowie der »Stab« in Theresienstadt an. Der »Stab« bestand aus dem »Judenältesten« Jakob Edelstein, seinem Stellvertreter Otto Zucker und 21 Verwaltungsmitarbeitern. Er erledigte die organisatorischen Aufgaben wie die Aufnahme und Beschäftigung sowie die soziale Ordnung für die bereits angekommenen Transporte und schuf eine Verwaltung nach dem durch die nationalsozialistische Herrschaft aufgezwungenen Muster der Jüdischen Gemeinden in Prag und dem Deutschen Reich. So wurde ein 13-gliedriger Ältestenrat geschaffen, an dessen Spitze der Judenälteste stand. Die sogenannte »Jüdische Selbstverwaltung« versuchte nicht nur Ruhe, Organisation – dies beinhaltete auch die Abfertigung von befohlenen Transporten – und Verbesserungen für die Häftlingsgemeinschaft oder Arbeitsbereiche wie die landwirtschaftlichen Abteilungen durchzusetzen, sondern setzte ein eigenes Recht und eine eigene Rechtssprechung durch, der man durch das Ghettogericht und die Ghettowache auch eine Exekutive und Legislative beistellte. Die Theresienstädter Häftlingsgemeinschaft war somit mit zwei Rechtssphären konfrontiert: einerseits mit der SS, die letztendlich ihre Bestimmungen durch Druck auf die »Selbstverwaltung« durchsetzte, andererseits mit der »Jüdischen Selbstverwaltung«, die allerdings jederzeit durch die SS außer Kraft gesetzt werden konnte. Die Anordnungen der SS und der Jüdischen Selbstverwaltung wurden den Häftlingen des Ghettos durch die Tagesbefehle mitgeteilt.[33]

Bereits am 14. Juli 1942 hatte das Ghetto einen Häftlingsstand von 28.592 Personen, am 18. September 1942 erreichte die Anzahl der Inhaftierten mit 58.491 Personen[34] einen Höchststand. Im Juni

1942 kamen die ersten Transporte aus Berlin und Wien, mit vornehmlich älteren Jüdinnen und Juden, in Theresienstadt an. Das Ghetto wurde nun von einem Sammel- und Durchgangsghetto für Jüdinnen und Juden aus dem Protektorat zunehmend zu einem Lager für alte Menschen und »verdiente« Personen aus dem Reich. Dieser Wandel hatte erhebliche Auswirkungen auf den Altersdurchschnitt. Im August 1942 waren 52,1 Prozent der Theresienstädter Häftlingsgemeinschaft über 65 Jahre alt.[35] Die Menschen, die älter als 65 waren und als »arbeitsunfähig« eingestuft wurden, durften bis auf wenige Ausnahmen nicht mehr im Ghetto beschäftigt werden. Arbeit war aber im Ghetto die einzige Möglichkeit, nicht nur eine bessere Unterkunft, sondern vor allem auch eine halbwegs akzeptable Essensration zu erwerben. Gerade die älteren Personen aus dem Reich litten besonders unter dem »Aufnahmeschock«. In vielen Fällen hatten sie mit ihrem letzten Geld »Heimeinkaufsverträge« bezahlt, um in Theresienstadt (in der nationalsozialistischen Propaganda bisweilen auch »Bad Theresienstadt«) ihren Lebensabend verbringen zu können. Zu Angehörigen des Deutschen Reiches kamen ab April 1943 auch holländische Juden und im Oktober trafen 456 dänische Juden ein.

Im »Ältestenrat«, dessen Mitglieder aus Prag, Wien und Berlin stammten, herrschte keineswegs immer Harmonie. Gleichzeitig übertrug sich unter den jüdisch-tschechischen Häftlingen die Abneigung gegen die deutsche Besatzungsmacht bisweilen auf die deutschen Juden. Das führte zu anhaltenden Nationalitätenkonflikten innerhalb der Häftlingsgemeinschaft, die sich u.a. in Arbeitszuteilungen ausdrückten. Daneben hatte die Einteilung der Gefangenen in arbeitsunfähige Personen und Arbeiter sowie in gewöhnliche und »prominente« sehr unterschiedliche Lebensverhältnisse zur Folge, in denen gerade alte Menschen unter elenden Bedingungen verhungerten. Anderen wiederum gelang es durch ihren Status, ihr Leben und das ihrer Angehörigen zumindest für einige Zeit zu retten. Bis Ende August 1942 waren über 76.000 Personen nach Theresienstadt deportiert worden und etwa 23.000 Personen in Osttransporten weitergeschickt worden. Das Ghetto war überfüllt. Durch den Platzmangel und die ungenügende hygienische Versorgung nahmen Krankheiten und Seuchen unter den Häftlingen zu. Im September 1942 erreichte die Anzahl der neu gemeldeten Infektionskrankheiten einen Höhepunkt. Die Zahl der kranken Personen stieg ab Juli 1942 ständig an und erreichte im Februar 1943 mit 30 Prozent ihren Höchststand. Durch den enormen Arbeitsaufwand der Ärztinnen, Ärzte und Krankenschwestern sowie der eingerichteten Abteilung »Entwesung« konnten zwar die meisten Seuchen (insbesondere die Ruhr) bis zum Februar 1943 eingedämmt werden, die Insekten- und Ungezieferplage jedoch nie. Auch die Selbstmordrate in Theresienstadt stieg in dieser Zeit an, die generell gerade in den ersten Wochen des Aufenthalts in Theresienstadt und bei Jüdinnen und Juden aus dem »Reich« ungewöhnlich hoch war.

Das Betreten und das Verlassen des Ghettos bei Transporten erfolgte für die Häftlinge über die »Schleuse«. Hier wurden die deportierten Menschen vorläufig – meist zwei bis drei Tage – untergebracht. Das Gepäck wurde offiziell auf unerlaubte Gegenstände untersucht, was für die Ankommenden in der Praxis eine Beraubung durch SS und Mithäftlinge bedeutete. Hier wurden statistische und persönliche Daten aufgenommen sowie eine geschlechtsspezifische Selektion durchgeführt, bis die Häftlinge schließlich in andere Unterkünfte des Ghettos geschickt wurden.

Das kulturelle Leben des Ghettos zeigte durch seine vielfältigen Aktivitäten im Theater, in Vorträgen, Konzerten, Opern, der bildenden Kunst oder der Religion das Verlangen der Häftlinge nach einem Leben und nach Werten, die über die bloße physische Selbsterhaltung hinausgingen. Da die SS zeitweise – neben Phasen des Verbots – kulturelle Aktivitäten nicht nur duldete, sondern während der sogenannten »Stadtverschönerung« vor dem Eintreffen des Komitees des Internationalen Roten Kreuzes sogar forcierte, entstand innerhalb der »Jüdischen Selbstverwaltung« die Abteilung »Freizeitgestaltung«.

Gerade lebensgeschichtliche Zeugnisse wie das Tagebuch von Eva Mändl Roubíčková verweisen uns darauf, wie wichtig diese Angebote für die Gefangenen waren. Doch konnten sie letztendlich nur für einen Teil der Häftlingsgemeinschaft und lediglich kurzfristig vor allem während Perioden eines Transportstopps Zerstreuung bieten. Die Transporte, deren ständige Bedrohung und die damit einhergehende Gefahr der Familientrennungen, die in vielen Erinnerungen als die schlimmste Haftbedingung angesehen wurden, hielten bis auf eine Unterbrechung von Februar bis September 1943 und einigen anderen kürzeren Transportunterbrechungen bis Ende 1944 an.

Vor Transporten geschützt waren lange Zeit Personen, die für das Funktionieren des Ghettos wichtig waren oder mit für die Rüstungsindustrie relevanten Arbeiten in Theresienstadt, wie der Glimmerfabrik, beschäftigt waren. Innerhalb der für die Theresienstädter Wirtschaft wichtigen Abteilung wurden meist vierteljährliche Qualifikationslisten erstellt, die unabkömmlichen Personen Transportschutz gewährleisten sollten. Die SS delegierte die Auswahl der zur Deportation bestimmten Personen an die Häftlingsgemeinschaft.[36] Der Transportschutz blieb für die meisten Häftlinge jener Bereiche bis zur großen Transportwelle im Herbst 1944 bestehen.

Folgerichtig wurde gerade auch von der »Jüdischen Selbstverwaltung« versucht, Theresienstadt als kriegswirtschaftliche Produktionsstätte zu etablieren, um möglichst viele Personen im Ghetto halten zu können. Zehn Prozent der arbeitenden Menschen in Theresienstadt konnten in diesen Bereich eingebunden werden. Im Vergleich zu anderen Ghettos und Konzentrationslagern war diese Zahl jedoch sehr gering. Darüber hinaus konnten die 90 Prozent, die für den inneren Betrieb Theresienstadts arbeiteten, nie eine vollständige Selbstversorgung des Ghettos gewährleisten. Die Arbeitszeit wurde schrittweise von 52 auf 70 Wochenstunden erhöht. Um möglichst viele Personen in den Arbeitsprozess einzubinden, wurde der Verwaltungsapparat enorm ausgedehnt. Die Bürokratie wurde zum Selbstzweck. »Dass ein Kleinstaat von 30.000 Einwohnern mit 16.500 Arbeitskräften, die ein umfangreiches produktives Programm zu erfüllen hatten, eine Verwaltung, je nach Berechnungsart, mit 1100 bis 2900 Personen beschäftigte, musste die Arbeitsverhältnisse lähmen.«[37] Neben dem Gesundheitswesen und der technischen Abteilung waren hauptsächlich der Ernährungsbereich mit seinen Küchen und der Bäckerei oder der Landwirtschaft, die in die Jugendfürsorge eingebunden war, von großer Bedeutung für die Wirtschaft Theresienstadts.

Die Ermittlung der genauen Anzahl der Häftlinge, die aufgrund von Todesfällen, Osttransporten und Neuankömmlingen ständig variierte, war für die SS durchweg von größter Bedeutung. Am 10. November 1944 wurde daher in den »Mitteilungen der jüdischen Selbstverwaltung« eine Volkszählung angekündigt, die am 11.

November stattfand. Die Bewachung des Ghettos führte die SS zusammen mit der tschechischen Gendarmerie durch. Die Gendarmen, die zwar offiziell den Landesbehörden des Protektorats, praktisch jedoch der SS unterstellt waren, hatten die Aufgabe, die Häftlinge von der Außenwelt zu isolieren, Arbeitskolonnen außerhalb des Ghettos zu beaufsichtigen, Häftlinge, die gegen die Lagerordnung verstießen, zu arrestieren sowie den Schmuggel nach Theresienstadt zu unterbinden. Oft waren es jedoch gerade diese Gendarmen, die durch Bestechung am Schmuggel beteiligt waren. Für die Ordnung nach innen sorgten Ordnungsdienst und Ghettowache, beides aus Häftlingen bestehende Organisationen.

Eine genaue Auflistung der Essensrationen ist schwer zu erstellen, da die Rationen je nach Zeit und Bevölkerungsstand sowie nach Einteilung durch die Selbstverwaltung stark variierten. Zudem waren die offiziellen Angaben verfälscht. Allgemein kann jedoch für einen »Normalarbeiter« von einer Essensration von ca. 1600 Kcal ausgegangen werden, die sich hauptsächlich aus Kartoffeln, Brot und Graupen zusammensetzte. Daneben wurde ungezuckerter Kaffeeersatz aus Rüben morgens und abends an Häftlinge zu je 0,4 l ausgegeben. Diese kärglichen Rationen sowie der Mangel an Gemüse über mehrere Monate hinweg führten zu Unterernährung und Mangelerscheinungen bei den Häftlingen.

Beziehungen zwischen Männern und Frauen waren in Theresienstadt aufgrund der Tatsache, dass diese bis auf einige »Prominente« oder wenige Ausnahmen getrennt untergebracht waren, stark eingeschränkt. Auf notdürftig umgebauten Dachböden war es einigen Ehepaaren gestattet, zusammenzuziehen. Trotz der strikten Trennung kam es immer wieder zu Schwangerschaften, so dass eine Säuglingsstation eingerichtet werden musste.

Durch die Kriegswende und »nach der Erklärung der zwölf alliierten Regierungen, die am 18. Dezember 1942 den vom Deutschen Reich realisierten Plan zur Ausrottung der europäischen jüdischen Bevölkerung anprangerte, und bei den Mitte Januar 1943 beginnenden geheimen Kontakten von Vertrauten Himmlers mit dem Vertreter des amerikanischen Nachrichtendienstes erkannte die Reichsführung, dass die Völkermordverbrechen den Spielraum ihrer außenpolitischen Operationen einengten«.[38] Deshalb trat man in Kontakt mit dem Roten Kreuz und einigte sich auf eine Besichtigung durch ein internationales Komitee, um so der

Welt zu zeigen, dass die Vernichtung der europäischen Juden lediglich jüdische Gräuelpropaganda sei. Während man den Termin für eine Besichtigung immer weiter hinausschob, ordnete die SS eine »Stadtverschönerung« in Theresienstadt an, um sich auf die präzise geplante Inszenierung vorzubereiten. Viele Arbeitskräfte mussten von der »Selbstverwaltung« für diese Arbeiten herangezogen werden. Die Deportationen wurden nach einer sieben Monate anhaltenden Pause vom 1. Februar bis 6. September 1943 wieder aufgenommen, um bis zum Eintreffen des Komitees 18.816 Häftlinge aus dem überfüllten Ghetto nach Auschwitz zu transportieren. Neue Möbelstücke oder Farbe zum Ausmalen der Gebäude kamen ins Ghetto, das ab 1. Mai 1943 als »Jüdisches Siedlungsgebiet Theresienstadt« bezeichnet wurde. Die Freizeitgestaltung wurde jetzt sogar angeordnet. Im Zuge dieser Maßnahmen wurde auch ein Propagandafilm unter der Leitung des extra nach Theresienstadt deportierten jüdischen Schauspielers und Regisseurs Kurt Gerron (u. a. Schauspieler in »Der blaue Engel« oder der Uraufführung der »Dreigroschenoper«) gedreht.

Das Täuschungsmanöver, das am 23. Juni 1944 durchgeführt wurde, hatte den gewünschten Erfolg: SS-Sturmbannführer Hans Günther, Leiter der Zentralstelle in Prag, sowie Rolf Günther, Stellvertreter Eichmanns, und SS-Hauptsturmführer Ernst Möhs, Verbindungsoffizier Eichmanns zu Theresienstadt, sowie der Lagerkommandant Rahm waren auf der Seite der NSDAP anwesend und führten das Komitee unter der Leitung von Maurice Rossel und dem »Judenältesten« Paul Eppstein aus Berlin auf einer sorgfältig ausgewählten Route durch das Ghetto. Der abschließende Bericht fiel sehr positiv aus.

Trotzdem verbesserte sich auch die reale Lebenssituation der Häftlinge, wenn auch nur minimal: Die Todesrate sank leicht, während die Essensrationen zumindest geringfügig aufgewertet wurden.[39]

Kurze Zeit später, im Herbst 1944, wurde die Liquidierung des Ghettos befohlen. Im Oktober 1944 wurden ca. 18.000 Personen in das Vernichtungslager Auschwitz deportiert. Die meisten wurden unmittelbar nach ihrer Ankunft in den Gaskammern ermordet.

Nach Abschluss dieser letzten Deportationswelle aus Theresienstadt, bei der der Transportschutz außer Kraft gesetzt worden war, verblieben lediglich 11.000 Jüdinnen und Juden im Ghetto.

Durch die »Verschickung« von rund 5200 Personen aus sogenannten Mischehen und kleineren Transporten sowie von Gefangenen aus dem Lager »Sered« in der Slowakei nach Theresienstadt erhöhte sich der Häftlingsstand rasch auf ca. 17.000 Häftlinge. Am 6. Februar 1945 konnte durch Verhandlungen zwischen dem Altbundespräsidenten der Schweiz, J. M. Musy, und dem Stab Himmlers ein Transport mit 1200 Häftlingen in die Schweiz abgehen. Während der Vorbereitung auf einen zweiten Besuch des Komitees des Roten Kreuzes am 6. April 1945 kamen in den letzten Monaten und Wochen Zehntausende Häftlinge mit Evakuierungstransporten aus verschiedensten Konzentrationslagern ins Ghetto. Nach der Befreiung durch die Rote Armee am 6. Mai 1945 übernahm das Rote Kreuz Theresienstadt. Mit dem offiziellen Ende des Ghettos endete jedoch nicht der Leidensweg vieler Häftlinge, die aufgrund einer neuen Typhusepidemie, die die Häftlinge aus den evakuierten Konzentrations- und Vernichtungslagern mitgebracht hatten, das Ghetto nicht verlassen konnten. Eine große Anzahl der wenigen Befreiten der rund 155.000 Personen, die nach oder über Theresienstadt deportiert worden waren, erlag noch nach dem offiziellen Kriegsende ihren Krankheiten.

Anmerkungen

Das Tagebuch

1 Mama ist die Mutter von Evas Verlobtem Richard Roubíček, Marie Roubíčková (geb. Gibian); Mutti ist Evas Mutter, Antonia Mändl (geb. Ernst).

2 Onkel Richard ist Richard Gibian, der Bruder von Marie Roubíčková, der 1939 in die USA emigrierte.

3 Evas Verlobter Richard Roubíček, der sich zu diesem Zeitpunkt bereits in England befindet. Er wird von ihr im Tagebuch häufig mit R. abgekürzt.

4 Freeman: entfernte Verwandte in den USA.

5 Dr. Stein ist ein guter Freund der Familie.

6 Lotte ist die Schwester von Richard Roubíček. Ihr Mann, Bedřich Singer, war auf einer Geschäftsreise in den USA, als die Deportationen begannen. Er emigrierte nach Chile und versuchte vergebens, seine Familie nachkommen zu lassen. Sie wohnte mit ihren Kindern Tomáš und Jana bei ihrer Mutter.

7 Befreundete Familie. Der Sohn Ludvík lebt in Australien und ist heute noch mit Eva Roubíčková befreundet.

8 Teil des 7. Bezirks von Prag. Hier wohnt heute auch Eva Roubíčková.

9 Frau Grün ist eine Cousine von Marie Roubíčková.

10 Eva hat den Kindern der Familie Bass Deutschunterricht gegeben.

11 Gi ist Ernst Wolf, der Bruder von Evas Mutter. Eva nannte ihn als Kind Ongi und daraus ist dann Gi geworden.

12 Kochgefäß.

13 Heute Stadtteil Prags.

14 Glasers wohnten im selben Haus in Prag. Die Familie war aus Deutschland nach Prag emigriert, da Dr. Glaser jüdischer Herkunft war. Er war Arzt und wurde später auch nach Theresienstadt deportiert.

15 Teil des 4. Prager Bezirkes.

16 Lotte Lindner ist die Tochter von Frau Grün.

17 Kretschmann ist ein Freund von Richard Roubíčeks Schwester Lotte.

18 Konirschs sind Bekannte von Mändls aus dem Sudetenland.

19 Alice und Walter Führt. Alice Fürth war eine Cousine von Evas Mutter.

20 Hans Wolf ist ein entfernter Verwandter von Evas Großmutter (mütterlicherseits).

21 Evas Vater, Arnošt Mändl, war im Sanatorium wegen TBC.

22 D.h.: den Londoner Rundfunk gehört.

23 Eva Glauber ist eine gute Freundin Evas.

24 Frau Erber hat im selben Haus in Prag gewohnt.

25 Emil Vachek, tschechischer Autor.

26 Umgangssprachliche Bezeichnung für Unordnung.

27 Die Kinder von Richards Schwester Lotte.

28 Tochter von Alice und Walther Fürth.

29 Šindelář heißt die Familie der nicht jüdischen Ehefrau von Richard Gibian. Sie waren die einzigen arischen Verwandten von Eva Mändl Roubíčková. Zu ihnen ist Eva nach der Befreiung Theresienstadts gegangen.

30 Österreichisch für Sahne.

31 Jan Masaryk, tschecheslowakischer Politiker, ab 1940 Außenminister der tschechoslowakischen Exilregierung. Er hielt viele Rundfunkansprachen in der BBC.

32 Else Mändl, Verwandte von Evas Vater.

33 Käthe Mändl, Verwandte von Evas Vater.

34 Emil Gibian, Bruder von Richard Gibian und Marie Roubíčková.

35 In Eidlitz (Úlice), einem Ort im Sudentenland, wohnte die Mutter von Evas Vater.

36 Freund der Familie, der Staberl genannt wurde, weil es aussah, als habe er einen Stab verschluckt.

37 Am 15.3.1939 marschierte die deutsche Wehrmacht in Prag ein und errichtete das Reichsprotektorat Böhmen und Mähren.

38 Die Kohns wohnten im selben Haus wie Mändls. Frau Kohn war keine Jüdin; deshalb waren sie zunächst vor den Transporten geschützt.

39 Sgalitzers waren Freunde von Richard Roubíčeks Mutter.

40 Evas Großmutter (mütterlicherseits) hatte sich kurz nach dem Einmarsch der deutschen Wehrmacht in Prag das Leben genommen. Ihr Grab ist auf dem jüdischen Friedhof im Stadtviertel Žižkov.

41 Am 25.3.1941 trat das Königreich Jugoslawien dem Drei-Mächte-Pakt (Deutschland, Italien, Japan) bei. Allerdings erfolgte zwei Tage später ein von Großbritannien unterstützter Staatsstreich und das Land wurde von der Wehrmacht besetzt und zerschlagen.

42 Jüdisches Sportgelände in Prag, auf dem später ein Barackenlager errichtet wurde.

43 Benny und Danny Grünberger trifft Eva später in Theresienstadt wieder.

44 Bruder von Frau Glaser, der arischen Ehefrau von Dr. Glaser.

45 Ausflugsziel südlich von Prag.

46 Am 10.5.1941 flog Rudolf Hess nach Schottland.

47 Der Vater von Richard Roubíček, der ebenfalls auf dem jüdischen Friedhof im Stadtviertel Žižkov beerdigt ist.

48 Stadtteile von Prag, bzw. der Hradschin ist die Prager Burg.

49 Bekannte der Familie, die eine Webmaschine besaßen.

50 Joint Distribution Committee (kurz: Joint): Jüdische Organisation, die 1914 in den USA gegründet wurde mit dem Ziel, weltweit Juden finanziell zu unterstützen. Während des Ersten Weltkrieges sammelte der Joint 15 Millionen Dollar für medizinische Hilfe, Lebensmittel und Kleidung für Kriegsflüchtlinge. Nach dem Krieg half er vielen Juden, die vor Pogromen aus Russland und Polen geflohen waren. Als die Nazis ihre Macht ausweiteten, unterstützte die Organisation, soweit es möglich war, die Flucht aus den besetzten Gebieten.

51 Hannah Steiner war Mitglied der Jüdischen Kultusgemeinde in Prag und dort Leiterin der Auswanderungsabteilung. Sie wurde im Juli 1943 nach Theresienstadt deportiert.

52 Podbaba, Teil des 6. Bezirkes von Prag.

53 Park Hvězda (tschechisch für »Stern«) in Prag VI.

54 In den deutschen sowie den von der Wehrmacht besetzten Städten war Juden das Betreten der Parkanlagen verboten. Die jüdische Bevölkerung wurde sukzessive aus dem öffentlichen Leben ausgeschlossen.

55 Vorbereitung von Jugendlichen für die Auswanderung nach Israel.

56 Nachdem der britische Rundfunk 1941 in einer Rede verbreitet hatte, dass in allen Sprachen das Wort Sieg mit einem »V« beginne, außer im Deutschen, starteten die Nationalsozialisten im gesamten »Großdeutschen Reich« die Propaganda-Aktion »Viktoria« unter dem Motto »Viktoria – Deutschland siegt an allen Fronten für Europa«.

57 Fredy Kantor wurde nach Benny Grünbergers Deportation nach Polen Eva Glaubers engster Freund in Theresienstadt.

58 Freundin von Eva, die nicht deportiert wurde.

59 Großmama ist die Großmutter Richard Roubíčeks.

60 Juden war nach einem Erlass der Protektoratsregierung der Einkauf in arischen Geschäften außer in der Zeit von 11–13 Uhr und 15–16.30 Uhr verboten; vgl. Wolf Gruner, Das Protektorat.

61 Käthe Neumann war eine Bekannte aus Wien, die nach Prag emigriert war.

62 Magen David (Schild Davids) ist die jüdische Bezeichnung für den Judenstern. Ab dem 19.9.1941 galt die Kennzeichnungspflicht für Juden in der Tschechoslowakei.

63 Der tschechische Ministerpräsident Alois Elias wurde wegen »Hochverrats am Reich« zum Tode verurteilt. Die Hinrichtung fand erst im Juni 1942 statt.

64 Versöhnungstag Yom Kippur ist der wichtigste jüdische Feiertag im Jahr.

65 Palais Petschek, Hauptquartier der Gestapo in Prag.

66 Am 22.7.1939 wurde die »Zentralstelle für jüdische Auswanderung in Böhmen und Mähren« gegründet und unterlag die meiste Zeit der Leitung von SS-Sturmbannführer Hans Günther. Später wurde der Name umgewandelt in »Zentralamt zur Regelung der Judenfrage in Böhmen und Mähren«. Die »Zentralstelle« registrierte alle Jüdinnen und Juden im Protektorat, bevor sie deportiert wurden.

67 Transport (1000 Personen) ins Ghetto Litzmanstadt (Lódź). Sämtliche Angaben zu Transporten sind der Datenbank des Instituts Theresienstädter Initiative (ITI) in Prag entnommen.

68 Sammellager in Prag-Holeschowitz, von wo aus Jüdinnen und Juden meist in der Nacht zum nahegelegenen Bahnhof Bunenec gebracht und von dort aus deportiert wurden.

69 Bekannte der Familie, bei der man einige Sachen versteckte.

70 Tschechisch, umgangssprachlich für Clique, Kollegen.

71 Es handelt sich hier um das Aufbaukommando I (AK I).

72 Das war vermutlich ein Teil des sogenannten Aufbaukommandos II. Es sollte gemeinsam mit dem AK I den Lageraufbau bewerkstelligen.

73 Karel Reiner war ein bekannter Komponist, den Eva noch aus Saaz kannte.

74 Fronten stehen bedeutet Schlange stehen.

75 E.R. *Da nur 50 kg Gepäck bewilligt waren, musste man es wiegen.*

76 Österreichisch für Vorratskammer.

77 Egon Forscher, die Brüder Benny und Danny Grünberger und Zwi Holzbaum waren gute Freunde Evas in Prag. Benny war Eva Glaubers Freund.

78 Fanny, deren Mann bereits nach Theresienstadt deportiert worden war.

79 Hilfsdienst (auch Ordnungsdienst), Unterabteilung der Ghettowache, hatte die Aufgabe, verwirrte alte Menschen in ihre Unterkünfte zu führen, bei Warteschlangen für Ruhe zu sorgen sowie der Ghettowache bei ankommenden und abgehenden Transporten behilflich zu sein.

80 Dokument, mit dem man bestimmte Orte und Kasernen verlassen oder offizielle Grenzen des Ghettos jederzeit überschreiten konnnte.

81 Büro, Verwaltung.

82 Die sogenannten »Tagesbefehle der Jüdischen Selbstverwaltung« wurden von der jüdischen Leitung zu Beginn fast täglich – später seltener – öffentlich angeschlagen. Sie versuchten durch Hinweise und Anordnungen das Leben der Häftlingsgemeinschaft zu ordnen und hatten gleichzeitig den Sinn, die Befehle der SS weiter zu geben.

83 Putzkolonne, die die Toiletten sauber macht.

84 E.R. *Bis Juli 1942 waren sämtliche Juden in den Kasernen interniert. Die Stadt war noch von Ariern bewohnt. Juden war das Verlassen der Kasernen verboten.*

Ein Durchlassschein wurde an diejenigen ausgestellt, die Arbeitsplätze außerhalb der Kaserne hatten. Bei Gruppenarbeiten hatte nur der Führer der Gruppe einen persönlichen Durchlassschein, in seiner Begleitung konnte die im Schein angegebene Anzahl namentlich nicht genannter Personen die Kaserne verlassen. Der Durchlassschein war ein sehr begehrtes Dokument, da er Besuche in anderen Kasernen ermöglichte. In Begleitung eines Gruppendurchlassscheinbesitzers konnten auch andere Personen die Kasernen verlassen, siehe Spaziergang mit Mutter u.a.

85 E.R. *Natürlich im kalten Wasser an der Pumpe im Hof – im Dezember!*

86 Im Tagesbefehl des Ältestenrates vom 23.12.1941 wurde nach Festnahmen von »Briefschmugglern« die Warnung bekannt gegeben, dass im Falle eines weiteren Falles von Briefschmuggel der Postverkehr eingestellt würde.

87 E.R. *Tschechen*

88 Im Tagesbefehl des Ältestenrates vom 27.12.1941 wurde folgende Anordnung des Lagerkommandanten verlautbart: »Trotz angedrohter Todesstrafe wurde heute ein neuer Fall von Briefschmuggel festgestellt. Ich ordne daher mit Wirkung vom 27.12.1941 die völlige Postsperre an [...]«.

89 Fredy Hirsch wird als charismatischer junger Mann beschrieben, der u.a. in Theresienstadt im Kinderheim arbeitete und sich nach seiner Deportation nach Auschwitz im sogenannten Familienlager um die Kinder kümmerte. Eine Biografie über Fredy Hirsch: Lucie Ondrichová, Fredy Hirsch. Von Aachen über Düsseldorf nach Frankfurt am Main durch Theresienstadt nach Auschwitz–Birkenau. Eine jüdische Biografie 1916–1944, Konstanz 2000.

90 Erster Osttransport aus Theresienstadt: Transport O, am 9.1.1942 nach Riga (1000 Personen).

91 Am 10.1.1942 wurden neun Personen, die aufgrund von »Briefschmuggel« inhaftiert worden waren, auf Befehl der SS zum Tode durch den Strang verurteilt. Am 26.2. wuden sieben weitere junge Männer aus demselben Grund gehängt. Von diesem Zeitpunkt an unterließ es die SS, Todesurteile in Theresienstadt zu vollstrecken. Meist wurden Personen, die sich im Sinne der SS eines »Verbrechens« schuldig gemacht hatten, einfach in den nächsten Transport eingereiht.

92 Das Ziel der Transporte wurde offiziell lediglich bei den ersten zwei Transporten im Januar 1942 als Riga angegeben. Danach hieß es nur noch »Osten«.

93 Transport P, am 15.1.1942 nach Riga (1000 Personen).

94 Häftlinge, die durch Beziehungen vor Transporten in den Osten geschützt waren.

95 E.R. *Gärtnern und ihren Angehörigen war als wirtschaftlich wichtigen Insassen Schutz vor Polentransporten zugesichert.*

96 Am 18., 22. und 26.1.1942 kamen 2604 Personen aus Pilsen in Theresienstadt an.

97 E.R. *Marcel, der Elektriker.*

98 Häftlinge, die bei der Essensausgabe die Abschnitte der Essenskarten entfernten.

99 Transport V am 30.1.1942 aus Prag (1000 Personen).

100 E.R. *Die Ausgabe des Essens wurde mit Bleistift vermerkt. Wenn der Vermerk ausradiert wurde, konnte man eine zweite Portion erhalten.*

101 Das Ausbleiben der Menstruation war in Theresienstadt häufig, ist aber in den meisten Fällen nicht auf die Unterernährung, sondern auf den schweren psychischen Schock zurückzuführen. Zwischen dem dritten und fünften Monat nach Ankunft im Ghetto setzte die Menstruation in fast allen Fällen wieder ein.

102 Jüdischer Ausdruck für einen ungeschickten Menschen.

103 Transport W, am 8.2.1942 aus Prag (1000 Personen).

104 Turin: eine Rübenart.

105 Appell, mit dem die Häftlinge morgens geweckt wurden.

106 Jede Person durfte eine 70 cm breite Liegefläche haben.

107 Ordnungsdienst.

108 Die Ghettowache schreitet ein, um zu verhindern, dass das übrig gebliebene Essen verteilt wird.

109 Transport X, am 12.2.1942 aus Prag (1000 Personen).

110 Hauptsturmführer Dr. Siegfried Seidl (geb. 1911 in Tulln/Österreich) wurde im Oktober 1941 vom RSHA mit dem Aufbau des Ghettos Theresienstadt beauftragt. Von 1941–1943 war er Lagerkommandant im Ghetto. Seidl wurde am 14.11.1946 vom Volksgericht Wien zum Tode verurteilt und am 4.2.1947 hingerichtet.

111 E.R. *Zwi war nach dem Erhalt einer leitender Stellung in Theresienstadt eingebildet geworden.*

112 Transport Aa, am 11.3.1942 nach Izbica (1001 Personen).

113 Die Schwester von Zwi Holzbaum.

114 Tatsächlich verließ die Zivilbevölkerung die Stadt zwischen Mai und Ende Juni 1942. Am 27.6. wurde die nun vollständig geräumte Stadt der Ghettoverwaltung übergeben. Am 1.7. wurden die militärischen Kasernennamen und die zivilen Straßennamen abgeschafft; sie waren nun eine Kombination aus Buchstaben und Ziffern.

115 Zur Arbeit außerhalb von Theresienstadt, in den Kohlengruben von Kladno.

116 E.R. *Weil allgemein radiert wurde. Es war unmöglich, mit einer geschnittenen Karte zwei Mahlzeiten zu beheben.*

117 E.R. *Weil er einen Teil der für die Schweine bestimmten Kartoffeln aß.*

118 Transport Ac, am 19.3.1942 aus Brünn (1000 Personen).

119 Transport Ad, am 23.3.1942 aus Brünn (1000 Personen).

120 Egon Forscher, ein Freund von Eva, dessen große Liebe, Margit Forscher (heute Margit Nowak), bis heute mit Eva Roubíčková befreundet ist.

121 Transport Ag, 1.4.1942 nach Piaski (1000 Personen).

122 Kohle wurde in Theresienstadt in den Kellern der jeweiligen Kasernen gelagert und von dort ausgegeben. Benötigte eine Abteilung Holz oder Kohle, hatte sie sich dafür an das Kohlenreferat zu wenden. Neu angekommene Häftlinge im Ghetto wurden im Zuge ihrer »Hundertschaft« (System der Arbeit für neu angekommene Häftlinge, das bereits mit dem Tagesbefehl vom 25.12.1941 eingeführt wurde) oftmals zum Kohlenschaufeln herangezogen.

123 Transport von 997 Frauen zu Waldarbeiten in Pürglitz (Křivoklát). Verglichen mit anderen Lagern waren die Arbeits- und Lebensbedingungen hier besser. Die Frauen kehrten im Juni 1942 wieder ins Ghetto zurück.

124 Ort, an dem Personen aus ankommenden oder abgehenden Transporten vorübergehend – meist zwei bis drei Tage – untergebracht und auf Schmuggelware durchsucht wurden. Die Durchsuchungen bedeuteten für die Häftlinge real den Verlust des Gepäcks durch die SS oder andere Personen.

125 Wilda Bischitzki war Häftling und gleichzeitig Leiter der Landwirtschaft in Theresienstadt.

126 E.R. *Ein Glück. Der ganze Pürglitztransport wurde nach der Rückkehr nach Polen geschickt.*

127 Transport Ah, am 4.4.1942 aus Brünn (1000 Personen).

128 Transport Ai, am 8.4.1942 aus Brünn (923 Personen).

129 Transport Ap, am 18.4.1942 nach Rejowiec (1000 Personen).

130 E.R. *Das erste Mal seit der Einlieferung konnten wir die Kaserne verlassen.*

131 E.R. *Weil sie Kartoffelsäcke schleppen musste.*

132 Der Ort Bohušovice (Bauschowitz) ist 3 km von Theresienstadt entfernt. Bis Juni 1943 wurden die Transporte hierhin geleitet, anschließend wurden Schienen bis ins Ghetto verlegt.

133 Transport Al, am 23.4.1942 nach Lublin (1000 Personen).

134 Transport Am, am 24.4.1942 aus Prag (1000 Personen).

135 Transport An, am 25.4.1942 nach Warschau (1000 Personen).

136 E.R. *Der Verwalter – Kurzawe – war ein Deutscher.*

137 Transport Aq, am 27.4.1942 nach Izbica (1000 Personen).

138 Transport As, am 30.4.1942 nach Zamosc (1000 Personen).

139 Partieführerinnen (von tschechisch »parták« für »Partieführer«).

140 Trotz des Versuchs, die Wasserversorgung effizienter zu gestalten, konnte man nur durch Rationierungen und zeitweilige Badeverbote die Versorgung aufrecht erhalten. Im Mai 1942 fiel die Menge auf 23 KL/Person. Zum Vergleich: In der Zwischenkriegszeit veranschlagte man die Mindestration auf 60 KL/Person.

141 Transport Ax, am 9.5.1942 nach Ossowa (1000 Personen).

142 Tonda Bischitzki, Brunder von Wilda Bischitzki.

143 Aufgrund des Mangels an Werkzeugen wurde in den Tagesbefehlen des Ältestenrates oftmals, wie etwa am 29.5.1942, darauf hingewiesen, dass die Verantwortung bei Verlust von Gerätschaften und Werkzeugen bei den Partieführern resp. den Werkstättenleitern lag.

144 Transport Au, am 7.5.1942 aus Prag (1000 Personen).

145 Bewachsene Wälle und Festungsschanzen in Theresienstadt.

146 Jacob Edelstein, aus Prag stammender erster von der SS eingesetzter Judenältester von Theresienstadt, der in Auschwitz ermordet wurde.

147 E.R. *Alle Arier sollten Theresienstadt verlassen und die Juden nicht nur in den Kasernen, sondern in der ganzen Stadt untergebracht werden.* Die endgültige Aussiedlung der »arischen« Bevölkerung aus Theresienstadt war am 27.6.1942 abgeschlossen, was den endültigen Übergang von einem geschlossenen Lager zu einem Ghetto markierte.

148 In Theresienstadt wurde auch Vieh gehalten, das von den Häftlingen versorgt wurde.

149 Transport Aw, am 22.5.1942 aus Třebíč (650 Personen).

150 Transport Az, am 25.5.1942 nach Lublin (1000 Personen).

151 Am 2.6.1942 kam der erste Transport mit 50 Personen aus Berlin in Theresienstadt an.

152 Die offizielle Arbeitszeit wurde in Theresienstadt schrittweise von 48 Stunden auf 70 Stunden (im Herbst 1944) erhöht. Diese Angaben bleiben jedoch in den meisten Fällen weit unter der tatsächlich gearbeiteten Zeit.

153 Durch den Tagesbefehl des Ältestenrates vom 18.5.1942 wurden Badezeiten für die Häftlinge festegesetzt, die nach Zuteilung durch die Arbeitszentrale mit der Badeanweisung im Zentralbad zu erscheinen hatten, um dort nach ärztlicher Untersuchung zu duschen.

154 E.R. *Goldscheider war der Gebäudeälteste.*

155 In den Tagesbefehlen wurde ständig, wie etwa am 2.6.1942, darauf aufmerksam gemacht, dass das Abbrechen von Blüten und Zweigen sowie der Diebstahl von Gemüse strengen Strafen unterlagen.

156 Am 27.5.1942 fand ein Attentat auf Reinhard Heydrich satt. Als Vergeltung wurde am 9./10.6.1942 im Dorf Lidice eine brutale Strafaktion durchgeführt. Das Dorf wurde ausgelöscht, seine Bewohner erschossen oder in Konzentrationslager deportiert. Das Vieh aus Lidice wurde nach Theresienstadt getrieben.

157 Transport AAk, am 12.6.1942 nach Trawniki (1000 Personen).

158 Ing. Kraus ist auch ein Häftling.

159 Nach der abgeschlossenen »Aussiedlung« der »arischen« Bevölkerung aus Theresienstadt am 27.6.1942 wurde die gesamte große Festung Theresienstadts, bis auf

die SS-Kasernen, sowie der Marktplatz für die jüdischen Häftlinge frei gegeben.

160 Transportnummer für die Angehörigen des Aufbaukommandos, das am 24.11.1941 in Theresienstadt angekommen war und lange Zeit unter Transportschutz stand.

161 Großmutter von Richard Roubíček mütterlicherseits.

162 Transport Ba, am 10.8.1942 aus Prag (1460 Personen).

163 Bereits durch den Tagesbefehl vom 6.7.1942 wurde 21 Uhr als Ausgangssperre festgelegt. Hinweise auf die Ausgangssperre gab es in den folgenden Befehlen immer wieder.

164 »SS-Kameradschaftsheim« in Theresienstadt.

165 Österreichisch für Tomaten.

166 Durch die Überbevölkerung und die mangelnden hygienischen Bedingungen ab Sommer 1942 kam es zu Ruhr- und Typhusepidemien, die – auf Verlangen der SS – nicht als solche deklariert werden durften. Den Höhepunkt erreichte die Epidemie im Herbst/Winter 1942/43.

167 Im Oktober 1942 war ein Besuch des Reichsführer-SS Heinrich Himmler in Theresienstadt geplant, der jedoch aufgrund der Seuchengefahr nicht durchgeführt wurde.

168 Personen, denen durch die Transporte akute Lebensgefahr drohte, konnten durch Ärzte vom Transport ausgenommen werden. Dabei versuchten Ärzte, die bei Falschangaben mit harten Bestrafungen zu rechnen hatten, oftmals gesunde Personen krank zu schreiben, um sie vor dem Transport zu bewahren.

169 Das war Karel Košvanec. Er betrieb einen Schmugglerring und versorgte Eva und ihre Familie die gesamte Zeit in Theresienstadt mit Lebensmitteln. Als Gegenleistung beteiligte Eva sich an den Schmuggelaktionen.

170 Ehemaliges Offizierskasino; ab Juli 1942 Kaserne der tschechischen Gendarmerie.

171 Zwischen dem 15. und dem 26.10.1942 wurden in einer großen Transportwelle 7866 Personen nach Treblinka und Auschwitz deportiert.

172 Karl Löwenstein war Leiter der jüdischen Ghettowache in Theresienstadt.

173 Im Tagesbefehl des Ältestenrates vom 27.10.1942 wurde eine Kollektivstrafe des Lagerkommandanten verkündet, da etwa 120 Personen, die zum Osttransport bestimmt waren, nicht zum Abtransport erschienen waren. Die Strafe beinhaltete eine zeitweise Ausgangs- und Lichtsperre sowie das Verbot von Vortrags- und Kameradschaftsabenden.

174 Leitung der Landwirtschaft, die die Arbeit verteilte. Dort musste Eva sich jeden Tag melden.

175 Bis zur Errichtung des »Kaffeehauses« im Dezember 1942 waren Musikinstrumente außer für Angehörige des »Stabes« und der Ghettowache verboten. Ab diesem Zeitpunkt wurden Instrumente nicht nur erlaubt, man musste sogar eine Kapelle aus geraubten jüdischen Instrumenten aus dem Protektorat zusammenstellen.

176 Ende Januar 1943 wurden innerhalb von 13 Tagen in einer großen Deportationswelle 7001 Personen von Theresienstadt nach Auschwitz deportiert. Anschließend folgte eine Pause der Ostdeportationen von sieben Monaten.

177 Weisung war ein Befehl zur Deportation, der nicht angefochten werden konnte. Die meisten Personen, die im Lager wegen eines »Vergehens« verhaftet wurden, bekamen die Weisung.

178 Der Wirtschaftsabteilung unterstellte Unterabteilung, der neben der Herstellung (z.B. Küchenbäckereien oder Knochenverwertung) auch die Zuteilung von Lebensmitteln (Ausgabewesen) unterlag.

179 In den Tagesbefehlen vom 31.1.1943 wurde eine Neugestaltung der Jüdischen Selbstverwaltung bekannt gegeben. Der bisherige Stellvertreter Jacob Edelsteins, Paul Eppstein, früheres Vorstandsmitglied der Reichsvereinigung in Berlin, wurde zum neuen Judenältesten, dem als Stellvertreter nun Edelstein und Benjamin Murmelstein, bisheriger »Judenältester-Stellvertreter« in Wien beistanden. Offiziell sollten sie die Arbeit gleichberechtigt koordinieren, der SS gegenüber war jedoch nur Eppstein als Gesprächspartner verantwortlich.

180 Theresienstädter Alltagssprache für »sich etwas beschaffen, unrechtmäßig aneignen, stehlen, rauben«.

181 Anfang 1943 wurde die Zentralbäckerei, die seit Beginn 1942 in Betrieb war, ausgebaut. Hierbei wurden leistungsfähigere Maschinen (hauptsächlich zur Herstellung von Brot) eingesetzt.

182 Die Brüder Löbl waren Mitglieder des Schmuggelrings um Karel Košvanec und fungierten als Mittelsmänner, um Nachrichten zwischen Eva und Karel zu übermitteln.

183 Tschech. »ubikace – Stube«. Der in der K.K.-Militärsprache übliche Gebrauch des Wortes Ubikation für Unterkunft wurde in die Theresienstädter Alltagssprache übernommen.

184 Mit dem Tagesbefehl vom 9.4.1943 wurden wegen der Flucht von sechs Personen die bis dahin härtesten Strafmaßnahmen des Lagerkommandanten verhängt. Dies beinhaltete eine Ausgangssperre, Lichtsperre, das Verbot sämtlicher Freizeitveranstaltungen sowie das Verbot, an anderen Orten zu nächtigen. Bis auf die Lichtsperre, die erst am 22.5.1943 wieder aufgehoben wurde, waren die Strafmaßnahmen bis zum 10.5.1943 in Kraft.

185 Leitmeritz (Litoměřice) ist 23 km von Theresienstadt entfernt, am anderen Ufer der Elbe. Dort kam es gelegentlich zu Arbeitseinsätzen von Häftlingen aus dem Ghetto. Später errichtete man hier ein Außenlager des KZ Flossenbürg.

186 Jirka Gans war Eva Taussigs Freund in Theresienstadt.

187 Gendarmerie-Kommandant Oberleutnant Janeček. Von den Häftlingen gefürchteter Leiter der tschechischen Gendarmerie in Theresienstadt.

188 Jarka Pollak war ein Freund von beiden Evas. Er litt an Depressionen, wurde im Lager krank und versuchte, sich das Leben zu nehmen. Später wurde er nach Polen deportiert.

189 SS-Scharführer Rudolf Haindl, geb. 1912 in Wien, galt als einer der brutalsten Angehörigen der SS-Kommandantur in Theresienstadt.

190 Nach einem der Besuche des Adjutanten Eichmanns, Hauptsturmführer Ernst Moehs, in Theresienstadt wurde die Ghettowache aufgrund von Überlegungen der SS nach den Erfahrungen des Warschauer Aufstandes sowie Streitigkeiten innerhalb des Ältestenrates beträchtlich in ihrer Größe und ihren Aufgaben beschnitten. Ein Wechsel der Belegschaft und eine Verringerung ihrer Schlagkraft sollten dadurch erzielt werden, dass man nur noch Personen über 45 Jahre einstellte. Zuvor lag das Höchstalter bei 45 Jahren, das Durchschnittsalter bei 33 Jahren. 150 der entlassen Ghettowachmänner wurden in den nächsten Osttransport eingereiht.

191 Obersturmführer Anton Burger (geb. 1911 in Neunkirchen/Österreich) war Lagerkommandant von Theresienstadt 1943 bis 1944. Er lebte nach dem Krieg unter dem Namen *Wilhelm Bauer* unerkannt in Deutschland und starb 1991 in Essen.

192 Karel Kraus ist Evas Vorgesetzter in der Gärtnerei.

193 Gefängnis in Prag, das zwischen 1939 und 1945 auch von der Gestapo genutzt wurde.

194 Im Juli 1943 gingen die letzten großen Transporte – mit Ausnahme von Transporten von »Mischehen« Anfang 1945 – von Prag nach Theresienstadt. Dies waren:

Transport De, am 5.7.1943 (603 Personen), Transport Dh, am 8.7.1943 (485 Personen), Transport Di, am 13.7.1943 (838 Personen).

195 Am 6.9.1943 ging nach 7-monatigem Transportstopp wieder ein Osttransport von Theresienstadt ab: Transport Dl, am 6.9.1943 nach Auschwitz (2479 Personen).

196 Tschechisch »kapusta« für »Kohl«.

197 Alltagssprache in Theresienstadt für der SS untergebene deutsche Frauen, die Quartiere und Arbeitsstätten auf Konterbande untersuchten. Dabei konfiszierten und stahlen sie Gefundenes. Tschechisch »beruška« (Pl. berušky) für »Marienkäfer« spielt an auf den Klang »berou všechno« für »sie nehmen alles«.

198 Angehörige der Kriminalwache, die 1942 als eigene Abteilung aus der Ghettowache hervorgegangen war. Sie wurde am 22.5.1943 in Detektivabteilung umbenannt, die Bezeichnung »Kripo« wurde aber in der T. Alltagssprache meist beibehalten.

199 Tschechisch für Brausepulver.

200 Plural aus der tschechischen Umgangssprache »kumbálek« für »Kammer, Verschlag« (von franz. »chambelle«).

201 Durch die Abteilung »Entwesung« durchgeführte Einsätze mit Gas gegen die Ungezieferplage. Durch das Verbot, in den ersten Tagen nach der »Vergasung« die Quartiere zu betreten, zogen sich v.a. ältere Menschen bei schlechter Witterung immer wieder schwere Krankheiten zu, an denen viele starben.

202 Kindertransport am 24.8.1943 aus Bialystok (1220 Personen). Die polnischen Kinder wurden hermetisch von den Häftlingen Theresienstadts abgeriegelt und wurden am 5.10.1943 zusammen mit 53 Pflegerinnen und Pfleger – offiziell als Gefangenenaustausch nach Palästina oder in die Schweiz – nach Auschwitz deportiert. Niemand aus diesem Transport überlebte.

203 Gemeint sind die Kinder aus Bialystok.

204 K.u.K.-Polizeisprache für »Übersicht«. Die Häftlinge wurden in der »Zentralevidenz« (Bevölkerungsamt) in »Evidenz« gehalten.

205 Dieser Karel Kraus ist ein Freund Evas, der auch Kontakt zu Karel Košvanec unterhält.

206 Yom Kippur.

207 Österreichisch/Tschechisch für Mais.

208 Ein Jahr zuvor war Benny Grünberger nach Auschwitz deportiert worden.

209 »šmelina«, Pl. »šmeliny« tschechisch für »Schiebung, betrügerisches Geschäft«.

210 Am 11.11.1943 fand im Talkessel von Bohušovice (Bauschowitz) unter freiem Himmel eine mehrmalige Zählung statt, bei der sich v.a. ältere Menschen durch die Witterung schwere Erkältungen, Lungenentzündungen und andere Krankheiten zuzogen, denen viele erlagen.

211 Jacob Edelstein wurde zusammen mit zwei Beamten der »Zentralevidenz« am 9.11.1943, einen Tag vor der Ankündigung und zwei Tage vor der Durchführung der »Volkszählung«, verhaftet. Als offizieller Anlass wurden Unregelmäßigkeiten in der »Standführung« angegeben.

212 Beginn der sogenannten Stadtverschönerung, die bis zum Besuch des Internationalen Komitees vom Roten Kreuz am 23.6.1944 anhielt.

213 Tschechisch für Wandbrett.

214 Transport Dr, am 15.12.1943 nach Auschwitz (2504 Personen), Transport Ds, am 18.12.1944 nach Auschwitz (2503 Personen).

215 Ehemaliges Vereinshaus der tschechischen Turnerschaft »Sokol«. Die Sokolovna befand sich außerhalb der inneren Festungsanlage, einem Teil, der nicht dem Ghetto angeschlossen war.

216 Otto Kellner wollte Eva heiraten, er wurde jedoch nach Polen deportiert. Eva kümmerte sich danach weiter um Ottos Mutter und nach der Befreiung des Lagers sorgte Ottos Mutter für Eva, als sie mit Typhus im Krankenhaus lag.

217 Transport Ck, am 22.12.1942 aus Prag (1000 Personen).

218 Hauptsturmführer Siegfried Seidl (1911–1947), Lagerkommandant von Theresienstadt von 1944–1945.

219 In der Zeit des Ghettos wurden 31 Personen freigelassen (in der Ghetto-Alltagssprache: entghettoisiert).

220 Vom 15.–18.5.1944 wurden in drei Transporten 7503 Personen nach Auschwitz deportiert.

221 Im Oktober 1944 wurden in einer großen Transportwelle 14.403 Personen nach Auschwitz deportiert.

222 Transport XXVI/1, am 23.12.1944 aus Sered (416 Personen). Am 31.10.1944 zählte man lediglich 11 068 Häftlinge in Theresienstadt.

223 Transport XXVI/2, am 19.1.1945 aus Sered (129 Personen).

224 Transport AE1, am 31.1.1945 aus Prag (1056 Personen).

225 Am 5.2.1945 wurden 1200 Häftlinge mit einem Transport in die Schweiz gebracht. Dies ging auf eine Abmachung des Schweizer Alt-Bundespräsidenten Musy und Reichsführer-SS Himmler vom 12.1.1945 zurück.

226 Transport AE3, am 11.2.1945 aus Prag (761 Personen).

227 Transport AE4, am 25.2.1945 aus Prag (520 Personen).

228 Beginn der sogenannten zweiten Verschönerungsaktion in Theresienstadt, die zwar in wesentlich kleinerem Umfang durchgeführt wurde, die aber bis zum Eintreffen der Kommission am 6.4.1945 andauerte.

229 Der zweite angekündigte Transport in die Schweiz wurde nicht mehr durchgeführt. Das Misstrauen unter den Häftlingen hatte sich gesteigert, u. a. nachdem der Judenälteste Benjamin Murmelstein doch nicht mitfahren wollte.

Überlegungen zum Tagebuch

1 Vgl. Myrna Goldenberg, Memoirs of Auschwitz Survivors. The Burden of Gender, in: Dalia Ofer/Leonore J. Weitzman (Hg.), Women in the Holocaust, New Haven/ London 1998, S. 327-339, S. 329; und als Beispiel, Ruth Elias, Die Hoffnung erhielt mich am Leben.

2 Gespräch am 2.4.2004. Vgl. dazu ausführlich: Veronika Springmann, Langsam gewöhnen wir uns an das Ghettoleben. Anmerkungen zu einem Tagebuch aus Theresienstadt, in: Theresienstädter Studien und Dokumente 2004, Prag 2005, S. 223-246.

3 Eva Mändl Roubíčková, We're alive and life goes on. A Theresienstadt diary, New York 1998. Das Originalmanuskript liegt im Archiv des USHMM.

4 Wir bedanken uns bei Anna Hájková, die uns auf das Tagebuch hingewiesen hat. Ein Transkript des Tagebuchs liegt im Archiv des Instituts Theresienstädter Initiative.

5 Ab 1941 diente die ehemalige österreichische Festung als Ghetto für Juden aus dem »Protektorat Böhmen und Mähren«; ob Konzentrationslager oder Ghetto ist bis heute eine offene Auseinandersetzung; von Leo Baeck wird es im Geleitwort zu dem Standardwerk von Hans Günther Adler als Konzentrationslager bezeichnet; die äußere Struktur Theresienstadts ist aber eine andere als die der Konzentrationslager.

6 Ruth R. Linden, Making Stories, Making Selves: Feminist Reflections on the Holocaust, Ann Arbor 1993, S. 95.

7 Vgl. Kirsten Heinsohn, Barbara Voge, Ulrike Weckel, (Hg.), Zwischen Karriere und Verfolgung. Handlungsräume von Frauen im nationalsozialistischen Deutschland, Frankfurt a. Main 1997, Einleitung, S. 723.

8 Vgl. Gisela Bock, Ganz normale Frauen. Täter, Opfer, Mitläufer und Zuschauer im Nationalsozialismus, in: Kirsten Heinsohn, Barbara Vogel, Ulrike Weckel (Hg.), a.a.O., S. 245.

9 Germaine Tillion, Frauenkonzentrationslager Ravensbrück, Lüneburg 1998, S. 203.

10 Vgl. hier z.B. Edgar Kupfer-Koberwitz, Dachauer Tagebücher. Die Aufzeichnungen des Häftlings 24814, München 1997; zu den Überlegungen zur Praxis s. Alf Lüdtke, Alltagsgeschichte – ein Bericht von unterwegs, in: Historische Anthropologie 11(2003), S. 279–295.

11 Gespräch mit der Verfasserin am 2.4.2004; eine Intention, die wir durchaus auch bei anderen Tagebuchschreiberinnen finden, am populärsten ist hier sicherlich Anne Frank.

12 Eintrag 16.7.1942.

13 Eintrag 7.5.1942.

14 Vgl. zu diesen Überlegungen, Alf Lüdtke, Alltagsgeschichte – ein Bericht von unterwegs, a.a.O., S. 280. Das drückt sich nicht zuletzt in dem diesbezüglich reichen Wortschatz des »Ghettoslangs« aus.

15 Eintrag 4.1.1942.

16 Eintrag 15.9.1942.

17 Eintrag 7.2.1945.

18 Eintrag 10.1.1943.

19 Eintrag 21.4.1943.

20 Eintrag 20.5.1943.

21 Eintrag 22.8.1943.

22 Juli–August 1944.

23 Eintrag 22.7.1943.

24 Vgl. Primo Levi oder auch die Analyse von Bruno Bettelheim.

25 Eintrag 11.11.1943.

26 Eintrag 29.8.1943

27 Der Begriff der Territorien des Selbst basiert auf Erving Goffmann, Das Individuum im öffentlichen Austausch – Mikrostudien zur öffentlichen Ordnung. Frankfurt a. M. 1976; Maja Suderland, Territorien des Selbst, Kulturelle Identität als Ressource für das tägliche Überleben im Konzentrationslager. Frankfurt a. M. 2004.

28 Das Tagebuch von Alisa Shek zeigt drastisch diese Belastungssituation auf.

29 Jacques Presser, Destruction, The Destruction of Dutch Jews, New York 1969, S. 530.

30 Saul Friedländer, Kitsch und Tod. Der Widerschein des Nazismus, München/ Wien 1984, S. 82 f.

31 H.G. Adler, Theresienstadt 1941-1945. Das Antlitz einer Zwangsgemeinschaft. Göttingen 2005.

32 Manuskript Otto Zucker, Geschichte des Ghettos Theresienstadt. Yad Vashem. Sign. 064/7, Blatt 8.

33 Die »Tagesbefehle der Jüdischen Selbstverwaltung« begannen noch im Dezember 1941 fast täglich – später seltener – zu erscheinen. Sie dienten dazu, Befehle der SS, aber auch Anordnungen sowie Anmerkungen und Neuerungen des Ältestenrates den Häftlingen mitzuteilen.

34 Altersgliederung im Ghetto der Abteilung Zentralevidenz im Ghetto Theresienstadt. Yad Vashem Sign. 064/54.

35 Ebenda.

36 Vgl. zu dieser Auseinandersetzung: Doron Rabinovici, Instanzen der Ohnmacht, Wien 1935–1945. Der Weg zum Judenrat, Frankfurt am Main 2000.

37 H.G.Adler, Theresienstadt 1941–1945. Das Antlitz einer Zwangsgemeinschaft, a.a.O., S. 404.

38 Míroslav Karný, Theresienstadt 1941–1945, in: Theresienstädter Gedenkbuch. Österreichische Jüdinnen und Juden in Theresienstadt 1942–1945. Institut Theresienstädter Initiative, Dokumentationsarchiv des Osterreichischen Widerstandes (Hrsg.), Prag 2005, S. 30.

39 Manuskript Alice Randt, Die Schleuse. 3 Jahre Theresienstadt. Yad Vashem Sign. 064/104, Blatt 87.

Literaturhinweise

Adler, H.G., Die Verheimlichte Wahrheit. Theresienstädter Dokumente, Tübingen 1958.

Adler, H.G., Theresienstadt 1941–1945. Das Antlitz einer Zwangsgemeinschaft, Göttingen 1960 (Neuauflage Göttingen 2005).

Adler, H.G., Theresienstadt; Ruth Bondy, Jacob Edelstein – Der erste Judenälteste von Theresienstadt, in: Miroslav Kárný, Vojtěch Blodig, Margita Karná (Hg.), Theresienstadt in der Endlösung der Judenfrage, Prag 1992 (Edition Theresienstädter Initiative).

Anderl, Gabriele, Die Lagerkommandanten des jüdischen Ghettos Theresienstadt, in: Miroslav Kárný, Vojtěch Blodig, Margita Karná (Hg.), Theresienstadt in der Endlösung der Judenfrage, Prag 1992 (Edition Theresienstädter Initiative).

Datenbank des Instituts Theresienstädter Initiative (ITI)

Federovič, Tomáš, Der Theresienstädter Lagerkommandant Siegfried Seidl, in: Jaroslava Milotová, Ulf Rathgeber, Michael Wögerbauer (Hg.), Theresienstädter Studien und Dokumente 2003, Prag 2003.

Frankl, Michal, Österreichische Jüdinnen und Juden in der Theresienstädter »Zwangsgemeinschaft«. Statistik, Demographie, Schicksale, in: Institut Theresienstädter Initiative, Dokumentationsarchiv des Österreichischen Widerstandes (Hg.), Theresienstädter Gedenkbuch. Österreichische Jüdinnen und Juden in Theresienstadt 1942-1945, Prag 2005.

Gruner, Wolf, Das Protektorat Böhmen und Mähren und die antijüdische Politik. Lokale Initiativen, regionale Maßnahmen, zentrale Entscheidungen im »Großdeutschen Reich«, in: Jaroslava Milotová, Michael Wögerbauer (Hg.), Theresienstädter Studien und Dokumente 2005, Prag 2006.

Interview mit Dr. Franz Hahn (Transkript). Dokumentationsarchiv des Österreichischen Widerstandes, Interview-Sammlung, Interview Nr. 510.

Milotová, Jaroslava, Die Zentralstelle für jüdische Auswanderung in Prag. Genesis und Tätigkeit bis zum Anfang des Jahres 1940, Theresienstädter Studien und Dokumente 1997, S. 7-30.

Kárný, Miroslav, Die Theresienstädter Herbsttransporte 1944, in: Miroslav Kárný, Raimund Kemper, Margita Karná (Hg.), Theresienstädter Studien und Dokumente 1995, Prag 1995.

Kárný, Miroslav, Theresienstadt 1941 – 1945, in: Institut Theresienstädter Initiative, Dokumentationsarchiv des Österreichischen Widerstandes (Hg.), Theresienstädter Gedenkbuch. Österreichische Jüdinnen und Juden in Theresienstadt 1942-1945, Prag 2005.

Klein, Peter, Theresienstadt. Ghetto oder Konzentrationslager, in: Jaroslava Milotová, Michael Wögerbauer (Hg.), Theresienstädter Studien und Dokumente, Prag 2006.

Klibanski, Bronka, Kinder aus dem Ghetto Bialystok in Theresienstadt, in: Miroslav Kárný, Raimund Kemper, Margita Karná (Hg.), Theresienstädter Studien und Dokumente 1995, Prag 1995.

Loewenstein, Manuskript, Yad Vashem, Sign. 064/102.

Manes, Philipp, Als ob's ein Leben wär. Tatsachenbericht Theresienstadt 1942 – 1945, Berlin 2005.

Milotová, Jaroslava, Terezínské ghetto v Dennich rozkazech Rady starších a Sděleních židovské samosprávy, in: Anna Hyndráková, Raisa Machatková, Jaroslava Milotová (Hg.), Denní rozkazy Rady starších a Sdělení židovské samosprávy Terezín 1941–1945 Regesta (Die Tagesbefehle des Ältestenrates und die Mitteilungen der Jüdischen Selbstverwaltung Theresienstadt 1941–1945 Regesten), Prag 2003.

Müller-Tupath, Karla, Verschollen in Deutschland. Das heimliche Leben des Anton Burger, Lagerkommandant von Theresienstadt, Hamburg 1994.

Niklas, Martin, Österreichische Jüdinnen und Juden in Theresienstadt, Diplomarbeit, Uni Wien, Wien 2007.

Ondřichová, Lucie, Fredy Hirsch. Von Aachen über Düsseldorf nach Frankfurt am Main durch Theresienstadt nach Auschwitz-Birkenau. Eine jüdische Biographie 1916–1944, Konstanz 2000.

Rabinovici, Doron, Instanzen der Ohnmacht. Wien 1938-1945. Der Weg zum Judenrat, Frankfurt/Main 2000.

Randt, Alice, Die Schleuse. 3 Jahre Theresienstadt, Yad Vashem, Sign. 064/104.

Srubar, Helena, Juden in der Tschechoslowakei. Eine Analyse lebensgeschichtlicher Interviews, München 2002 (Osteuropa Institut München, Mitteilungen 47).

Tošnerová, Patricia, Die Postverbindung zwischen dem Protektorat und dem Ghetto Theresienstadt, in: Miroslav Kárný, Jaroslava Milotová, Raimund Klemper, Michael Wögerbauer (Hg.), Theresienstädter Studien und Dokumente 2001, Prag 2001.

Wögerbauer, Michael, Kartoffeln - Ein Versuch über Erzählungen zum Ghettoalltag, in: Jaroslava Milotová, Ulf Rathgeber, Michael Wögerbauer (Hg.), Theresienstädter Studien und Dokumente 2003, Prag 2003.

Zucker, Otto, Manuskript, Geschichte des Ghettos Theresienstadt, Yad Vashem, Sign. 064/7.